BRÈVE HISTOIRE DU MONDE

ERNST H. GOMBRICH

BRÈVE HISTOIRE DU MONDE

TRADUIT DE L'ALLEMAND PAR
ANNE GEORGES

ILLUSTRATIONS DE
CARLA*SONIA

HAZAN

Pour Ilse

sommaire

Il était une fois

Toutes les histoires commencent par « Il était une fois ». Notre Histoire ne parle donc que de ce qui a été. Te souviens-tu ? Il était une fois où tu étais petit. Quand tu te tenais sur tes jambes, c'est à peine si tu arrivais à saisir la main de ta mère. Ton histoire, tu pourrais la commencer ainsi : « Il était une fois un petit garçon – ou une petite fille. Ce petit enfant, c'était moi. » Mais avant d'avoir été ce petit enfant, tu étais un nourrisson. De cela, tu ne peux te souvenir, et pourtant tu le sais. Avant toi, ton père et ta mère ont aussi été petits, comme l'ont été tes grands-pères et tes grands-mères en des temps plus anciens. Pourtant, de cela aussi, tu es conscient. Ne disons-nous pas d'eux qu'ils sont vieux ? Ils ont eu, eux aussi, des grands-pères et des grands-mères. Ils disaient également : « Il était une fois... » On pourrait continuer ainsi à remonter toujours plus dans le temps. Derrière chaque « Il était une fois », il s'en trouverait chaque fois un autre.

T'es-tu déjà placé entre deux miroirs ? Je te conseille d'essayer. Tu verras une enfilade de miroirs, de plus en plus éloignés, de plus en plus petits et de moins en moins distincts, une infinité de miroirs dont aucun n'est le dernier. Même si on ne les discerne plus, d'autres miroirs succèdent à celui qu'on croit être le dernier. Bien que tu ne les voies pas, tu sais pourtant qu'ils sont là, au-delà de ce que tu vois.

C'est exactement la même chose avec « Il était une fois ». On ne peut imaginer que cela s'arrête à un moment plutôt qu'à un autre. Le grand-père du grand-père du grand-père du grand-père... Cela donne le tournis, ne trouves-tu pas ? Pourtant, dis-le encore, lentement cette fois, et tu finiras par te le représenter. En le répétant, on arrive vite à des époques de plus en plus anciennes. On s'enfonce dans le temps exactement comme dans le jeu des miroirs. Là non plus, on n'arrive jamais au commencement des temps, car derrière chaque commencement, il y a toujours un nouveau « Il était une fois ».

C'est comme un puits qui n'aurait pas de fond. Ça te donne le vertige de plonger le regard vers ce fond ? À moi aussi ! C'est pourquoi nous allons jeter un papier enflammé dans ce puits infiniment profond. Il tombera lentement, descendra de plus en plus bas. Toutefois, dans sa chute, il éclairera les parois du puits. Tu le vois descendre ? Il est maintenant si loin qu'il ressemble à une étoile minuscule au milieu des ténèbres. Puis il s'amenuise encore et nous finissons par ne plus le voir.

Il en est du souvenir comme du papier enflammé. Le souvenir éclaire notre plongée dans le passé. Tout d'abord, il éclaire notre propre passé, puis nous faisons appel aux souvenirs des personnes âgées, nous cherchons des lettres des gens décédés. Nous recherchons d'autres lumières qui, chaque fois, éclaireront un passé de plus en plus reculé. Il existe des bâtiments où sont entreposés quantité de vieux documents, écrits il y a bien longtemps, appelés archives. Parmi ces archives, on trouve des lettres écrites il y a plusieurs centaines d'années. Un jour, dans un de ces lieux, j'ai eu en main une lettre, rédigée de ces simples mots : « Chère maman, hier nous avons eu des truffes exquises au déjeuner. Signé : Guillaume. » Elle avait été écrite il y a 400 ans par un petit prince italien. Les truffes sont un mets délicieux.

Mais le temps de lire ce message n'a duré qu'un bref instant. Car notre lumière descend de plus en plus vite. 1 000 ans, 2 000 ans, 5 000 ans, 10 000 ans... En ce temps-là, il y avait déjà des enfants qui aimaient les bonnes choses, mais ces enfants ne savaient pas écrire. 20 000, 50 000 ans. En ce temps-là, aussi, les gens disaient déjà, comme nous : « Il était une fois ». Maintenant, notre lumière du souvenir devient toute petite. À un moment même, elle ne nous éclaire plus. Pourtant, nous savons que cela continue jusqu'en des temps encore plus lointains, quand l'homme n'existait pas, quand les montagnes ne ressemblaient pas

à ce qu'elles sont aujourd'hui. Certaines étaient plus hautes, mais, au fil du temps, la pluie les a érodées jusqu'à ce qu'elles ne soient plus que des collines. D'autres montagnes n'existaient pas encore. Elles ont émergé lentement des océans et cela prit des millions et des millions d'années.

Avant l'existence de ces montagnes, il y avait des animaux très différents de ceux d'aujourd'hui. Ils étaient gigantesques et ressemblaient à des dragons. Comment le savons-nous ? On trouve parfois leurs os, enfouis profondément dans le sol. Par exemple, au Musée d'histoire naturelle de Vienne (en Autriche), tu peux voir un diplodocus. Un nom bien étrange que celui de diplodocus. Mais l'animal est bien plus étrange encore ! Il n'aurait pu tenir dans une pièce de ta maison, ni même dans deux. Il était aussi grand que de très grands arbres et il avait une queue aussi longue que la moitié d'un terrain de football. Tu imagines le bruit quand un tel lézard géant – car le diplodocus était un lézard géant – se déplaçait dans la forêt vierge !

Mais nous ne sommes toujours pas parvenus au début des temps. Cela continue pendant des millions d'années. Facile à dire ! Pourtant, réfléchis un instant. Sais-tu combien dure une seconde ? Le temps que tu comptes très vite jusqu'à trois. Et combien durent 1 000 millions de secondes ? Trente-deux ans ! À toi maintenant d'imaginer combien durent 1 000 millions d'années ! En ce temps-là, il n'y avait pas de grands animaux, mais uniquement des escargots et des coquillages. Et si on remonte encore plus dans le temps, on ne trouve même plus de plantes. La terre entière était « désertique et vide ». Il n'y avait rien. Pas un arbre, pas un buisson, pas une herbe, pas une fleur, pas le moindre coin de verdure. Juste un désert de pierres et la mer ! Une mer sans poissons, sans coquillages et même sans limon. Or, lorsque tu écoutes les vagues, que te disent-elles ? « Il était une fois. » Cet « une fois » renvoie à une époque où la terre n'était peut-être qu'une masse gazeuse, une nébuleuse, comme celles, bien plus grandes, que nous pouvons voir aujourd'hui au télescope. Pendant des milliards et des billions d'années, sans rochers, sans eau, sans vie, cette nébuleuse tourna autour du soleil. Et avant ? Avant, le soleil, notre cher soleil, lui non plus n'existait pas. Seules des étoiles inconnues aux dimensions gigantesques et des corps célestes plus petits tournoyaient entre les nébuleuses, dans l'espace infini.

« Il était une fois... » De me pencher plus avant me donne de nouveau le vertige. Viens, suis-moi ! Il est préférable que nous fassions demi-tour au plus vite et que nous revenions vers le soleil, la terre, les beaux océans, les plantes, les coquillages, les lézards géants, nos montagnes et, enfin, vers les hommes. Ce retour sur nos pas ne nous donne-t-il pas le même sentiment que celui que nous éprouvons lorsque nous rentrons chez nous ? Pour éviter dorénavant que le « Il était une fois » nous entraîne de nouveau dans les tréfonds vertigineux du puits, nous nous empresserons chaque fois d'ajouter : « Attendez ! Quand cela s'est-il passé ? »

Il est une autre question, qui nous renvoie aussi à l'Histoire : « Que s'est-il passé ? » Bien entendu, nous ne parlons pas de n'importe quelle histoire, mais de celle que nous appelons l'histoire du monde. C'est avec elle que nous allons maintenant commencer.

Les plus grands inventeurs qui aient jamais existé

Un jour, à Heidelberg, on creusa une cave. On y trouva, profondément enfoui dans le sol, un os. C'était un os humain. Une mâchoire inférieure. Or, aucun être humain n'a aujourd'hui une mâchoire aussi puissante avec des dents aussi solides ! On imagine aisément que l'homme doté d'une telle mâchoire était capable de mordre à pleines dents. Cet homme vécut vraisemblablement il y a fort longtemps, sinon jamais cet os n'aurait été enfoui si profondément sous la terre !

Un autre jour, toujours en Allemagne, à Neandertal, on découvrit un crâne humain. Ce crâne était extrêmement intéressant car, là encore, plus personne aujourd'hui n'en a de semblable. Le front était pour ainsi dire inexistant, marqué seulement par deux grosses protubérances au-dessus des sourcils. Or, derrière le front se trouve le siège de la pensée. On peut donc imaginer que si cet homme n'avait pas de front, il ne devait pas beaucoup penser, ou que penser devait lui coûter plus d'efforts qu'à nous. On pourrait donc dire : « Il était une fois des hommes, moins aptes à penser que nous, mais dotés d'une meilleure dentition que la nôtre pour manger. »

Attendez ! vas-tu dire. Ce n'est pas ce dont nous étions convenus. Je voudrais savoir quand ces hommes vécurent, qui ils étaient et ce qui s'est passé.

Ta question me fait rougir de confusion, car je ne peux que te répondre : nous ne le savons pas encore avec exactitude. Mais nous finirons bien par le savoir un jour. D'ailleurs, quand tu seras grand, tu pourras toi aussi nous aider à chercher. Notre ignorance vient de ce que nous ne possédons de ces hommes aucun témoignage écrit, puisqu'ils ignoraient l'écriture. En outre, notre souvenir ne remonte pas aussi loin. (Quand je relis ce chapitre, écrit il y a bien des années, j'ai moins de raisons de rougir. Même si certaines choses avancées ici ne sont plus tout à fait exactes, je ne me suis pas trompé dans mes prévisions. Au cours de ces dernières années, notre connaissance a progressé et nous en savons beaucoup plus aujourd'hui sur l'époque à laquelle ces hommes vécurent. Nous le devons à des scientifiques qui ont découvert que certains matériaux comme le bois, les fibres végétales ou les roches volcaniques se transforment lentement, mais régulièrement. L'étude de ce processus permet d'évaluer à quel moment ces matériaux ont pris naissance. Depuis ces découvertes en Allemagne, les fouilles ont été multipliées pour retrouver d'autres ossements humains. On a trouvé, surtout en Afrique et en Chine, des os au moins aussi anciens que la mâchoire découverte à Heidelberg. Ces hommes aux deux grosses bosses en guise de front et au petit cerveau étaient nos ancêtres qui, il y a peut-être deux millions d'années, commencèrent à utiliser des pierres en guise d'outils. Les hommes de Neandertal apparurent il y a environ 100 000 ans et peuplèrent la terre pendant presque 70 000 ans. Je leur dois quelques excuses. Même si leur front se réduisait à deux bosses, leur cerveau était en fait à peine plus petit que celui de la plupart des hommes d'aujourd'hui. Quant au groupe humain réunissant les caractères de l'homme moderne, il ne remonterait qu'à environ 30 000 ans.)

Mais, vas-tu me rétorquer, tous ces « environ » sans jamais donner de noms ni de dates précises, ce n'est pas ce que vous appelez l'Histoire. Tu as raison. C'est antérieur à l'Histoire. C'est d'ailleurs pourquoi on parle de « Préhistoire », car on n'a qu'une très vague idée de l'époque à laquelle cela s'est passé. Pourtant, nous savons certaines choses sur ces hommes, dits préhistoriques. Comme les hommes de la véritable Histoire (dont il sera question à partir du chapitre suivant), ils avaient déjà tout ce que nous avons aujourd'hui : des vêtements, des maisons et des outils ; des charrues pour les labours, des céréales pour le pain, des vaches pour le lait, des moutons pour la laine, des chiens pour la chasse et pour la compagnie ; ils avaient un arc et des flèches pour tirer, un casque et un bouclier pour se protéger. Mais, vas-tu dire, avant d'en arriver là, il a bien fallu un début. Il a bien fallu que des gens en aient eu l'idée ! C'est vrai. N'est-ce pas extraordinaire d'imaginer qu'il y eut forcément un jour où un homme préhistorique eut l'idée qu'il était plus facile de manger la viande des bêtes sauvages après l'avoir fait rôtir sur le feu. Peut-être était-ce une femme ! ? Mais il fallut aussi qu'un homme découvrît comment faire du feu. Réalises-tu ce que ça représente ? Faire du feu ! Toi, sais-tu faire du feu ? Sans allumettes, évidemment. Elles n'existaient pas encore. Avec deux morceaux de bois que l'on frotte l'un contre l'autre jusqu'à ce qu'ils s'échauffent de plus en plus et finissent par s'embraser. Essaie donc une fois. Tu verras comme c'est difficile.

Il y eut aussi l'homme qui inventa les outils. Les premiers outils furent vraisemblablement de simples branches ou des pierres. Mais, très vite, des hommes eurent l'idée de tailler les pierres pour les rendre tranchantes comme des couteaux. Dans le sol, on a trouvé beaucoup de ces pierres taillées. Comme, en ce temps-là, tous les outils étaient en pierre, cette période est appelée « l'âge de pierre ». Mais les hommes ne savaient pas encore construire des maisons. C'était évidemment fort ennuyeux, car à cette époque le climat était particulier. Il faisait beaucoup plus froid qu'aujourd'hui. Les hivers étaient plus longs et les étés plus courts que ceux que nous connaissons. Même les vallées pouvaient rester enneigées toute l'année et les grands glaciers avançaient jusque dans les plaines. C'est pourquoi nous disons que l'âge de pierre s'est poursuivi pendant l'époque glaciaire. Les hommes préhistoriques étaient sûrement frigorifiés et ne pouvaient que se réjouir lorsqu'ils trouvaient des grottes ou des cavernes qui les protégeaient quelque peu du vent et du froid. C'est pourquoi on les appelle aussi « les hommes des cavernes ».

Sais-tu ce que les hommes des cavernes inventèrent encore ? As-tu trouvé ? C'est l'usage de la parole ; autrement dit, ils se sont mis à formuler des mots. Les animaux savent crier quand ils ont mal ou lancer des appels quand ils pressentent un danger. Mais ils ne savent pas le traduire par des mots. Seuls les hommes ont cette faculté. Or, ce sont les hommes préhistoriques qui, les premiers, en firent usage.

Ils réalisèrent une autre invention, particulièrement belle. C'est la sculpture sur bois et la peinture, ce dont témoignent les nombreux dessins gravés et peints découverts sur les parois des cavernes. Même aujourd'hui, un peintre ne saurait faire mieux. On voit des animaux qui n'existent plus depuis des temps immémoriaux. Des éléphants avec une longue toison laineuse et d'énormes défenses recourbées (les mammouths) et d'autres animaux de l'époque glaciaire. Pourquoi crois-tu que ces hommes préhistoriques ont peint ces animaux sur les parois des cavernes ? Simplement comme élément décoratif ? Cela semble peu probable, tant ces cavernes étaient sombres. On n'a aucune certitude, mais on pense qu'ils ont voulu donner à ces dessins un pouvoir magique. Ils croyaient qu'en peignant les animaux, ils les attireraient. Un peu comme lorsqu'on dit : « Quand on parle du loup, on en voit la queue. » N'oublie pas que ces animaux étaient leur butin de chasse, sans lequel ils mouraient de faim. Les avoir représentés pourrait donc signifier qu'ils avaient voulu inventer la magie. Ce serait trop beau s'ils y étaient parvenus. Jusqu'à présent, hélas, personne n'y est arrivé.

La période glaciaire dura un temps inimaginable. Plusieurs dizaines de milliers d'années. Ce fut une bonne chose, car sinon les hommes, pour lesquels penser demandait tant d'efforts, n'auraient pas eu le temps de réaliser toutes leurs inventions. L'atmosphère finit par se réchauffer et, en été, la glace ne demeura que sur les plus hautes montagnes. Avec la chaleur, les hommes, qui étaient déjà semblables à nous, apprirent à planter les herbes des steppes, à broyer leurs graines et à en faire une pâte qu'ils pouvaient ensuite cuire sur le feu. Cela donna le pain.

Bientôt, ils apprirent à fabriquer des tentes et à domestiquer les animaux qui, jusqu'alors, vivaient en liberté. Ils se déplacèrent avec leurs troupeaux, comme les Lapons le font encore aujourd'hui. En ce temps-là, les forêts étaient peuplées de très nombreuses bêtes sauvages, tels les loups et les ours. Certains de ces hommes, qui avaient déjà démontré leurs qualités d'inventeurs, eurent alors une idée extraordinaire. Ils construisirent leurs maisons sur des pilotis au-dessus de l'eau, créant ainsi des cités lacustres. Ils perfectionnèrent également leurs outils en pierre. Ils mirent un manche à la pierre taillée, après l'avoir trouée avec une pierre plus dure encore, confectionnant une hache. Ce dut être un travail laborieux. Imagine qu'au dernier moment, la pierre se soit brisée. Il aurait fallu alors recommencer.

Puis ces hommes eurent l'idée de fabriquer des récipients en terre, qu'ils décoraient de motifs et faisaient cuire dans des fours. En revanche, au cours du néolithique, période la plus récente de l'âge de pierre, ils cessèrent de peindre des animaux. À la fin de cette époque, qui se situerait 6 000 ou 4 000 ans avant J.-C., ils imaginèrent une nouvelle manière de fabriquer des outils, supérieure à la précédente et plus efficace. Ils venaient de découvrir le métal. Ils ne découvrirent évidemment pas tous les métaux d'un seul coup. Cela commença par des pierres vertes, qui se transformaient en cuivre quand on les faisait fondre dans le feu. Une fois forgé, le cuivre, d'un beau brillant, pouvait servir à la fabrication des haches ou des pointes de flèches. Mais il était très mou et s'émoussait plus vite que la pierre.

Une fois encore, les hommes trouvèrent le moyen d'y remédier. Ils eurent l'idée d'ajouter au cuivre un autre métal, particulièrement rare, mais qui rendait le cuivre plus rigide : l'étain. Le mélange de cuivre et d'étain donne le bronze. Cette époque au cours de laquelle les hommes fabriquèrent, à partir du bronze, leurs heaumes et leurs épées, leurs haches et leurs chaudrons, ainsi que leurs bracelets et leurs colliers, porte naturellement le nom d'« âge de bronze ».

Jette un dernier regard sur ces hommes, vêtus de peaux de bête, qui, dans leur barque taillée dans un tronc d'arbre, rament vers leurs villages lacustres. Ils apportent des céréales et du sel qu'ils ont extrait des mines. Ils boivent dans de superbes coupes en terre cuite, et leurs femmes et leurs filles se parent de pierres multicolores et même, déjà, de bijoux

en or. Crois-tu que, depuis, beaucoup de choses ont changé ? Ils étaient des hommes comme nous, souvent mauvais les uns envers les autres, qui pouvaient se montrer cruels et fourbes, comme il nous arrive aussi de l'être, hélas ! Mais, comme aujourd'hui, il arrivait qu'une mère se sacrifie pour son enfant ou que des amis meurent par fidélité l'un envers l'autre. Tous ces hommes n'étaient ni supérieurs, ni inférieurs à nous. Est-ce surprenant ? Cela se passait il y a moins de 10 000 ans. Depuis, nous n'avons pas eu le temps de beaucoup changer.

Parfois, quand nous parlons ou quand nous mangeons du pain, quand nous utilisons un outil ou quand nous nous chauffons à la chaleur d'un feu, nous devrions nous montrer reconnaissants envers les hommes de la préhistoire, les plus grands inventeurs qui aient jamais existé.

Le pays au bord du Nil

Maintenant, comme je te l'ai promis, l'Histoire va commencer. Nous sommes en 3 100 avant J.-C. (soit à 5 100 ans de nous), époque à laquelle, pense-t-on, un roi nommé Ménès régnait sur l'Égypte. Si tu souhaites en savoir davantage sur le chemin qui conduit vers l'Égypte, je te conseille d'interroger une hirondelle. Chaque automne, quand le froid arrive, elle vole en direction du sud. Elle passe au-dessus des montagnes, survole l'Italie, puis un bout de mer, avant d'arriver en Afrique, dans sa partie la plus proche de l'Europe. Non loin de là, c'est l'Égypte.

En Afrique, il fait très chaud et il ne pleut pas pendant de longs mois. La végétation est donc rare. Dans un grand nombre de contrées, on ne trouve que des déserts. C'est le cas des pays s'étendant à droite et à gauche de l'Égypte. En Égypte, il ne pleut pas davantage. Mais le pays n'a pas besoin de la pluie, car il est traversé dans toute sa longueur par un grand fleuve, le Nil. Deux fois par an, lorsque des pluies abondantes alimentaient ses sources, le Nil sortait de son lit et inondait tout le pays, obligeant les gens à se déplacer en bateaux entre les maisons et les palmiers. Lorsque l'eau se retirait, la terre était merveilleusement abreuvée et fertilisée par un riche limon. Alors pouvaient pousser, comme nulle part ailleurs, les céréales, dorées ensuite par le soleil. C'est pourquoi les Égyptiens, depuis des temps très anciens, adressaient des prières au Nil, comme s'il était Dieu en personne. Veux-tu entendre la chanson qu'ils composèrent pour lui, il y a 4 000 ans ?

« Sois loué, ô Nil ! Toi qui sors de la terre et viens vers nous pour dispenser de la nourriture à l'Égypte. Toi qui irrigues nos campagnes et qui as été créé pour nourrir notre bétail. Toi qui abreuves le désert, lequel est loin de l'eau. Toi qui fais pousser l'orge et croître le froment. Toi qui remplis les greniers et ouvres tout grand les granges. Toi qui donnes aux pauvres. C'est pour toi que nous jouons de la harpe, et c'est pour toi que nous chantons. »

Voilà ce que chantaient les Égyptiens de ce temps-là. Ils avaient raison. Grâce au Nil, le pays devint si riche qu'il en tira une grande puissance. Un roi régnait sur tous les Égyptiens. Le premier de ces rois aurait donc été Ménès. Te souviens-tu de l'époque de son règne ? C'était dans les années 3 100 avant J.-C. Sais-tu le nom que l'on donnait alors aux rois d'Égypte ? On les appelait les pharaons. Le pharaon avait un très grand pouvoir. Il vivait dans un imposant palais en pierre, soutenu par d'énormes colonnes et comportant de nombreuses cours intérieures. Tous les gens du pays lui devaient obéissance et, lorsqu'il le décidait, tous devaient travailler pour lui.

Dans les années 2 500 avant J.-C., un autre pharaon, du nom de Chéops, ordonna à tous ses sujets de travailler à la construction de son tombeau. Il souhaitait que l'édifice fût aussi grand qu'une montagne – et cela se réalisa. On peut le voir aujourd'hui encore. C'est la célèbre pyramide dite « de Chéops ». Tu en as certainement vu des reproductions, mais elles ne te donnent pas une idée de sa hauteur. Elle pourrait contenir n'importe quelle grande église. L'escalade de ses gigantesques blocs de pierre ressemble à l'ascension d'une montagne. Et pourtant, ce sont des hommes qui firent rouler ces blocs énormes, qui les montèrent les uns sur les autres, sans machines, tout au plus avec des poulies et des leviers. Tirer et pousser se faisait uniquement à mains d'homme. Imagine ce labeur sous le soleil brûlant d'Afrique ! Pendant trente années, près de 100 000 hommes travaillèrent pour le pharaon, en dehors des périodes de travaux des champs. Lorsqu'ils tombaient de fatigue, le contremaître les fouettait pour les obliger à se remettre au travail. Au prix de terribles efforts, ils tirèrent, soulevèrent des charges colossales. Et tout cela pour construire le tombeau du roi !

BELT
R. R.

Quelle drôle d'idée, vas-tu dire, de vouloir se faire construire un tombeau aussi gigantesque ! Cela tient à la religion de l'Égypte ancienne. Les Égyptiens vénéraient alors de nombreux dieux. (Ceux qui croient en plusieurs dieux sont appelés « polythéistes ».) Ils croyaient que certains de leurs dieux étaient d'anciens rois qui, bien avant eux, avaient régné sur terre, comme le dieu Osiris et son épouse Isis. Ils pensaient que même le soleil était une divinité, qu'ils appelaient Amon. Le monde souterrain avait aussi son dieu, nommé Anubis, représenté avec une tête de chacal. Ils étaient persuadés que le pharaon était fils du dieu-soleil. Pourquoi, sinon, leur aurait-il inspiré tant de crainte et pourquoi auraient-ils accepté de lui obéir aveuglément ? Pour vénérer leurs dieux, ils taillèrent dans la pierre des sculptures majestueuses, aussi hautes qu'un immeuble de cinq étages. Ils construisirent des temples aussi vastes qu'une ville entière. Devant ces temples, ils dressèrent des pierres de granit, taillées dans un seul bloc et dont l'extrémité se termine en pointe. Ces pierres portent le nom d'« obélisques » (un nom qui vient du grec et signifie « petite pique »). Dans certaines villes d'Europe, comme à Paris, place de la Concorde, tu peux voir des obélisques rapportés d'Égypte.

La religion égyptienne attribuait un caractère sacré à certains animaux, le chat par exemple, de même qu'elle représentait certains dieux sous les traits d'un animal. Le sphinx, avec son corps de lion et sa tête humaine, incarnait ainsi un dieu puissant. La sculpture qui le représente à côté des pyramides est si monumentale qu'elle pourrait contenir un temple. Depuis plus de 5 000 ans, recouvert de temps en temps par les sables du désert, le sphinx veille sur les tombeaux des pharaons. Qui sait combien de temps encore il montera la garde ?

Le trait prédominant de cette étonnante religion des Égyptiens était la croyance selon laquelle, après la mort, l'âme humaine quittait le corps, mais qu'elle continuait, d'une manière ou d'une autre, à avoir besoin de lui par-delà la mort. L'âme ne pouvait être immortelle si le corps tombait en poussière.

C'est pourquoi la conservation des corps était tellement importante. On les frottait avec des baumes et des sucs de plantes, puis on les enveloppait dans de longues bandelettes pour éviter leur putréfaction. On donna à ces corps ainsi conservés le nom de « momies ». Aujourd'hui encore, après des milliers d'années, ces momies demeurent intactes. Elles reposaient dans un cercueil en bois, lequel était placé dans un cercueil en pierre. Puis ce dernier était déposé, non pas directement sous terre, mais dans un rocher creusé à cet effet. Celui qui en avait les moyens, comme le « Fils du Soleil », le roi Chéops, se faisait construire toute une montagne de pierre pour abriter son cercueil, avec l'espoir que sa momie, profondément enfouie dans ses entrailles, y serait en sécurité. Hélas ! les efforts et la puissance du roi Chéops furent vains. Sa pyramide fut trouvée vide !

En revanche, on trouva dans des tombes les momies d'autres pharaons et celles de nombreux Égyptiens de cette époque. Les tombes ressemblent à des appartements où les âmes pouvaient venir rendre visite à leur corps. C'est pourquoi on y trouva aussi de la nourriture, des meubles, des vêtements et de nombreuses peintures qui représentaient des scènes de la vie du défunt ainsi que sa propre effigie, afin que l'âme, lorsqu'elle lui rendait visite, ne se trompât pas de tombeau.

Lorsque nous regardons les grandes statues en pierre et les superbes fresques aux riches couleurs sur les parois des tombeaux, nous pouvons imaginer le mode de vie des Égyptiens en ce temps-là. Certes, ces peintures ne sont pas une reproduction exacte de la réalité. Par exemple, deux objets qui devraient être placés l'un derrière l'autre sont généralement représentés l'un au-dessus de l'autre. Les personnages ont des poses rigides. Leur corps est vu de face, mais leurs mains et leurs pieds sont figurés de profil, ce qui leur donne une attitude figée. L'évocation du mode de vie d'alors, en revanche, est rendue dans ses moindres détails. On voit, au bord du Nil, des hommes attraper des canards avec de grands filets ou ramer dans leur barque et pêcher avec de grands harpons. On les voit attirer l'eau dans des canaux pour irriguer leurs champs, faire paître leurs troupeaux de vaches et de chèvres, battre le grain et cuire le pain, confectionner des chaussures et des vêtements, souffler le verre – ça existait déjà ! –, fabriquer des tuiles et construire des maisons. On voit aussi des fillettes jouer à la balle ou jouer de la flûte, des soldats partir à la guerre ou en revenir avec des étrangers qu'ils avaient capturés, en particulier des Noirs.

Dans les tombeaux des nobles, on voit des émissaires étrangers arriver chargés de présents, ou le pharaon remettre des décorations à ses fidèles ministres. On voit aussi des défunts prier, mains levées, devant les représentations de leurs divinités, ou figurés chez eux à l'occasion de festins, au milieu de chanteurs s'accompagnant d'une harpe et de saltimbanques exécutant des cabrioles.

À côté de ces fresques polychromes, on trouve généralement des petits dessins représentant aussi bien des chouettes que des hommes, des fanions, des fleurs, des tentes, des scarabées, des récipients, mais aussi des rangées de lignes brisées et de spirales, serrées les unes contre les autres. Qu'est-ce que cela peut bien être ? Ce ne sont pas des dessins, mais les signes de l'écriture égyptienne, appelés hiéroglyphes. Les Égyptiens en étaient si fiers qu'ils leur conféraient une valeur quasi sacrée et qu'ils considéraient les scribes comme appartenant à la profession la plus élevée.

Veux-tu savoir comment on écrit avec ces signes ? L'apprentissage de ce mode d'écriture n'était certainement pas facile, car l'écriture hiéroglyphique ressemble étrangement à un rébus. Quand les Égyptiens voulaient écrire le nom du dieu Osiris – Wosiri, en égyptien ancien –, ils dessinaient un trône, qui se disait « wos », et un œil, qui se disait « iri ». Cela donnait « Wosiri ». Et, pour éviter que l'on pense que cela signifiait « l'œil du trône », ils dessinaient généralement à côté un fanion, l'emblème propre à chaque dieu. Pense à la croix que nous traçons à côté du nom d'une personne lorsque nous voulons faire comprendre qu'elle est décédée.

Maintenant, tu sais écrire « Osiris » en hiéroglyphes. Mais réalises-tu l'énorme travail qu'il fallut accomplir pour parvenir à déchiffrer tous ces signes, quand des chercheurs commencèrent à s'y intéresser il y a près de 180 ans ? Leur déchiffrement fut rendu possible grâce à la découverte d'une pierre sur laquelle un texte était gravé à la fois en caractères grecs (que l'on savait lire) et en hiéroglyphes. Ce fut néanmoins un incroyable jeu de devinettes auquel de grands érudits consacrèrent toute leur vie.

Aujourd'hui, on est capable de lire presque tout. Non seulement ce qui se trouve sur les murs des palais et des temples, mais aussi dans les livres, même si les caractères n'y sont pas aussi distincts. Eh oui, les hommes de l'Égypte ancienne avaient déjà des livres. Ils les fabriquaient non avec du papier, mais avec une sorte de roseau du Nil, appelé « papyrus » en grec (d'où provient notre mot « papier »). Ces livres se présentaient sous la forme de longues bandes que l'on enroulait et déroulait.

On a retrouvé beaucoup de ces « rouleaux ». Depuis qu'on a appris à mieux les lire, on découvre chaque jour davantage la sagesse et l'intelligence des Égyptiens de ce temps-là. Veux-tu entendre une maxime écrite il y a 5 000 ans ? Écoute bien et réfléchis un instant : « Les paroles sages sont plus rares que la pierre d'émeraude, pourtant on les entend dans la bouche des humbles servantes qui font tourner les meules. »

Grâce à la sagesse et à la puissance des Égyptiens, leur Empire s'étendit sur une très longue période de près de 3 000 ans. De tous les empires connus à ce jour, le leur fut celui qui dura le plus longtemps. De même qu'ils surent préserver leurs cadavres de la putréfaction, ils surent maintenir leurs traditions à travers les siècles. D'ailleurs, leurs prêtres veillaient à ce que les fils refassent exactement ce que leurs pères avaient réalisé avant eux. Tout ce qui venait des Anciens revêtait un caractère sacré.

À deux reprises seulement, des gens se rebellèrent contre cette soumission autoritaire à la tradition. La première fois, peu après le règne de Chéops, vers 2 100 avant J.-C., des hommes du peuple essayèrent de tout changer. Ils s'élevèrent contre le pharaon, assassinèrent ses hauts fonctionnaires et arrachèrent les momies à leurs tombeaux. « Ceux qui autrefois n'avaient pas même des sandales possèdent maintenant des trésors, et ceux qui portaient de beaux vêtements vont désormais en haillons », lit-on sur un rouleau de papyrus. Et, plus loin : « Le pays tourne comme tourne le tour d'un potier. » Mais cet épisode ne dura pas longtemps. Très vite, on en revint au système ancien, un système peut-être encore plus contraignant qu'auparavant.

La seconde fois, ce fut un pharaon qui tenta de rompre avec la tradition et de changer les choses. Il se nommait Akhenaton et vécut vers 1 370 avant J.-C. C'était un homme remarquable. Il tenait pour invraisemblable la croyance égyptienne en l'existence de nombreuses divinités et en ses pratiques mystérieuses. Il s'adressa à son peuple en ces termes : « Il n'y a qu'un seul dieu, le Soleil, dont les rayons sont source de vie. C'est à lui seul que vous devez adresser vos prières. »

Les vieux temples furent fermés et le pharaon Akhenaton s'installa avec son épouse dans un nouveau palais. Comme il était contre tout ce qui était ancien et pour toute idée nouvelle, il fit décorer les murs de son palais selon un nouveau mode artistique, remplaçant la sévérité, la rigidité et la solennité traditionnelles par des formes naturelles et souples. Mais cela ne plaisait pas au peuple, qui voulait voir ce à quoi il était habitué depuis des siècles. Aussitôt après la mort d'Akhenaton, les Égyptiens revinrent donc aux coutumes et au style de l'ancien temps, qui perdurèrent jusqu'à la fin de l'empire d'Égypte. Comme au temps du roi Ménès, on continua, pendant près de trois siècles et demi, à momifier les morts, à écrire en hiéroglyphes, à prier les mêmes dieux. Et l'on continua à honorer les chats comme des animaux sacrés. Personnellement, du moins dans ce domaine, je donne raison aux Égyptiens.

Lundi, mardi...

La semaine comporte sept jours, dont les noms sont... Inutile de poursuivre, puisque je ne t'apprends rien ! Mais sais-tu où et à partir de quand on a donné un nom à chaque jour et qui a eu l'idée de les regrouper en une semaine ? Ce ne sont pas les Égyptiens, mais des hommes d'un pays au climat aussi chaud que l'Égypte, traversé non par un seul fleuve, mais par deux : le Tigre et l'Euphrate. C'est pourquoi on l'appelait « le Pays des deux fleuves ». Mais, comme il s'étendait entre ces deux fleuves, on lui donna aussi le nom de « Pays entre les deux fleuves » ou celui, dérivé du grec, de Mésopotamie. La Mésopotamie ne se trouvait pas sur le continent africain, mais sur le continent asiatique, bien qu'elle fût relativement proche de nos contrées. Elle se situait pour partie dans ce qu'on appelle aujourd'hui le Proche-Orient. Ses deux fleuves, le Tigre et l'Euphrate, se jettent dans le golfe Persique.

Imagine-toi une plaine infiniment vaste, traversée par ces deux fleuves. La chaleur est accablante, le sol marécageux. Parfois, des inondations submergent le pays. Dans cette plaine s'élèvent çà et là de hautes collines. Mais ce ne sont pas de vraies collines. Si on y creuse un tant soit peu, on tombe sur une quantité de briques et de fragments de toutes sortes. Si on creuse plus profondément, on découvre alors de hauts murs en argile. Ces collines sont en réalité les vestiges d'anciennes cités, dont certaines, d'une grande importance, étaient dotées de longues rues rectilignes, de maisons en hauteur, de palais et de temples. Comme les Mésopotamiens – contrairement aux Égyptiens – ne savaient pas construire avec des pierres, les briques qu'ils utilisaient s'effritèrent peu à peu sous l'effet du soleil, puis finirent par s'effondrer pour ne plus ressembler qu'à ces tas de ruines qui, longtemps, firent penser à des collines.

L'une de ces fausses collines s'élève au milieu d'une contrée désertique. C'est tout ce qui reste de l'ancienne Babylone, autrefois la plus grande cité du monde, grouillante d'hommes venus de tous les pays pour négocier leurs marchandises. En amont du Tigre, au pied des montagnes, se dresse une autre de ces collines. C'est l'emplacement de la deuxième grande cité du pays : Ninive. Babylone était la capitale des Babyloniens, Ninive celle des Assyriens.

Contrairement à l'Égypte, la Mésopotamie eut souvent plusieurs souverains en même temps. Elle eut plusieurs empires, mais chacun dura peu de temps et leurs frontières furent souvent modifiées. Des peuples différents se succédèrent, qui, chaque fois, plaçaient sur le trône un nouveau roi. Les peuples les plus importants furent les Sumériens, les Babyloniens et les Assyriens. Pendant longtemps, on a cru que les Égyptiens avaient été les premiers à donner naissance à ce que l'on appelle une civilisation, avec des cités, des rois et des princes, des temples et des prêtres, des fonctionnaires, des artisans et des artistes, une écriture et une technologie.

On sait maintenant que, dans certains domaines, les Sumériens ont été en avance sur les Égyptiens. Des fouilles de ces amas de ruines dans la plaine proche du golfe Persique ont montré que les habitants de ces lieux, il y a 3 100 ans avant J.-C., avaient eu l'idée de fabriquer des briques en argile pour construire des maisons et des temples. En creusant plus profondément l'une de ces collines, on découvrit les vestiges de la ville d'Ur, dont la Bible dit que les ancêtres d'Abraham sont originaires. On découvrit aussi un très grand nombre de tombes plus ou moins contemporaines de la pyramide égyptienne de Chéops. Mais, alors que la pyramide fut trouvée vide, ces tombes regorgeaient de quantité d'objets d'une incroyable beauté : des bijoux de femme en or, des plats en or pour les offrandes, des casques et des poignards sertis de pierres précieuses, des harpes ornées de têtes de taureaux et

– je ne sais pas si tu te rends compte ! – ce qui devait être un échiquier, merveilleusement marqueté.

On trouva aussi des sceaux et des tablettes en argile couvertes d'inscriptions. Il ne s'agissait pas d'une écriture hiéroglyphique, mais d'une tout autre écriture, presque plus difficile à déchiffrer. En effet, elle ne recourait pas à des dessins, mais à des signes finement tracés, détachés les uns des autres et se terminant en pointe, qui faisaient penser à des clous ou à des coins, d'où son nom d'écriture « cunéiforme ». Les Mésopotamiens ignoraient les livres en papyrus. À l'aide de plumes en roseau, ils gravaient leurs signes sur des tablettes d'argile fraîche qu'ils faisaient cuire dans des fours. On a retrouvé un nombre considérable de ces tablettes d'argile. Certaines racontent de merveilleuses légendes, comme celle du héros Gilgamesh luttant contre des monstres et des dragons. D'autres retracent les hauts faits des rois : les temples qu'ils ont élevés pour l'éternité ou les peuples qu'ils ont soumis.

Il existe d'autres tablettes sur lesquelles des commerçants gravaient ce qui avait trait à leurs activités : ordres d'achat ou de vente, contrats, listes de marchandises... Grâce à ces découvertes, on a compris que les Sumériens, comme plus tard les Assyriens, était un grand peuple de commerçants, sachant parfaitement calculer et faire la différence entre ce qui était légal et ce qui était illégal.

Des tablettes datant de l'époque d'un des premiers rois babyloniens, alors maîtres de tout le pays, nous ont révélé le plus vieux livre juridique du monde. Ses lois ont été édictées par le roi Hammourabi. Son nom semble tout droit sorti d'un livre de contes, mais ses lois sont d'une grande sagesse, à la fois sévères et équitables. Or, Hammourabi vécut vers 1700 avant J.-C., il y a donc 3 700 ans.

Les Babyloniens et, après eux, les Assyriens étaient des gens farouches. Aussi ne peignaient-ils pas des scènes de la vie, plaisantes et riches en couleurs, comme les Égyptiens. Leurs statues et leurs dessins représentent généralement des rois à la chasse ou faisant agenouiller des prisonniers enchaînés, des chars de combat repoussant des peuples étrangers, ou des guerriers attaquant des forteresses. Les rois ont le regard sombre, ils portent de grandes barbes noires et de longs cheveux ondulés. Parfois, ils sont aussi représentés faisant des offrandes à leurs dieux, à Baal, le dieu-soleil, et à Ischtar, ou Astarté, la déesse-lune.

Car les Babyloniens, comme les Assyriens, vénéraient le soleil, la lune et les étoiles. Pendant des siècles, profitant des nuits chaudes et claires, ils observèrent la course des étoiles. Comme ils étaient intelligents, ils remarquèrent que le déplacement des étoiles correspondait à un cycle régulier. Très vite, ils surent repérer les étoiles qu'on retrouvait chaque nuit au même endroit de la voûte céleste et qui semblaient donc immobiles. Ils virent dans les constellations des formes auxquelles ils donnèrent un nom, comme lorsque nous parlons aujourd'hui de la Grande Ourse. Ils s'intéressèrent aussi aux étoiles qui se déplacent sur la voûte céleste, celles qui, par exemple, s'approchent tantôt de la Grande Ourse, tantôt de la Balance. Ils croyaient que la terre était un disque rigide et que la voûte du ciel correspondait à une sorte de boule creuse qui, chaque jour, tournait au-dessus de la terre. Leur étonnement devait être grand de constater que toutes les étoiles n'étaient pas fixes, autrement dit que certaines n'étaient pas attachées à la voûte céleste et pouvaient naviguer d'un endroit à un autre.

Aujourd'hui, nous savons que ce sont les étoiles qui, avec la terre, tournent autour du soleil. On les nomme « planètes ». Mais, en ce temps-là, ni les Babyloniens ni les Assyriens ne pouvaient en avoir connaissance. C'est pourquoi ils croyaient en l'intervention de la magie. Ils donnèrent des noms à ces étoiles et ne cessèrent de les interroger. Ils pensaient en effet que les étoiles étaient des êtres puissants et que leur position dans le ciel avait une signification pour la destinée des hommes. Si on étudiait la position des astres, on pouvait donc prédire l'avenir. Cette croyance porte aujourd'hui le nom, venu du grec, d'astrologie.

Ces peuples croyaient que certaines planètes apportaient le bonheur, d'autres le malheur. Mars incarnait la guerre, Vénus l'amour. À chaque planète, ils attribuèrent un jour. Ils ne connaissaient que cinq

planètes qui, ajoutées au soleil et à la lune, donnèrent le chiffre sept. Ainsi naquit la notion de semaine. Les planètes qu'ils connaissaient étaient Mars, Mercure, Jupiter, Vénus et Saturne. Dans de nombreuses langues, on retrouve aujourd'hui, dans le nom donné à chaque jour de la semaine, cette parenté avec les astres, la lune et le soleil. En français : lun-di (jour de la lune), mar-di (jour de Mars), merc-redi (jour de Mercure), jeu-di (jour de Jupiter), ven-dredi (jour de Vénus). Le samedi se dit en anglais *satur-day* (jour de Saturne). En allemand, le dimanche se dit *Sonn-tag* (jour du soleil) et le lundi *Mon-tag* (jour de la lune). Aurais-tu imaginé que nos jours de la semaine aient une histoire aussi extraordinaire, vieille de plusieurs milliers d'années ?

Pour se rapprocher des étoiles, et aussi pour mieux voir leur pays enveloppé par la brume des marécages, les Babyloniens et, avant eux, les Sumériens bâtirent d'étranges constructions : de très grandes et larges tours, formées d'une superposition de terrasses que l'on gravissait en empruntant de hauts escaliers étroits. Au sommet de ces tours se trouvait le temple consacré à la lune ou aux autres planètes. Les gens venaient de très loin pour se faire prédire l'avenir par le prêtre et ils apportaient des offrandes de grande valeur. Aujourd'hui encore, ces tours en terrasses, à moitié en ruines, émergent de ces collines, et des inscriptions retracent le récit des rois expliquant comment ils les ont construites ou restaurées. Il faut imaginer que les premiers rois de ce pays vécurent vraisemblablement vers 3 000 avant J.-C. et les derniers vers 550 avant J.-C.

Le dernier grand roi babylonien s'appelait Nabuchodonosor. Il vécut en 600 avant J.-C. Ses faits de guerre l'ont rendu célèbre. Il se battit contre les Égyptiens, ramena de ses campagnes militaires un grand nombre d'étrangers, qu'il réduisit en esclavage. Mais bien plus que ses exploits guerriers, des faits plus grands encore honorent son règne : pour capter l'eau, irriguer et faire fructifier le pays, il fit creuser des canaux et des bassins. C'est seulement depuis que ces canaux se sont comblés et que ces bassins se sont envasés que le pays est redevenu tel que nous le connaissons aujourd'hui : une plaine désertique et marécageuse d'où émergent çà et là les collines dont je t'ai parlé.

Lorsque, après avoir compté les jours : lun-di, mar-di, mer-credi..., nous verrons arriver la fin de la semaine – le jour du soleil – avec plaisir, il nous arrivera de penser à ces collines dans ce paysage marécageux et torride, et à ces rois farouches à la longue barbe noire. Car maintenant nous savons ce que nous devons à ce pays et à ses hommes.

Un dieu unique

Entre l'Égypte et la Mésopotamie se trouve un pays avec des vallées profondes et de grands pâturages. Pendant des milliers d'années, des tribus de bergers y gardèrent leurs troupeaux. Ils plantaient de la vigne et des céréales et, le soir, ils entonnaient des chansons – comme tous les gens de la campagne. Étant donné sa situation, ce pays fut envahi tantôt par les Égyptiens, tantôt par les Babyloniens, et sa population fut sans cesse ballottée d'un endroit à l'autre. Les hommes avaient bien, eux aussi, construit des forteresses et édifié des cités, mais ils n'étaient pas assez forts pour résister aux puissantes agressions armées de leurs voisins.

Cette histoire est bien triste, mais je ne vois pas le rapport avec notre Histoire, vas-tu dire. Des tribus comme celles-là, il a dû y en avoir des milliers ! Tu as raison. Pourtant, ce peuple, bien que petit et sans défense, n'est pas tombé dans l'oubli, car il était différent des autres, et cette différence marquera fortement le cours de notre Histoire. Ce qui les singularisait, c'était leur religion.

Jusqu'alors, tous les peuples vénéraient plusieurs dieux. Tu te souviens d'Isis et d'Osiris, de Baal et d'Astarté. Or, ce petit peuple ne priait qu'un seul dieu, un dieu qui les protégeait et les guidait. Lorsque, le soir, auprès de feux de camp, les bergers chantaient leurs exploits et leurs combats, ils chantaient en réalité les exploits et les combats de leur dieu. Ils chantaient qu'il était meilleur, plus fort et plus majestueux que tous les innombrables dieux des polythéistes, qu'ils appelaient païens. Ils affirmaient sans cesse que leur dieu était le seul et unique, celui qui avait créé le ciel et la terre, le soleil et la lune, les fleuves et les campagnes, les végétaux, les animaux et les hommes. Il était celui qui pouvait gronder de colère et les réprimander violemment, mais aussi celui qui ne les abandonnait pas dans la tourmente, comme lorsqu'ils furent chassés d'Égypte par les Égyptiens ou lorsque les Babyloniens les emprisonnèrent et les emmenèrent comme esclaves. Ils étaient fiers de leur religion et de leurs certitudes. Ils étaient son peuple, il était leur dieu.

Tu as peut-être deviné qui était ce peuple. C'était le peuple juif. Les chants qui louaient leurs exploits, dont ils disaient qu'ils étaient les exploits de leur dieu, sont les textes bibliques de l'Ancien Testament.

Si, un jour, tu lis attentivement la Bible, peut-être comprendras-tu mieux certaines de ces histoires, dont beaucoup débordent de vie. Tu découvriras par exemple celle d'Abraham. Te souviens-tu d'où il est originaire ? Tu le trouveras dans le premier livre de la Genèse, au chapitre 11. Abraham naquit à Ur, en Chaldée. Souviens-toi ! Ur, cette colline de ruines près du golfe Persique, où tant de choses furent découvertes il y a quelques années : des harpes et des échiquiers, des armes et des bijoux. Abraham ne vécut pas aux premiers temps de la civilisation mésopotamienne, mais vraisemblablement à l'époque du roi babylonien Hammourabi, l'auteur du plus vieux livre de lois connu à ce jour. Comme tu t'en souviens peut-être, c'était en 1 700 avant J.-C. Il n'est donc pas surprenant de retrouver dans l'Ancien Testament certaines lois de ce grand législateur.

La Bible relate bien d'autres histoires encore sur l'ancienne Babylone. Tu connais sûrement celle de la Tour de Babel (Babel est le nom hébreu de Babylone). Maintenant, tu peux mieux te l'imaginer. Tu te souviens en effet que les Babyloniens édifiaient des tours gigantesques, « dont le sommet touche au ciel », dit la Bible. Souviens-toi. C'était pour se rapprocher de la lune et des étoiles et pouvoir mieux les observer.

L'histoire de Noé et du Déluge se déroule également en Mésopotamie. Or, de nombreuses tablettes d'argile, gravées en écriture cunéiforme, relatent une histoire proche de celle de la Bible.

La Bible nous conte aussi l'histoire d'un descendant d'Abraham, Joseph, fils de Jacob. Joseph fut vendu par ses frères à l'Égypte, où il devint conseiller et ministre du pharaon. Tu connais la suite de cette histoire. Une famine s'étant abattue sur leur pays, les frères de Joseph partirent à leur tour pour l'Égypte afin d'y acheter du grain. Les pyramides existaient depuis déjà plus de 1 000 ans. On imagine l'étonnement des frères de Joseph lorsqu'ils les virent pour la première fois. Notre étonnement aujourd'hui n'est-il pas toujours aussi grand ?

Plutôt que de revenir dans leur pays, les frères de Joseph et leurs enfants se fixèrent en Égypte. Mais, très vite, la vie leur fut rendue impossible et ils furent contraints d'exécuter de durs travaux pour le pharaon, comme au temps des pyramides. Dans le deuxième livre de Moïse, au chapitre premier, on peut lire : « Et les Égyptiens réduisirent les enfants d'Israël à une dure servitude. Ils leur rendirent la vie amère par de rudes travaux en argile et en briques... » Finalement, Moïse les fit sortir d'Égypte et les conduisit dans le désert. Cela se passait vraisemblablement vers 1250 avant J.-C. De là, ils essayèrent de reconquérir la Terre promise, le pays où leurs ancêtres, depuis Abraham, avaient vécu. Après de violents et sanglants combats, ils l'atteignirent enfin et, sur ce petit territoire, ils édifièrent leur propre royaume, dont la capitale fut Jérusalem. Leur premier roi avait pour nom Saül. Il se battit contre les Philistins, une peuplade voisine, et trouva la mort au combat.

Tu trouveras encore dans la Bible quantité d'histoires sur David et Salomon, les rois qui lui succédèrent. Le roi Salomon, homme sage et juste, régna peu après l'an 1 000 avant J.-C., c'est-à-dire environ 700 ans après le roi Hammourabi et 2 100 ans après le roi Ménès. Il éleva le premier temple, dont la grandeur et la magnificence égalaient celles des monuments égyptiens et babyloniens. Les architectes auxquels il fit appel n'étaient pas des Juifs, mais des hommes des pays voisins. Cependant, ce temple se différenciait des temples polythéistes. On n'y trouvait pas de représentations de divinités, comme celle d'Anubis avec sa tête de chacal ou celle de Baal, à qui on allait jusqu'à sacrifier des êtres humains. À l'intérieur du temple, toute représentation de ce dieu apparu en premier au peuple juif, de ce dieu unique et tout puissant, était bannie. Seules étaient

exposées les Tables de la Loi et ses dix commandements. C'était à travers elles que Dieu s'était révélé à son peuple.

Après le règne de Salomon, les Juifs connurent des temps difficiles. Le royaume se scinda en un royaume d'Israël et un royaume de Juda. Il y eut de nombreux combats à l'issue desquels le royaume d'Israël, en 722 avant J.-C., fut envahi et anéanti par les Assyriens.

Étonnamment, tous ces malheurs accrurent la piété du petit peuple juif. Des hommes s'élevèrent. Ce n'étaient pas des prêtres, mais des gens simples qui avaient le sentiment de devoir parler au peuple parce que Dieu parlait en eux. Leurs sermons répétaient inlassablement : « Vous êtes seuls responsables de vos malheurs. Dieu vous punit pour vos péchés. » À travers les paroles de ces prophètes, le peuple juif apprenait que toute souffrance n'était que punition et mise à l'épreuve infligées par Dieu, mais qu'un jour viendrait le Grand Pardon. Un jour viendrait le Messie, le Sauveur, celui qui redonnerait au peuple ses pouvoirs perdus et lui apporterait un incommensurable bonheur.

Mais le peuple juif n'était pas encore au bout de ses souffrances et de ses malheurs. Tu te souviens du puissant roi babylonien Nabuchodonosor. Parti en guerre contre l'Égypte, il traversa la Terre promise, détruisit, en 586 avant J.-C., la ville de Jérusalem, creva les yeux du roi Sédécias et emmena les Juifs en captivité à Babylone.

Les Juifs y restèrent près de cinquante ans, jusqu'à l'anéantissement de l'Empire babylonien par les Perses, en 538 avant J.-C. Lorsqu'ils revinrent dans leur patrie, ils n'étaient plus les mêmes. Ils se sentaient différents des peuples voisins, qui, plutôt que de reconnaître le vrai Dieu, rendaient un culte idolâtre à d'autres divinités. Ils décidèrent alors de s'isoler. C'est à cette époque, il y a donc 2 400 ans, que fut écrit l'Ancien Testament, tel que nous le connaissons aujourd'hui. Réciproquement, les autres peuples considérèrent peu à peu les Juifs comme des gens mystérieux et bizarres. N'était-ce pas bizarre de parler d'un dieu unique, que, de surcroît, on ne pouvait voir, de se conformer à des lois et à des usages d'une intransigeance et d'une sévérité extrêmes uniquement parce qu'un dieu invisible

C'est dans cette partie du monde, entre la Mesopotamie et l'Egypte, que commence l'histoire de l'humanité avec de sanglantes batailles et les voyages téméraires des bateaux de commerce phéniciens. Tu pourras revenir sur cette carte à la lecture des chapitres suivants.

le leur avait ordonné ? S'il est vrai que les Juifs furent les premiers à se couper des autres peuples, ces derniers finirent à leur tour par s'éloigner toujours plus de cette poignée d'hommes et de femmes qui se proclamaient « peuple élu », qui, jour et nuit, se penchaient sur les écritures saintes et méditaient sur les raisons pour lesquelles leur dieu unique les laissait souffrir ainsi.

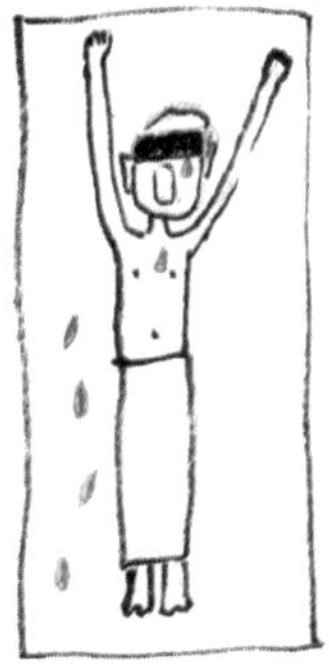

T.u. s.a.i.s. l.i.r.e.

Comment lis-tu ces mots ? Tu vas me répondre : – Ça n'a rien de compliqué ! Tous les enfants savent épeler dès qu'ils apprennent à lire ! – D'accord, mais qu'est-ce que ça veut dire, pour toi, épeler ? – Eh bien, on voit que là, il y a un T, puis un U. Ça fait donc « Tu » ! – Et sais-tu qu'avec vingt-six caractères, on peut écrire tous les mots ? – Tous les mots ? – Oui, tous ! – Et dans toutes les langues ? – Dans presque toutes les langues du monde !

N'est-ce pas formidable de pouvoir tout écrire à partir de vingt-six signes, faciles à tracer ? Des choses sensées ou stupides, agréables ou désagréables. Les Égyptiens, avec leurs hiéroglyphes, n'avaient pas la tâche aussi facile. Les Mésopotamiens non plus, avec leur écriture cunéiforme, composée d'un grand nombre de signes qui ne correspondaient pas à des lettres, mais le plus souvent à des syllabes entières. Quelle nouveauté incroyable d'avoir imaginé un jour qu'un signe équivaudrait à un son (que telle lettre aurait telle prononciation) et que, à partir de vingt-six signes, on pourrait former n'importe quel mot.

Les hommes qui firent cette découverte avaient besoin de beaucoup écrire, que ce soient des lettres, des contrats commerciaux... Ils étaient en effet des commerçants qui sillonnaient les mers pour acheter, vendre ou échanger des marchandises tout autour de la Méditerranée. Ils vivaient non loin des Juifs, dans des villes bien plus grandes et puissantes que Jérusalem – les villes portuaires de Tyr et de Sidon –, dont le grouillement de population et l'agitation rappelaient Babylone. D'ailleurs, leur langue et leur religion avaient des points communs avec celles du peuple mésopotamien.

Ils étaient en revanche moins belliqueux. Les Phéniciens, nom donné à ce peuple de la mer, préféraient mener leurs conquêtes autrement. Ils traversaient les mers sur leurs bateaux à voiles et accostaient sur des terres étrangères où ils établissaient des comptoirs, des maisons de commerce. Ils échangeaient avec les populations autochtones des peaux de bête et des pierres précieuses contre des outils, des ustensiles de cuisine et des étoffes multicolores. Leurs qualités d'artisans étaient reconnues et appréciées jusqu'en des pays très lointains. On avait d'ailleurs fait appel à eux pour participer à la construction du temple de Salomon, à Jérusalem. On affectionnait particulièrement leurs étoffes de couleur, surtout les rouges pourpres, qu'ils allaient porter à l'autre bout des mers. Des Phéniciens s'établirent sur les côtes étrangères où ils avaient ouvert des comptoirs et créèrent des villes. Partout, ils étaient bien accueillis, en Afrique du Nord, en Espagne comme dans le sud de l'Italie, car on savait qu'ils apportaient de belles choses.

Ces Phéniciens ne se sentaient pas éloignés de leur patrie, car ils pouvaient expédier des lettres à leurs amis de Sidon ou de Tyr, des lettres écrites avec les caractères merveilleusement simples qu'ils avaient inventés – ces caractères que nous continuons d'utiliser aujourd'hui. Eh oui, quand tu vois un B, dis-toi qu'il est à peine différent de celui tracé par les Phéniciens il y a 3 000 ans, lorsque, de leurs côtes lointaines, dans ces villes portuaires bouillonnantes de vie et d'activité, ils écrivaient à leurs parents et amis restés au pays. Maintenant, tu n'oublieras certainement plus les Phéniciens.

Les héros et leurs armes

Prête maintenant attention à chacun de ces mots. Ils frappent la mesure, l'un après l'autre. Je te conseille de les lire à haute et intelligible voix, en accentuant la troisième syllabe. Tu entendras alors leur rythme régulier et saccadé et, comme le bruit d'un chemin de fer dans un tunnel, plus jamais ils ne te sortiront de la tête :

« Hexamètre, c'est le nom que l'on donne à ces vers,
La mesure des chanteurs de la Grèce antique,
Qui chantaient autrefois les souffrances et combats des héros,
Leurs exploits en des temps plus anciens encore,
Leur vaillance et sur mer et sur terre,
Et comment, par la ruse et l'appui de leurs dieux,
Ils partirent conquérir des cités, terrassèrent des géants.
Connais-tu, de Pâris le berger, la fabuleuse histoire ?
Parce qu'un jour il offrit à Vénus, la déesse, une pomme d'or,
Parce que de l'Olympe, elle était la plus belle,
Une guerre éclata contre Troie.
Recevant de Vénus son aide, la belle Hélène il enleva,
Suscitant le courroux de l'époux Ménélas, roi des Grecs,
Qui arma ses navires et fit voile vers Troie pour reprendre la Belle.
Comment Troie, assiégée, résista de nombreuses années,
Puis finit par tomber, incendiée et pillée.
Et d'Ulysse qui erra si longtemps sur les mers, connais-tu les exploits ?
Subjugué par le charme des nymphes,

Échappant à la ruse d'effroyables géants,
Jusqu'au jour où, se trouvant embarqué sur un autre navire étranger,
Au pays il revint, retrouvant Pénélope, la si fidèle épouse ? »

C'était ce que psalmodiaient les chanteurs grecs au son de leur lyre, au cours des festins et des fêtes donnés par les grandes familles. En récompense, ils recevaient de succulentes pièces de viande, rôties sur la braise. Plus tard, on recopia ces chants et on raconta qu'un unique poète, Homère, en était l'auteur, chants qu'aujourd'hui on continue de lire. Toi aussi, tu y prendras plaisir, tant ils sont restés vivants et riches en couleurs, débordants de vie et remplis de sagesse – et c'est ainsi qu'ils resteront jusqu'à la nuit des temps.

Mais, vas-tu dire, ce sont des histoires. Ça n'appartient pas à l'Histoire. Je veux savoir quand et comment cela s'est passé. Ta remarque est exactement celle que fit, un jour, un marchand allemand, il y a plus d'une centaine d'années. Il relisait Homère inlassablement et ne rêvait que d'une chose : découvrir toutes ces belles contrées décrites par le poète et tenir au moins une fois dans sa vie les armes merveilleuses avec lesquelles les héros avaient combattu. Un jour, il réalisa son rêve. Il s'avéra que tout ce qu'il avait lu avait bel et bien existé. Non, bien sûr, dans ses moindres détails. Les héros évoqués dans les chants n'avaient pas plus existé que les géants ou les sorcières des contes. Mais les situations dépeintes par Homère, les coupes pour se servir à boire et les armes, les édifices et les navires, les princes qui étaient aussi des bergers et les héros des pirates – rien de tout cela n'avait été inventé. C'était ce que pensait ce marchand allemand, nommé Schliemann. Mais lorsqu'il en parlait, les gens lui riaient au nez. Il ne se laissa pas pour autant décontenancer. Toute sa vie, il économisa pour pouvoir un jour s'offrir un voyage en Grèce. Lorsqu'il eut assez d'argent, il engagea des terrassiers et entreprit des fouilles dans toutes les villes évoquées par Homère. À Mycènes, il trouva des palais et des tombes de rois, des cuirasses et des boucliers, tels qu'Homère en avait parlé dans ses chants. Il retrouva le site de Troie et, là aussi, il entreprit des fouilles. Il eut la preuve que la ville avait effectivement été incendiée. Mais les tombes et les palais ne portaient aucune inscription et, pendant longtemps, on ne sut à quelle époque ils appartenaient, jusqu'au jour où, par hasard, on trouva à Mycènes une bague qui ne provenait pas de cette ville. Il y avait sur cette bague des hiéroglyphes qui donnaient le nom d'un roi égyptien ayant vécu vers 1 400 avant J.-C., le prédécesseur du grand réformateur Akhenaton.

À cette époque, il existait donc bien un peuple guerrier, détenteur de grandes richesses, vivant en Grèce ainsi que dans les îles voisines et sur les côtes proches. Il ne s'agissait pas d'un seul et même royaume, mais d'un ensemble de petites villes fortifiées, ayant chacune son roi vivant dans un palais. Ces rois étaient avant tout des navigateurs, comme les Phéniciens, à la différence qu'ils préféraient se battre plutôt que de faire du commerce. Ils entraient souvent en guerre les uns contre les autres. Parfois, cependant, il leur arrivait de s'allier pour aller piller d'autres rivages. Aussi devinrent-ils fort riches, possédant or et bijoux. Reconnaissons qu'ils étaient courageux, car pour être pirate, il faut avoir une grande dose de courage et de ruse. C'était donc la tâche qui incombait aux familles nobles. Le reste de la population ne comptait que de simples paysans et des bergers.

Or, ces nobles, contrairement aux Égyptiens, aux Babyloniens ou aux Assyriens, attachaient peu d'importance au maintien des traditions. En revanche, au cours de leurs nombreuses expéditions pirates et de leurs multiples combats contre des peuples étrangers, leur regard s'ouvrit vers de nouveaux horizons. Fascinés par tout ce qu'ils découvraient, ils comprirent que l'absence de changement dans leur mode de vie et de pensée n'était pas ce qu'il y avait de mieux. À compter de ce jour, l'histoire de leur pays ne cessa d'évoluer. Et quand aujourd'hui on découvre, en Grèce ou ailleurs en Europe, un tesson de poterie, on peut dire : « Cela doit dater de telle ou telle époque, car cent ans plus tard une poterie comme celle-là aurait semblé démodée et personne n'en aurait voulu. »

On pense aujourd'hui que les rois des villes grecques fouillées par Schliemann ne furent pas les inventeurs de tous les beaux objets qu'ils possédaient. Les vases superbes et les poignards ornés de scènes de chasse, les cuirasses et les boucliers en or, les bijoux et les fresques sur les murs de leurs demeures, tout cela avait existé avant eux, non pas en Grèce, ni à Troie, mais sur une île voisine. Cette île a pour nom la Crète. Déjà, du temps du roi Hammourabi – te souviens-tu quand c'était ? –, les Crétois avaient construit de somptueux palais royaux comptant un nombre infini de salles, d'escaliers, de colonnes, de cours, de couloirs et de caves. C'étaient de véritables labyrinthes !

À ce propos, tu te souviens peut-être de la légende du méchant Minotaure, mi-homme, mi-taureau, vivant dans un labyrinthe et exigeant que les humains lui apportent chaque année des adolescents en offrande. Sais-tu où cela se passait ? C'était justement en Crète. Eh bien, dans cette légende, il y a peut-être une part de vrai. Il ne nous est pas interdit de penser que les rois crétois régnaient autrefois sur les villes grecques et qu'en retour les Grecs devaient leur payer régulièrement des impôts. Quoi qu'il en soit, ces Crétois étaient sûrement un peuple à part, même si nous ne savons encore que peu de choses sur eux. Il suffit de regarder les dessins qu'ils peignaient sur les murs de leurs palais. Ces dessins ne ressemblaient en rien à ceux exécutés à la même époque en Égypte ou à Babylone. Tu te souviens que les dessins égyptiens, bien que superbes, étaient plutôt austères et figés, comme l'étaient leurs prêtres. Or, en Crète, leur style était totalement différent. L'important était de saisir les hommes ou les animaux en plein mouvement. Je dois dire qu'ils y parvenaient avec un réel bonheur lorsqu'ils peignaient, par exemple, des chiens de chasse poursuivant des sangliers ou des hommes sautant sur le dos des taureaux. Les rois des cités grecques, sans aucun doute, apprirent beaucoup des Crétois.

Mais la période de splendeur des premiers occupants de la Grèce n'alla pas au-delà de 1 200 avant J.-C. À compter de cette date (près de 200 ans avant le règne du roi Salomon), de nouvelles peuplades venues du Nord déferlèrent.

Avaient-elles une quelconque parenté avec celles qui les avaient précédées et qui avaient construit Mycènes ? C'est vraisemblable. Une chose est sûre : ces peuplades destituèrent les précédents rois et prirent leur place. Entre-temps, la Crète avait été anéantie. Mais les nouveaux occupants de la Grèce gardaient en mémoire la splendeur de la civilisation crétoise et ils surent s'en souvenir lorsqu'ils fondèrent de nouvelles villes et édifièrent leurs propres sanctuaires. Au cours des siècles, l'histoire de leurs combats et de leurs conquêtes finit par se confondre avec celle, plus ancienne, des rois de Mycènes.

Les légendes et les chants de ce nouveau peuple, les Grecs, entendus à la cour de leurs monarques étaient justement les chants homériques par lesquels nous avons commencé ce chapitre. Retenons qu'ils furent composés vers 800 avant J.-C.

Lorsque les Grecs entrèrent en Grèce, ils n'étaient pas encore des Grecs. Tu ne trouves pas ça curieux ? Pourtant, c'est exact. Je vais t'en donner la raison. Lorsque ces peuplades venues du Nord vinrent s'installer en Grèce, elles ne constituaient pas encore un seul et même peuple. Elles parlaient des dialectes différents, obéissaient à des chefs distincts. Chacune de ces peuplades appartenait à une « tribu » (un peu comme chez les Indiens d'Amérique, dont les noms te sont familiers : les Sioux, les Mohicans...). Les plus connues de ces tribus étaient celles des Doriens, des Ioniens et des Éoliens. Elles étaient presque aussi vaillantes et belliqueuses que les tribus indiennes, mais, sur certains points, elles s'en différenciaient totalement. Alors que les Indiens avaient depuis longtemps découvert le fer, les hommes de Mycènes et de Crète n'utilisaient que des armes en bronze, comme Homère l'avait écrit dans ses chants.

Ces peuplades du Nord arrivèrent donc avec femmes et enfants. La première, celle des Doriens, descendit jusqu'à l'extrême pointe sud de la Grèce, qui ressemble à une feuille d'érable, appelée Péloponnèse. Là, elle asservit ses occupants et les envoya travailler dans les champs. Elle-même s'installa dans la ville qu'elle venait de fonder, Sparte.

Quand les Ioniens arrivèrent en Grèce, ils ne purent trouver suffisamment de place pour tous. Un grand nombre d'entre eux s'établit non loin de la mer, au nord de la tige de la feuille d'érable, sur la péninsule de l'Attique. Ils plantèrent de la vigne, des céréales et des oliviers. Ils fondèrent une ville qu'ils dédièrent à la déesse Athéna, elle qui, dans les chants homériques, avait tant de fois aidé le navigateur Ulysse. Cette ville, c'est Athènes.

Comme tous les hommes de la tribu ionienne, les Athéniens étaient de grands navigateurs. Peu à peu, ils occupèrent aussi les petites îles voisines, lesquelles, depuis ce jour, s'appellent îles ioniennes. Puis ils allèrent encore plus loin, de l'autre côté de la Méditerranée, sur la côte fertile de l'Asie Mineure, dont le découpage leur offrait quantité de baies abritées, et ils y fondèrent, là aussi, des cités. Dès que les Phéniciens entendirent parler de ces petites cités, ils firent voile vers elles pour y faire du commerce. Les Grecs leur vendaient de l'huile et des céréales, mais aussi de l'argent et d'autres métaux trouvés dans la région. Au contact des Phéniciens, les Grecs apprirent très vite à mieux naviguer. Ils abordèrent des côtes encore plus lointaines et fondèrent des villes que l'on appelait des « colonies ». Ils empruntèrent aux Phéniciens leur manière admirable de tracer les lettres. Tu vas voir que les Grecs surent aussi l'adopter.

Un combat inégal

Entre 550 et 500 avant J.-C., quelque chose d'étonnant se produisit dans le monde. À dire vrai, j'ai moi-même du mal à comprendre comment cela put être possible, mais c'est peut-être ce qui est passionnant. Dans les hautes montagnes au nord de la Mésopotamie vivait depuis longtemps une tribu de rudes montagnards. Leur religion était belle : ils vénéraient la lumière et le soleil et ils pensaient que ces divinités livraient un combat permanent contre les ténèbres, autrement dit contre les puissances du Mal.

Ces montagnards étaient les Perses. Depuis des siècles, ils n'avaient connu que la domination des Assyriens, puis celle des Babyloniens, jusqu'au jour où ils refusèrent cet état de dépendance. Ils avaient pour roi un homme intelligent et d'une grande bravoure, du nom de Cyrus. À la tête de sa horde de cavaliers, Cyrus descendit de ses montagnes et fondit sur la plaine babylonienne. Quand, du haut de leurs remparts, les Babyloniens virent arriver cette poignée d'hommes prétendant assaillir leur ville, ils partirent d'un grand éclat de rire. C'était méconnaître la ruse et la vaillance de Cyrus. La poignée d'hommes fit tomber Babylone et Cyrus devint le maître de ce grand Empire. Sa première décision fut de libérer tous les peuples que les Babyloniens retenaient captifs. C'est ce qui permit aux Juifs (tu te souviens, c'était en 538 avant J.-C.) de rentrer chez eux, à Jérusalem. Mais Cyrus ne se contenta pas de la conquête de ce grand Empire. Il se montra plus gourmand encore et fit route vers l'Égypte. Il mourut en chemin, mais son fils Cambyse reprit le flambeau et parvint à conquérir l'Égypte. En destituant le pharaon, Cambyse mettait fin à l'Empire égyptien, un empire qui s'était maintenu pendant près de 3000 ans !

Voilà comment le petit peuple des Perses devint presque le maître du monde, du moins du monde connu alors. Je dis presque, car ils n'avaient pas encore conquis la Grèce. Cette conquête eut lieu après la mort de Cambyse, sous le règne du grand roi Darius.

Dans l'immense Empire perse, qui s'étendait désormais de l'Égypte aux frontières de l'Inde, Darius mit en place un système administratif qui lui permit d'imposer partout sa loi. Il fit construire des routes pour que ses ordres puissent être portés en même temps aux quatre coins de l'Empire et, fait très particulier, il créa un réseau d'espions chargés de surveiller les gouverneurs de ses provinces. Ces espions étaient appelés « satrapes ». On disait d'eux qu'ils étaient « les oreilles et les yeux du roi ». C'est également Darius qui décida d'étendre l'Empire jusqu'en Asie Mineure, dont les côtes étaient occupées par des colonies de Grecs de souche ionienne.

Pour la première fois de leur vie, les Grecs d'Asie Mineure dépendirent d'un vaste empire et durent obéir aux ordres péremptoires d'un souverain vivant quelque part au Moyen-Orient. Ces Grecs étaient, pour la plupart, de riches marchands, habitués à gérer leurs problèmes entre eux et en toute indépendance. Ils n'avaient nulle envie d'être gouvernés par le roi des Perses et de devoir lui verser des redevances. Ils se rebellèrent et chassèrent les fonctionnaires perses de leurs colonies.

Les Grecs restés dans la mère patrie, dont les ancêtres avaient fondé ces colonies, et surtout les Athéniens, soutinrent la rébellion de leurs frères et leur envoyèrent des navires. Jamais chose pareille n'était arrivée au grand roi des Perses. Comment ? De minuscules colonies osaient résister au « Roi des rois », au « Maître du monde » ? En un rien de temps, Darius mata la résistance des petites cités ioniennes d'Asie Mineure. Mais il n'en resta pas là. C'était aux Athéniens qu'il en voulait le plus, eux qui avaient eu l'audace de se mêler de ses affaires. Il arma une importante flotte de navires avec l'intention d'anéantir Athènes et de conquérir la Grèce. Mais la flotte fut prise dans une violente tempête et, projetée contre des récifs, elle sombra. Évidemment, la rage du roi Darius redoubla. Il paraît qu'après ce cuisant échec, il demanda à un esclave de lui crier à chaque repas : « Maître, souviens-toi des Athéniens ! », tant il ne décolérait pas.

Pour la seconde expédition contre Athènes, il envoya son gendre à la tête d'une nouvelle flotte de combat, laquelle en profita pour conquérir sur son passage un grand nombre d'îles et détruire des cités. Elle finit par accoster non loin d'Athènes, en un lieu appelé Marathon. Là, l'armée des Perses débarqua pour marcher sur Athènes. Elle devait compter près de 100 000 soldats, plus qu'Athènes n'avait d'habitants. L'armée athénienne était dix fois plus petite (environ 10 000 hommes). L'issue du combat semblait donc évidente. C'était oublier la personnalité du chef d'armée athénien, Miltiade, homme courageux et roué, ayant longtemps vécu parmi les Perses et connaissant parfaitement leur tactique au combat. De plus, tous les Athéniens étaient conscients de l'enjeu. De l'issue du combat dépendaient leur liberté, leur vie, celle de leurs femmes et de leurs enfants. Sous le commandement de Miltiade, ils se mirent donc en rangs près de Marathon et avancèrent ainsi, au grand étonnement des Perses qui ne savaient pas ce qu'était une bataille rangée. La petite armée d'Athéniens l'emporta. Quant aux Perses, beaucoup périrent. Les survivants remontèrent à bord de leurs navires et s'enfuirent.

Après une telle victoire sur une armée aussi puissante, plus d'un, tout à sa joie, n'aurait pas cherché à voir plus loin. Mais Miltiade était trop roué pour se laisser abuser et oublier toute vigilance. Il avait remarqué que les navires perses ne repartaient pas vers où ils étaient venus, mais qu'ils prenaient la direction d'Athènes. Or, plus un seul soldat athénien ne s'y trouvait. Les Perses avaient donc le champ libre pour attaquer la cité par surprise. Heureusement, pour aller de Marathon à Athènes, il fallait plus de temps par mer que par terre. Les navires devaient contourner une longue bande de terre étroite, que l'on traversait facilement à pied. Miltiade n'hésita pas un instant. Il dépêcha un messager, lui demandant de courir le plus vite possible afin de prévenir les Athéniens du danger. Le messager courut si vite qu'il eut juste le temps de remplir sa mission avant de s'effondrer, mort. Telle est l'histoire de la course, devenue célèbre, du marathon.

Quant à Miltiade et à son armée, ils empruntèrent le même chemin que le messager et gagnèrent Athènes au pas de charge. Au moment précis où ils atteignaient le port d'Athènes, la flotte perse apparut à l'horizon. Les Perses n'en revenaient pas ! N'ayant nulle intention de se frotter une nouvelle fois à cette vaillante armée, ils rebroussèrent chemin. Non seulement Athènes était sauvée, mais également la Grèce tout entière. Cela se passait en 490 avant J.-C.

Darius, le Roi des rois, dut fulminer en apprenant la défaite de Marathon. Mais il n'avait plus la possibilité de lancer d'autres expéditions contre la Grèce. Il avait besoin de toutes ses troupes pour mater des soulèvements en Égypte. Il mourut peu après, laissant à son successeur, son fils Xerxès, la charge de se venger des Grecs une bonne fois pour toutes.

Xerxès, homme rude et avide de conquêtes, ne se le fit pas dire deux fois. Il leva une armée composée d'hommes issus de tous les peuples asservis par les Perses. Les uns et les autres se présentèrent en costume traditionnel, avec leurs armes, leur arc et leurs flèches, leur bouclier et leur épée, leur lance, leurs chars de combat ou leurs catapultes, offrant le spectacle d'une armée composite et colorée, mais nombreuse. Ils étaient plus d'un million ! Comment les Grecs allaient-ils réagir en les voyant arriver ? Cette fois, le roi Xerxès en personne prit le commandement de l'armée. Mais, lorsque les Perses voulurent traverser, sur un pont constitué de bateaux, le détroit séparant l'Asie Mineure de l'actuelle Istanbul, la mer démontée, aux vagues gigantesques, empêcha les bateaux de tenir les uns à côté des autres. Ivre de colère, Xerxès décida de châtier la mer en la faisant fouetter avec des chaînes. Je ne pense pas que la mer en fit grand cas.

Une partie de l'armée perse poursuivit en bateau jusqu'en Grèce, l'autre partie avança à pied par voie de terre. Dans le nord de la Grèce, une armée de Spartiates essaya de lui barrer la route dans le fameux défilé des Thermopyles. Les Perses sommèrent les Spartiates de déposer leurs armes. « Venez les chercher vous-mêmes ! », répondirent

les Spartiates. Le ton des Perses se fit plus menaçant : « Nos flèches sont si nombreuses qu'elles obscurciront le soleil », dirent-ils. « Tant mieux ! s'écrièrent les Spartiates, comme ça, nous nous battrons à l'ombre. » Hélas ! parmi eux se trouvait un traître qui montra aux Perses un sentier à travers la montagne. L'armée des Spartiates fut encerclée. Les 300 soldats et leurs 700 alliés tombèrent au combat. Pas un n'essaya de s'enfuir, car telle était leur loi. Plus tard, on dédia ces paroles à leur mémoire, qui, en français, signifient :

« Passant, va dire à Sparte
que nous sommes morts pour obéir à ses lois. »

Depuis la défaite de Marathon, les Athéniens n'étaient pas restés inactifs. Ils avaient surtout un nouveau chef d'armée, Thémistocle, homme habile et clairvoyant, qui ne cessait de leur répéter qu'un miracle comme celui de Marathon ne se produisait qu'une seule fois et qu'ils devaient s'équiper d'une flotte s'ils voulaient résister durablement aux attaques des Perses. Les Athéniens suivirent son conseil et construisirent une flotte.

À l'approche des Perses, Thémistocle demanda à toute la population d'évacuer Athènes (en ce temps-là, la ville ne comptait pas beaucoup d'habitants) et de se réfugier sur la petite île voisine de Salamine. Puis la flotte athénienne prit position près de l'île. Quand les Perses arrivèrent aux portes d'Athènes, ils trouvèrent une ville déserte. Furieux, ils l'incendièrent. Mais restaient les Athéniens réfugiés sur l'île, qui, de loin, voyaient leur ville partir en flammes. La flotte perse décida alors de s'approcher de l'île de Salamine et de l'encercler.

Conscients du danger, les alliés des Athéniens prirent peur et voulurent remonter à bord de leurs navires pour prendre la fuite et laisser les Athéniens à leur destin. C'est à ce moment-là que Thémistocle fit la preuve de son extraordinaire habileté et de sa clairvoyance. Comprenant que ses exhortations étaient vaines et que les alliés étaient décidés à partir le lendemain matin avec leurs navires, il profita de la nuit pour envoyer en secret un messager, chargé de dire à Xerxès : « Dépêche-toi d'attaquer, sinon les alliés des Athéniens vont te filer entre les doigts. » Xerxès tomba dans le piège. Le lendemain matin, sa puissante flotte de combat, équipée d'une multitude de rameurs, passa à l'attaque... et perdit la bataille. Certes, les bateaux des Grecs étaient plus petits, mais ils étaient de ce fait plus mobiles, avantage énorme pour se déplacer dans une zone maritime parsemée d'îles et d'îlots. Il faut dire aussi que les Athéniens se jetèrent à corps perdu dans la bataille. Il en allait de la sauvegarde de leurs libertés. De plus, une confiance immense les habitait. N'avaient-ils pas, dix ans plus tôt, remporté la victoire de Marathon ? Du sommet d'une colline, Xerxès suivit sûrement le déroulement du combat. Quel ne dut pas être son sentiment d'impuissance en voyant les petits navires grecs se déplacer à toute vitesse, se jeter sur ses énormes galères, trouer leur coque et les faire sombrer. Effondré, il donna l'ordre de la retraite. Pour la seconde fois, les Athéniens remportaient la victoire et, de surcroît, sur une flotte bien plus puissante que la leur. C'était en 480 avant J.-C.

Peu de temps après, près de Platées, les troupes grecques et alliées défirent l'armée de terre perse. À compter de ce jour, les Perses n'osèrent plus jamais s'aventurer en Grèce. La chose était d'importance. Les Perses n'étaient certes pas plus mauvais ni plus sots que les Grecs. Mais, comme je l'ai déjà dit, les Grecs étaient un peuple à part. Alors que les grands empires orientaux restaient fidèlement attachés aux traditions et aux enseignements de leurs ancêtres, au point d'en mourir d'asphyxie, les Grecs, et surtout les Athéniens, étaient follement épris de nouveauté. Presque chaque année, ils inventaient quelque chose. Aucun système mis en place ne durait très longtemps. Leurs chefs subissaient le même sort. Les grands héros des guerres persiques, Miltiade et Thémistocle, avaient connu leur heure de gloire. Ils avaient été encensés, adulés. On leur avait élevé des statues. Puis vint un jour où les Athéniens les montrèrent du doigt, les accusant de toutes les vilenies, pour finalement les condamner à l'exil. Cette versatilité, parfois même cette ingratitude, n'était certes pas le bon côté des Athéniens, mais cela faisait partie de leur caractère. Ils étaient sans cesse à l'affût de tout ce qui était nouveau et se montraient insatiables, ce qui explique pourquoi la mentalité grecque, au cours des cent années qui suivirent les guerres persiques, évolua bien plus que celle des grands empires d'Orient en mille ans. Aujourd'hui, nous méditons toujours sur les pensées, les écrits, les images peintes ou sculptées et les grands événements de cette époque, ces mêmes sujets de réflexion qui animaient alors les conversations des jeunes gens sur les places publiques ou celles des hommes en âge de voter dans les assemblées. N'est-ce pas tout à la fois surprenant et extraordinaire ? On peut se demander quels sujets de méditation les Perses nous auraient laissés s'ils avaient remporté la victoire à Marathon en 490 avant J.-C. ou à Salamine en 480 avant J.-C. Évidemment, il est impossible de répondre.

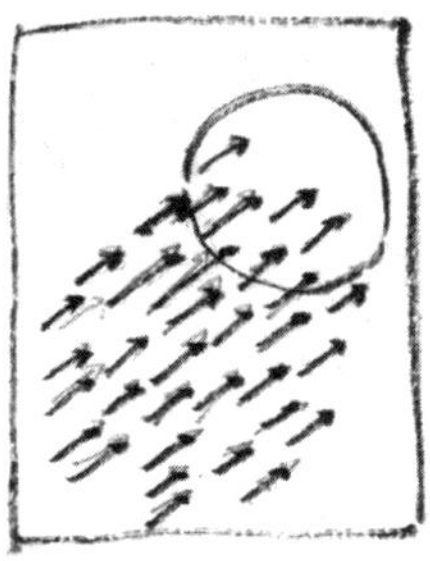

Deux petites villes dans un petit pays

Je t'ai déjà raconté que la Grèce, face à l'Empire perse, n'était qu'une petite péninsule, comptant quelques cités surtout tournées vers le commerce et dont le reste des terres était constitué de nombreuses montagnes désertiques ou de champs caillouteux ne pouvant nourrir qu'une poignée d'hommes. Tu te souviens aussi que la population grecque était composée de différentes tribus, les plus importantes étant les Doriens établis au sud, les Ioniens et les Éoliens au nord. Ces tribus se différenciaient peu les unes des autres, aussi bien par leur langue que par leur apparence. Bien que parlant des dialectes différents, elles étaient capables de se comprendre, à condition bien sûr de le vouloir. Généralement, ce n'était pas le cas. Comme cela arrive fréquemment, ces tribus, proches parentes, ne pouvaient se supporter. Elles passaient leur temps à se railler l'une l'autre. En fait, elles se jalousaient. Il faut savoir que la Grèce n'avait ni roi ni administration uniques. Chaque cité était en elle-même un État.

Deux choses, pourtant, mettaient tous ces hommes d'accord : le sport et la religion. Curieusement, sport et religion n'étaient pas considérés comme deux domaines distincts. Ils étaient au contraire étroitement liés. Ainsi, tous les quatre ans, les Grecs organisaient de grandes compétitions sportives en l'honneur de Zeus, le père de tous les dieux. Ces compétitions se déroulaient à Olympie, grand centre religieux où avaient été construits des temples ainsi qu'un stade. À cette occasion, tous les Grecs, qu'ils soient Doriens, Ioniens, Spartiates ou Athéniens, se réunissaient à Olympie pour offrir le spectacle de leur habilité à la course, au lancement du disque ou du javelot, dans les luttes au corps à corps ou dans les courses de chars. Être vainqueur était le plus grand honneur qu'un homme pût connaître dans sa vie. Le prix n'était qu'un simple rameau d'olivier, mais quelle renommée pour les vainqueurs ! Les plus grands poètes chantaient leurs prouesses, les plus grands sculpteurs taillaient leur statue dans la pierre. Ces statues, placées à Olympie, les représentaient tenant les rênes d'un char en pleine course, jetant le disque ou en train d'oindre leur corps avec de l'huile avant le combat. Ces statues de vainqueurs ont traversé les siècles et certaines se trouvent aujourd'hui dans nos musées.

Comme les jeux Olympiques avaient lieu tous les quatre ans, les Grecs y virent une manière pratique de rythmer le temps, laquelle s'imposa peu à peu à la Grèce entière. De même que nous disons aujourd'hui « avant ou après la naissance du Christ », les Grecs disaient « avant ou après telle ou telle Olympiade ». Puisque la première Olympiade eut lieu en 776 avant J.-C., saurais-tu dire quand eut lieu la dixième ? Attention ! N'oublie pas que les Olympiades ne se déroulaient que tous les quatre ans.

L'entente entre tous les Grecs ne se faisait pas uniquement autour des Olympiades. Ils avaient autre chose en commun : la croyance selon laquelle Delphes était un lieu sacré, habité par le dieu-soleil Apollon. Ce lieu avait une particularité. Il s'y trouvait une crevasse d'où sortait de la vapeur, comme cela arrive fréquemment dans les régions volcaniques. Celui qui respirait cette vapeur était comme enivré, « sur un petit nuage » ! L'esprit se troublait et les paroles prononcées n'avaient ni queue ni tête, comme sous l'effet de la boisson ou d'une forte fièvre.

Mais les Grecs prêtaient à ces paroles, apparemment incohérentes, une signification divine. Ils pensaient que « le dieu parlait par la bouche d'un humain ». Ils faisaient donc asseoir sur un trépied, au-dessus de la crevasse, une prêtresse, qu'ils appelaient Pythie, et d'autres prêtres interprétaient les paroles confuses qu'elle balbutiait. Ces paroles, baptisées « oracle de Delphes », prédisaient, à leurs yeux, l'avenir. Dans tous les moments difficiles de leur existence, les Grecs venaient à Delphes en pèlerinage pour interroger le dieu Apollon. Souvent, la réponse qu'ils recueillaient n'était pas d'une clarté évidente. Elle pouvait prêter à diverses interprétations. Le terme d'oracle reste associé, aujourd'hui encore, à toute réponse ambiguë et énigmatique.

Les deux plus importantes cités grecques étaient Sparte et Athènes. Tu as déjà entendu parler des Spartiates. Tu sais qu'ils étaient ces Doriens qui, en 1100 avant J.-C., avaient réduit en esclavage les habitants du sud de la Grèce et les avaient envoyés travailler dans les champs. Or, ces esclaves étaient plus nombreux que leurs maîtres, et les Spartiates devaient faire preuve de beaucoup de vigilance s'ils ne voulaient pas être chassés par eux. Ils n'avaient qu'une seule préoccupation : être des guerriers suffisamment forts et entraînés pour pouvoir mater tout soulèvement d'esclaves ou se protéger des peuples voisins, qui, eux, étaient libres.

Cette préoccupation atteignait chez les Spartiates des proportions incroyables et avait fait l'objet de lois rédigées par un homme du nom de Lycurgue. Un nouveau-né de faible constitution, ne pouvant donc devenir plus tard un robuste guerrier, était aussitôt tué. En revanche, celui qui était fort devait devenir plus fort encore. Dès son plus jeune âge, l'enfant était contraint à toutes sortes d'exercices physiques. Il devait apprendre à endurer la douleur, la faim et le froid, ne recevait qu'une mauvaise nourriture et n'avait pas le droit de s'accorder la moindre distraction. Parfois, on le battait sans raison, uniquement pour qu'il apprenne à ne pas crier sous l'effet de la douleur. Aujourd'hui encore, on parle d'une « éducation spartiate » pour dire qu'elle est extrêmement sévère. Tu te souviens que cette éducation porta ses fruits. Aux Thermopyles, en 480 avant J.-C., tous les combattants spartiates préférèrent mourir, conformément à la loi, plutôt que de s'enfuir. Savoir mourir ainsi n'est pas chose facile. Savoir vivre est peut-être plus difficile encore : ce fut la préoccupation majeure des Athéniens. Ce qu'ils recherchaient dans la vie n'était pas qu'elle soit agréable, mais qu'elle ait un sens. Donner un sens à la vie signifiait laisser quelque chose de soi après la mort, dont les gens pourraient ensuite profiter. Tu vas voir comment ils y sont parvenus.

Sans la peur, et surtout celle que leur inspiraient leurs esclaves, les Spartiates ne seraient peut-être pas devenus des hommes belliqueux et courageux. Or, les Athéniens avaient bien moins de raisons d'avoir peur. La situation était tout autre, même si Athènes, à ses débuts, avait connu, comme Sparte, des lois très rigoureuses. À l'époque où les familles nobles détenaient le pouvoir, un Athénien, Dracon, avait promulgué des lois extrêmement sévères. (Aujourd'hui encore, l'adjectif « draconien » reste associé à tout système ou toute loi d'une grande dureté.) Mais, depuis qu'elle sillonnait les mers et avait vu et entendu toutes sortes de choses, la population athénienne en eut un jour assez de ce pouvoir autoritaire.

C'est pourtant un noble qui eut la sagesse d'expérimenter un nouveau système. Ce noble s'appelait Solon. En 594 avant J.-C. (à l'époque du roi babylonien Nabuchodonosor), il dota la cité d'Athènes d'une constitution. Cette constitution stipulait que toute décision concernant la vie de la cité devait être prise dorénavant par les hommes du peuple, autrement dit par les « citoyens » de la ville. Après délibération sur la place publique d'Athènes, ils procédaient à un vote et la décision retenue était celle qui remportait la majorité des voix. Un conseil formé d'élus était ensuite chargé de veiller à la bonne application de cette décision. Ce type de constitution instaurait ce que l'on appelle la « démocratie ». Certes, tous les habitants d'Athènes n'avaient pas le droit de vote, puisqu'il était réservé aux citoyens. Or, pour être citoyen, il fallait être de souche athénienne. Mais tous ceux qui pouvaient prétendre à ce titre se sentaient impliqués dans le gouvernement de la cité et s'intéressaient à ce qui avait trait à son organisation et à sa vie. De là vient le mot « politique ». Ville se dit *polis* en grec, et la politique désigne ce qui est relatif au gouvernement d'une ville, et, plus largement, d'un État.

La mise en application de cette constitution ne déboucha pas tout de suite sur la démocratie. Au début, quelques nobles ayant réussi à se faire plébisciter par le peuple monopolisèrent le pouvoir. On les appela des « tyrans ». Mais, très vite, le peuple se rebella contre eux et les expulsa. À dater de ce jour, les Athéniens veillèrent davantage à ce que seul le peuple soit le véritable détenteur du pouvoir. Je t'ai déjà dit que les Athéniens étaient des gens de nature inquiète. De peur de perdre

une seconde fois leur liberté, ils bannirent de la cité tous les politiciens dont ils craignaient qu'ils puissent rassembler autour d'eux trop de partisans, qui leur auraient confié tous les pouvoirs. Voilà quel genre d'hommes étaient les Athéniens. À la fois ce peuple libre qui avait défait les Perses, mais aussi celui qui avait fait preuve d'une si grande ingratitude envers Miltiade et Thémistocle.

Un politicien ne connut pas le même sort. Il s'appelait Périclès. À l'Assemblée, il avait de tels talents d'orateur qu'il donnait chaque fois aux Athéniens le sentiment qu'ils décidaient eux-mêmes, alors qu'en réalité ils ne faisaient qu'appliquer une décision qu'il avait prise depuis longtemps. Au début, Périclès ne bénéficia pas d'une fonction particulière ou d'un quelconque pouvoir. Citoyen parmi les autres, il était en revanche le plus intelligent et le plus avisé. Peu à peu, il s'éleva grâce à son travail. À partir de 444 avant J.-C. (ce chiffre est aussi beau que l'époque qu'il définit), régulièrement plébiscité par le peuple, il devint le chef incontesté de l'État. Sa préoccupation majeure était qu'Athènes reste une puissance navale, ce qui lui permit de contracter des alliances avec les autres cités ioniennes. En échange de la protection qu'il leur assurait, ces cités versaient des redevances à Athènes. Les Athéniens devinrent des hommes riches, pouvant enfin mettre leurs dons au service de grandes choses.

Je sens ta curiosité piquée au vif. Tu aimerais bien savoir de quelles grandes choses les Athéniens étaient capables. Je te répondrai : ils étaient grands en tout. Mais ce qui leur importait le plus, c'étaient la vérité et la beauté.

Au cours de leurs réunions à l'Assemblée, les Athéniens avaient appris à s'exprimer publiquement à propos de tout, à prendre position en exposant leurs arguments et leurs contre-arguments. C'était un excellent exercice pour apprendre à penser. Très vite, ce mode de raisonnement « arguments/contre-arguments », que l'on appelle « philosophie », ne s'appliqua plus uniquement aux problèmes quotidiens, comme la nécessité ou non d'augmenter les impôts. Il s'appliqua à tous les aspects de la vie. (D'autres avant eux étaient rompus à cette manière de réfléchir, en particulier les Ioniens implantés dans les « colonies ». Ils s'étaient déjà demandé de quoi le monde était constitué, ou quelle pouvait être la cause de tel ou tel événement.)

Les Athéniens réfléchirent et philosophèrent sur bien d'autres problèmes. Ils voulaient savoir comment les hommes devaient agir, en quoi telle action était bonne ou mauvaise, juste ou injuste. Ils cherchaient à comprendre les raisons pour lesquelles l'homme existait et comment on pouvait distinguer l'essentiel en toute chose. Naturellement, pour démêler ces problèmes fort complexes, tous n'étaient pas du même avis. Ces divergences d'opinion suscitaient des débats qui incitaient les hommes à argumenter et contre-argumenter de nouveau, comme pendant les séances à l'Assemblée des citoyens. Depuis, ce mode de réflexion dit « philosophique », avec inévitablement son lot de disputes, n'a cessé d'exister.

Les Athéniens ne se contentaient pas de déambuler sous les portiques ou sur les terrains de sport pour discourir sur le fait de savoir ce qui, dans le monde, était essentiel, comment on pouvait le reconnaître et en quoi cela avait de l'importance dans la vie. Ils ne se contentaient pas de voir le monde en pensée. Ils le regardaient aussi avec des yeux nouveaux. Quand on voit aujourd'hui avec quelle simplicité et quelle beauté les artistes grecs surent représenter le monde, on a l'impression que personne avant eux n'avait su l'observer. Je t'ai déjà parlé des statues des vainqueurs des Olympiades. Ces hommes ne posent pas. Ils sont représentés avec un naturel tel qu'il semble évident, comme aller de soi. C'est dans cette évidence que réside justement la beauté de ces sculptures.

Cette beauté, ces traits d'humanité, les sculpteurs les donnèrent aussi aux statues des dieux. Le plus célèbre de ces sculpteurs est Phidias. Ses statues des dieux n'ont rien à voir avec les colosses des temples égyptiens, énigmatiques et comme surnaturels. Même si certaines sont aussi de grande dimension, réalisées parfois dans des matériaux aussi précieux que l'or et l'ivoire, toutes ont cette beauté simple sans être mièvre, cette grâce à la fois noble et naturelle qui ne pouvaient qu'éveiller la confiance des hommes en leurs dieux. Ces qualités artistiques se retrouvent aussi dans les peintures et dans les édifices des Athéniens. Les grandes fresques peintes sur les murs des gymnases et des salles de réunion n'ont malheureusement pas survécu. Mais nous connaissons les petites peintures sur les plats en terre, sur les vases ou sur les urnes. Elles sont d'une telle beauté qu'elles nous font d'autant plus regretter toutes celles qui ont été perdues.

Les temples, eux, sont toujours debout. Certains s'élèvent à Athènes, en particulier sur l'Acropole, citadelle de l'ancienne ville. Ces temples en marbre furent construits du temps de Périclès pour remplacer ceux qui avaient été incendiés et détruits par les Perses alors que les Athéniens étaient dans l'île de Salamine. L'Acropole est aujourd'hui encore le plus bel ensemble architectural au monde. Ce n'est ni grandiose, ni pompeux. C'est tout simplement beau. Le moindre détail est exécuté avec une telle pureté, une telle simplicité qu'on se dit qu'il ne pouvait en être autrement. Depuis cette époque, l'architecture n'a cessé de reprendre les différentes formes appliquées alors, comme les colonnes grecques dont il existe plusieurs ordres et que tu retrouves, si tu y prêtes attention, sur les façades de certaines maisons de nos villes européennes. Mais elles ne sont pas aussi belles que celles de l'Acropole. Pour nous, elles ne sont qu'un simple élément décoratif. Chez les Athéniens, elles étaient conçues pour porter avec élégance une toiture.

Les Athéniens surent conjuguer la sagesse de la pensée et la beauté des formes dans un troisième mode d'expression artistique, la poésie, laquelle les conduisit à une autre découverte : le théâtre. À l'origine, le théâtre était, comme le sport, lié à la religion. Pour célébrer le culte de Dionysos, appelé aussi Bacchus, les Athéniens organisaient des représentations auxquelles nous donnerions aujourd'hui le nom de festival. Les représentations duraient généralement une journée entière. On jouait en plein air et les acteurs portaient d'énormes masques et des talons hauts pour qu'on puisse mieux les voir de loin. Un grand nombre de pièces de cette époque sont encore jouées aujourd'hui. Certaines sont graves, d'une gravité grandiloquente et solennelle. Ce sont des « tragédies ». D'autres, au contraire, sont drôles, mordantes, ironiques et pleines d'esprit. Elles tournent en dérision tel ou tel citoyen athénien. Ce sont des « comédies ». Je pourrais continuer de divaguer et de te parler des écrivains, des chanteurs, des penseurs et des artistes. Mais il est préférable qu'un jour, tu ailles toi-même à la rencontre de leurs œuvres. Et là, tu verras que je n'ai pas exagéré.

« L'illuminé », ou « le Bienheureux », et son pays

Partons maintenant à l'autre bout du monde. D'abord en Inde, puis en Chine, pour savoir ce qui s'est passé dans ces pays immenses au temps des guerres persiques. Comme en Mésopotamie, il existait en Inde une civilisation très ancienne. Vers 2500 avant J.-C., au temps de la grandeur des Sumériens de la ville d'Ur, une ville importante s'étendait sur les berges du grand fleuve indien, l'Indus, avec ses temples, ses maisons, ses boutiques, ses canalisations et ses égouts. Cette ville s'appelait Mohendjo-Daro. Jusqu'à une date récente, personne n'avait imaginé qu'en des temps si anciens un tel niveau de civilisation ait pu être atteint. La découverte remonte aux années 1920. Ce que les fouilles révélèrent était aussi extraordinaire que ce que l'on avait trouvé à l'emplacement de l'ancienne ville mésopotamienne d'Ur. On ignore encore tout de ses habitants. Mais on sait que d'autres peuples arrivèrent bien plus tard dans cette région, ceux-là mêmes dont les descendants vivent aujourd'hui en Inde. Ces peuples parlaient une langue apparentée à celles des Perses et des Grecs, mais aussi à celles des Romains et des Germains. Par exemple, le mot père se disait *pitar* en indien ancien, *patèr* en grec et *pater* en latin.

Étant donné la ressemblance linguistique entre tous ces peuples, on leur a donné le nom de peuples « indo-européens ». Mais on ignore si ces ressemblances linguistiques correspondaient aussi à des liens de parenté. Cependant, on est sûr d'une chose : ces peuples qui parlaient une langue indo-européenne déferlèrent en Inde, comme les Doriens en Grèce. Et, certainement comme eux, ils asservirent la population déjà présente. Mais, à la différence des Doriens, ils étaient un peu plus nombreux que les autochtones et purent se répartir les tâches. Les uns étaient des guerriers, qui devaient le rester à vie. Même leurs fils ne pouvaient avoir d'autre fonction, car ils appartenaient à la « caste des guerriers ». La société était divisée en d'autres castes, presque aussi fermées que celle des guerriers. Il y avait celle des paysans et celle des artisans. Celui qui appartenait à l'une ou à l'autre de ces castes n'avait pas le droit d'en sortir. Un paysan, ou son fils, ne pouvait en aucun cas devenir artisan, et inversement. Il n'avait pas même le droit d'épouser une jeune fille d'une autre caste, de partager un repas ou un moyen de transport avec quelqu'un qui n'était pas de sa caste. Ces traditions existent aujourd'hui encore dans certaines régions de l'Inde.

La caste la plus élevée dans la société, au-dessus même des guerriers, était celle des prêtres, les brahmanes. Leur rôle était de s'occuper des offrandes et des temples, mais aussi (comme en Égypte) du savoir. Ils devaient apprendre par cœur les textes et les chants sacrés, afin de les transmettre oralement de génération en génération. Cela dura quelques milliers d'années, jusqu'au jour où ces textes furent écrits. La société comptait donc quatre castes, chacune étant subdivisée en quatre sous-castes, tout aussi séparées les unes des autres.

Une petite partie de la population, cependant, n'appartenait et ne pouvait appartenir à aucune caste : la catégorie des parias, auxquels on réservait les tâches les plus sales et les plus pénibles. Personne n'avait le droit de les fréquenter, pas même ceux qui appartenaient aux sous-castes, car, disait-on, le simple fait de les toucher souillait. D'où cet autre nom pour les désigner : les « intouchables ». Il leur était interdit de puiser de l'eau à la même fontaine que les autres Indiens. Ils devaient prendre garde aussi à ce que l'ombre de leur corps ne passât pas sur celle d'un autre Indien, car on considérait que même leur ombre pouvait souiller. Que les hommes peuvent être cruels !

Hormis cela, les Indiens n'étaient pas un peuple cruel, bien au contraire. Leurs prêtres étaient des hommes extrêmement graves et profonds qui, souvent, se retiraient dans la solitude des forêts pour pouvoir y méditer en paix sur des questions difficiles. Ils méditaient sur leurs dieux primitifs et sur Brahma, le dieu suprême, créateur du monde. Ils sentaient le souffle de cet Être supérieur se manifester en toute forme de vie, celle des dieux et des hommes, celle des animaux et des plantes. Ils sentaient partout son action : dans la lumière du soleil, dans la germination des champs, dans la croissance et dans la mort. Car Dieu est partout dans le monde, exactement comme le simple grain de sel que tu jettes dans l'eau et qui, à lui seul, rend toute l'eau salée, jusqu'à la moindre goutte. Toutes les différences que nous observons dans la nature, le changement des saisons, leur retour cyclique, ne sont que la face apparente des choses. L'âme humaine est immortelle. Mais, après la mort du corps, elle peut se réincarner dans celui d'un tigre ou d'un serpent à lunettes. Seule une âme ayant atteint un grand degré de pureté échappe à la réincarnation, car elle ne fait plus qu'un avec l'Être divin. Quoi qu'il en soit, l'omniprésence du dieu suprême, Brahma, insuffle la vie à toute chose. Pour le faire comprendre à leurs élèves, les prêtres avaient une jolie formule, sur laquelle tu peux méditer. Ils leur disaient simplement : « Voilà ce que tu es. » Ce qui signifiait : tout ce que tu vois – les animaux, les plantes et les hommes – n'est que ce que tu es toi-même, un souffle de la respiration de Dieu.

Pour arriver à ressentir profondément cette grande communion avec l'Être suprême, les prêtres avaient imaginé une démarche étonnante. Ils s'asseyaient en un endroit de la forêt vierge et ne se consacraient plus qu'à la méditation. Cela pouvait durer des heures, des jours, des semaines, des mois, des années. Assis à même le sol, ils demeuraient immobiles et droits, les jambes croisées, le regard baissé. Ils respiraient le moins possible, mangeaient le moins possible. Certains s'imposaient même d'autres formes de souffrances pour arriver à cette pureté de l'âme qui leur permettrait de sentir le souffle de Dieu.

Il y a 3 000 ans, l'Inde comptait beaucoup de ces saints hommes, ascètes et ermites. (Ils sont, aujourd'hui encore, très nombreux.) Mais

l'un d'eux était très différent de tous les autres. Il était fils de roi et son nom était Gautama. Il vécut vers 500 avant J.-C.

On raconte que Gautama, appelé plus tard « l'Illuminé », « le Bienheureux », ou encore Bouddha, grandit dans le faste, l'oisiveté et les plaisirs de toutes sortes, dans une région de l'est de l'Inde. Il avait trois palais, un pour l'été, un autre pour l'hiver, un troisième pour la période de la mousson, où l'on jouait pour lui les plus belles musiques. Il ne connaissait de la vie que ce qu'il voyait du balcon de ses palais, car ses parents ne souhaitaient pas qu'il s'aventure au dehors. Ils voulaient le tenir éloigné de tout spectacle qui aurait pu l'attrister et ils interdisaient même aux malades et aux éclopés de s'approcher de ses palais. Un jour, pourtant, Gautama fit atteler son char et sortit. En chemin, il croisa un vieillard, au dos voûté, qui marchait avec peine. Il demanda à son cocher : « Quel est cet homme ? » Obligé de lui répondre, le cocher lui expliqua ce qu'était un vieillard. Gautama rentra au palais, l'esprit songeur. Au cours d'une autre promenade, il croisa un malade. De la maladie non plus, on ne lui avait jamais parlé. Quand il retrouva sa femme et son jeune fils, il était plus songeur que jamais. Au cours d'une troisième sortie, il vit un homme mort. Cette fois, il ne voulut plus rentrer au palais. Rencontrant sur sa route un ermite, il décida d'aller lui aussi dans un endroit solitaire pour méditer sur les souffrances du monde que lui avait révélées le spectacle de la vieillesse, de la maladie et de la mort.

Évoquant plus tard cet épisode de sa vie dans un de ses sermons, Gautama raconta : « Encore dans la fleur de l'âge, rayonnant, jouissant d'une jeunesse heureuse, venant à peine de franchir le seuil de l'âge adulte, contre la volonté de mes parents baignés de larmes et gémissants, m'étant fait couper la barbe et les cheveux, vêtu de vêtements grossiers, j'ai quitté ma maison pour mener une vie sans toit. »

Pendant six ans, Gautama mena une vie d'ermite et d'ascète. Mais ses méditations dépassaient en profondeur celles de tous les autres ermites. Il s'imposait des souffrances plus que tout autre. Au cours de ses méditations, il ne respirait presque plus, ce qui provoquait de terribles douleurs. Il se nourrissait si peu que, souvent, il s'évanouissait de faiblesse. Pourtant, à aucun moment au cours de ces six années, il ne put trouver la paix intérieure. Il avait tant de sujets de méditation ! Quelle était la nature du monde ? Tout n'était-il pas la même chose ? Il méditait sur les maux et les souffrances de l'humanité, sur la vieillesse, la maladie et la mort. Or, malgré sa vie d'ascète, ses interrogations restaient sans réponses.

Il décida donc de se remettre peu à peu à manger, de reprendre des forces et de respirer comme tout le monde. Les autres ermites, qui jusqu'alors l'avaient admiré, n'eurent plus que mépris envers lui. Mais il n'y prêta pas attention. Et un jour, alors qu'il était assis dans une clairière sous un figuier, il eut une illumination. Il venait soudain de comprendre ce qu'il cherchait depuis des années. C'était comme une lumière intérieure qui soudain lui apparaissait. D'où le nom qui fut alors le sien, « l'Illuminé », ou Bouddha. À compter de ce jour, il parcourut le pays pour annoncer aux hommes sa grande découverte intérieure.

Tu aimerais savoir, je pense, quelle révélation eut Gautama au pied de « l'arbre de l'Illumination », qui dissipa ses doutes et lui apporta enfin la paix intérieure. Je vais te donner quelques explications, mais il faut que tu fasses l'effort d'y réfléchir. N'oublie pas que Gautama consacra six longues années de sa vie à méditer uniquement sur cette question : comment délivrer l'homme de toute souffrance, de toute douleur ? Sa révélation pourrait se résumer ainsi : si nous voulons échapper à la douleur, nous devons commencer par échapper à nous-mêmes. Car d'où vient la douleur ? Du désir, autrement dit de ce que nous souhaitons posséder.

Je te donne un exemple. Quand tu es triste, parce qu'on ne t'a pas donné le livre ou le jouet de tes rêves, tu as deux attitudes possibles : soit tu essaies d'accéder à ton désir, soit tu y renonces. Si, d'une manière ou d'une autre, tu arrives à ne plus rien désirer, tu n'éprouves plus aucune tristesse. C'est ce dont Bouddha eut la révélation. Il pensait en effet qu'en cessant de désirer toutes sortes de choses belles et agréables, qu'en n'étant plus avide de bonheur, de bien-être, de reconnaissance, d'affection, nous serions moins tristes le jour où nous en serions privés. Quant à celui qui ne désirerait plus rien, il ne serait plus jamais triste. En d'autres termes : moins nous serions exigeants, moins nous souffririons.

Je t'entends déjà me rétorquer : c'est bien beau tout ça, mais ce n'est pas ce qui empêche d'éprouver des désirs ! Détrompe-toi. Bouddha pensait qu'après un travail sur soi, mené s'il le fallait pendant plusieurs années, on pouvait arriver à se contenter de ce que l'on a, sans vouloir davantage. Autrement dit, on pouvait arriver à devenir maître de ses désirs, comme le cornac devient maître de son éléphant après un long dressage. Après quoi, l'homme accédera sur terre à une « mer intérieure » que rien ne viendra troubler, il parviendra à cet état de béatitude et de paix où n'existe plus aucun désir. Il aura la même bonté envers tous les hommes et n'attendra rien de personne. Bouddha enseigna aussi que celui qui deviendrait maître de tous ses désirs ne reviendrait plus sur terre après sa mort. Seules se réincarneront les âmes qui tiennent à la vie. Celui qui ne tient plus à la vie ne cherchera plus, une fois mort, à revenir dans le « cycle des naissances et des morts ». Il se fondra dans le néant, où tout désir et toute souffrance ont disparu, dans ce que les Indiens appellent le « nirvana ».

Voilà ce que fut la révélation de Bouddha sous le figuier : comment apprendre à se libérer de ses désirs sans les avoir exaucés, comme lorsqu'on oublie sa soif sans l'avoir apaisée. Comme tu l'imagines, la voie qui conduit à cette paix intérieure n'est pas simple. Bouddha parlait d'une « voie intermédiaire », qui se situe entre un excès inutile de mortification et un bien-être insouciant et irréfléchi. L'important est de trouver un juste équilibre en toute chose : dans nos croyances, nos décisions, dans les mots que nous prononçons, dans nos actes, notre vie, nos aspirations, notre conscience, nos méditations.

Voilà les points essentiels sur lesquels Gautama insistait dans ses sermons, lesquels faisaient forte impression sur les gens qui le suivaient et le vénéraient comme un dieu. Aujourd'hui, il y a presque autant de bouddhistes que de chrétiens dans le monde. Ils vivent principalement en Asie du Sud-Est, à Ceylan (Sri Lanka), au Tibet, en Chine et au Japon. Peu, cependant, sont capables de vivre selon les préceptes de Bouddha et d'atteindre le calme de « la mer intérieure ».

Le grand maître à penser d'un grand peuple

Du temps où j'allais à l'école primaire, la Chine nous semblait être « à l'autre bout du monde ». De ce lointain pays, nous ne connaissions tout au plus que quelques dessins peints sur des tasses à thé ou sur des vases, et nous imaginions des hommes pas plus grands que des nains, un peu guindés, portant de longues nattes dans le dos, et des jardins artistiquement aménagés avec des ponts en dos d'âne et des tourelles abritant quantité de clochettes.

Naturellement, ce pays de conte de fées, tel que nous l'imaginions, n'a jamais existé, même s'il est vrai que les Chinois, jusqu'en 1912, furent obligés de natter leurs cheveux dans le dos et si c'est sous ce jour que nous les avons découverts en regardant les objets en porcelaine ou en ivoire, délicats et raffinés, exécutés par leurs meilleurs artisans. À l'époque dont je veux te parler, il y a 2 400 ans, tout cela n'existait pas encore. Cependant, la Chine était depuis longtemps un immense empire. Cet empire était si vieux et si démesurément vaste qu'il était au bord de l'éclatement. Dans les campagnes, plusieurs millions de paysans plantaient du riz et des céréales, tandis que dans les villes des hommes se pavanaient dans de somptueux vêtements. Pendant plus de mille ans, la Chine fut gouvernée depuis le palais de la capitale par des empereurs, les célèbres « empereurs de la Chine » qui se faisaient appeler « Fils du Ciel », comme les pharaons se faisaient appeler « Fils du Soleil ».

Au-dessous de l'empereur venaient les princes, chargés de gouverner les nombreuses provinces de cet immense pays, plus grand que l'Égypte ou que l'Assyrie et la Babylonie réunies. Ces princes étaient devenus si puissants que l'empereur avait perdu toute autorité sur eux, bien qu'étant « empereur de la Chine ». Les princes se querellaient souvent entre eux et se souciaient peu du Fils du Ciel. Les Chinois parlant des langues totalement différentes d'une extrémité à l'autre de ce vaste pays, l'Empire aurait vraisemblablement éclaté si les populations chinoises n'avaient eu quelque chose en commun. Et cette chose, c'est l'écriture.

Tu vas me dire : – Je me demande à quoi ça sert d'avoir la même écriture. Si les langues sont différentes, personne ne peut comprendre ce qui est écrit ! – Eh bien, sache qu'avec l'écriture chinoise, ce n'est pas un problème. On peut la lire même si on ne connaît pas un mot de la langue. – Vous voulez dire qu'il y a une histoire de magie, là derrière ? – Non, pas du tout. En fait, l'explication est simple. Quand on écrit, ce ne sont pas des mots que l'on trace sur le papier, mais des dessins. Quand tu veux écrire « soleil », tu fais ce dessin : 日. Maintenant, tu n'as plus qu'à dire ce que tu vois. Un Français dira « soleil », un Anglais *sun*, un Chinois *dschö*, car chacun a compris ce que le dessin veut dire. Imagine que, maintenant, tu veuilles écrire « arbre ». En quelques traits, tu dessineras : 本 qui se dit *mu* en chinois. Mais tu n'as pas besoin de connaître le chinois pour savoir que c'est un arbre.

Oui, vas-tu me dire, je veux bien croire que ça n'est pas compliqué quand il s'agit d'objets. Mais si, par exemple, on veut écrire « blanc », qu'est-ce qu'on fait ? On met de la peinture blanche ? Ou bien, si on veut écrire « l'est » ? L'est, je ne vois pas comment on peut le dessiner ! Je te réponds : dans ce cas, on ajoute un détail au dessin d'un objet. Ainsi, pour exprimer l'idée de blancheur, on se réfère à quelque chose de blanc, en l'occurrence un rayon du soleil. Si donc on ajoute un trait au dessin du soleil, 白 cela signifie alors *bei* ou « blanc » ou *white*, etc., selon ta propre langue. Et pour l'est ? Eh bien, comme l'est est du côté où se lève le soleil, derrière les arbres, je dessine le soleil derrière l'arbre : 杲.

C'est pratique, ne trouves-tu pas ? Évidemment, ce mode d'écriture a ses avantages et ses inconvénients. Réfléchis un peu au nombre de mots et de choses qu'il y a dans le monde. Pour chaque chose, il faudrait apprendre le signe correspondant. Actuellement, il y a 40 000 signes dans l'écriture chinoise et, pour certaines choses, ça devient vraiment compliqué. Ne penses-tu pas qu'on peut féliciter nos Phéniciens d'avoir ramené l'écriture à vingt-six caractères ? Mais cela fait des milliers d'années que les Chinois écrivent ainsi et, dans une grande partie de l'Asie, n'importe qui peut lire ces signes même s'il ne connaît pas un seul mot de chinois. Et, grâce à ce type d'écriture, les idées des grands maîtres à penser de la Chine purent se propager très vite à travers l'Empire et marquer profondément les esprits.

Or, à l'époque où Bouddha voulait apprendre aux habitants de l'Inde à ne plus souffrir (tu te souviens, c'était vers 500 avant J.-C.), il y avait aussi en Chine un grand homme qui essayait d'enseigner le bonheur à son peuple. Pourtant, il ne pouvait pas être plus à l'opposé de Bouddha. Il n'était pas fils de roi, mais fils d'officier. Il ne devint pas un ermite, mais un fonctionnaire, puis un maître à penser. L'essentiel pour lui n'était pas qu'un homme parvienne à ne plus souffrir en se libérant de ses désirs, mais que tous les hommes parviennent à vivre en paix. Le fondement de son enseignement était : comment vivre les uns avec les autres en bonne intelligence. Grâce à cet enseignement, les Chinois connurent pendant des siècles une vie bien plus calme et pacifique que les autres peuples du monde. Ce maître à penser s'appelait Confucius, du chinois *Kong Fuzi*. Je suis sûr que ce qu'il professait va t'intéresser. C'est facile à comprendre et à mémoriser, facile aussi à mettre en pratique, ce qui explique le succès qu'il rencontra. Cela va peut-être te faire rire. Dis-toi pourtant que son enseignement est beaucoup plus profond qu'il n'y paraît.

Selon Confucius, la façon de se comporter envers autrui a plus d'importance qu'on ne l'imagine, comme le fait de s'incliner devant une personne âgée, de tenir la porte à quelqu'un pour lui laisser le passage, de se lever quand on parle à un supérieur. Confucius énonça quantité d'autres règles de savoir-vivre, bien plus nombreuses que chez nous. Il était persuadé que ces règles n'avaient pas été élaborées au hasard,

qu'au contraire, elles avaient une raison d'être en relation, généralement, avec quelque chose de beau. D'ailleurs, il disait : « Je crois à l'ancien temps et je l'aime », ce qui signifiait qu'il croyait au bon sens et au bien-fondé des us et coutumes transmis depuis des siècles. Son enseignement n'avait d'autre ambition que de les rappeler inlassablement pour en perpétuer le souvenir et pour que les hommes continuent de les respecter. Il suffisait, selon lui, de se conformer à ces règles pour que tout devienne plus simple. Les choses se passaient alors naturellement, spontanément, sans même avoir à y réfléchir. Ces manières ne nous rendent pas forcément bons, mais elles nous permettent plus facilement de le rester.

Il est vrai que Confucius avait une très haute opinion de l'homme. Il considérait que tous les hommes naissent bons et raisonnables, que cette bonté et ce bon sens résident au fond d'eux-mêmes. Si quelqu'un, disait-il, voit un enfant jouer au bord de l'eau, il aura peur de le voir tomber à l'eau. Le souci que nous avons de notre prochain, notre compassion envers celui qui est dans une situation douloureuse, tous ces bons sentiments sont innés en nous. Notre seule tâche est de veiller à ce qu'ils ne disparaissent pas. Car celui qui fait preuve de gentillesse, d'obéissance et de sollicitude envers ses parents – autant de vertus que les hommes ont en naissant – se comportera de la même manière envers toute autre personne. Il obéira aux lois de son pays comme il a pris l'habitude d'obéir à son père. C'est pourquoi Confucius attachait une grande importance à la famille et aux sentiments qu'elle génère, l'amour entre frères et sœurs, le respect envers les parents. Il appelait la famille « les racines de l'humanité ».

Les notions de respect et d'obéissance ne concernaient pas uniquement un inférieur vis-à-vis de son supérieur. La réciproque était également vraie. Sur ce sujet, Confucius et ses disciples se heurtèrent souvent aux princes rebelles à ces principes et ils ne se privèrent pas de leur dire ce qu'ils pensaient d'eux. Ils leur rappelaient qu'un prince devait être le premier à donner l'exemple et qu'il se devait de respecter toutes les règles. Il devait faire preuve d'amour filial envers son père, mais aussi de sollicitude et d'équité envers ses sujets. Les princes qui ne prêtaient pas attention aux souffrances de leur peuple n'avaient que ce qu'ils méritaient lorsque ce dernier se rebellait et les renversait. Le premier devoir d'un prince était de servir de modèle à tous les sujets de son royaume.

Peut-être vas-tu trouver que Confucius n'a enseigné que des évidences. Mais c'était justement ce qu'il souhaitait. Il voulait enseigner des choses que tous pouvaient comprendre facilement et qui, de surcroît, leur paraîtraient justes et équitables. D'ailleurs, comme je te l'ai déjà dit, Confucius atteignit son but. Sans son enseignement, le grand empire de Chine, avec ses multiples provinces, aurait éclaté.

Ne va pas croire cependant que tous les Chinois avaient pour seul souci de vivre en harmonie et en bonne intelligence les uns avec les autres. Il y eut aussi des hommes qui, un peu comme Bouddha, étaient davantage tournés vers les grands mystères du monde. Quelque temps après Confucius, la Chine connut un de ces sages. Il s'appelait Laozi. Nous le connaissons en Europe sous le nom de Lao-Tseu. On raconte qu'il était fonctionnaire, mais qu'un jour, il en eut assez de la vie trépidante des hommes. Il abandonna son emploi et se rendit dans des montagnes désolées, aux frontières de la Chine, pour devenir ermite.

À la frontière, un douanier, qui était un homme simple, lui aurait demandé de mettre ses pensées par écrit avant de quitter les hommes, et Lao-Tseu aurait accepté. L'histoire ne dit pas si le douanier les comprit, car elles sont particulièrement complexes et ésotériques. L'idée générale est la suivante. Une grande loi régit le monde. Elle régit le vent et la tempête, les animaux et les plantes, l'alternance du jour et de la nuit, le mouvement des étoiles..., en un mot, le grand mouvement naturel de l'univers. Cette loi est le « Tao ». Or, l'homme est trop absorbé par ses inquiétudes, son incessante agitation, ses multiples projets, ses interrogations, mais aussi par les offrandes et les prières à ses divinités, et, pourrait-on dire, il ne laisse pas cette loi venir à lui. Il ne lui permet pas d'agir sur lui. Il en dérange le cours.

La seule chose à faire, pensait donc Lao-Tseu, est de « ne pas agir ». Autrement dit, pour arriver à trouver la paix intérieure, il ne faut ni regarder ni écouter ce qui se passe autour de soi, ne rien désirer et ne penser à rien. Celui qui, tel un arbre ou une plante, parviendra à se libérer de toute ambition et de tout désir sentira agir en lui le Tao, cette grande loi qui régit l'univers, qui fait tourner le ciel et venir le printemps. Comme tu le vois, cet enseignement est difficile à comprendre et encore plus difficile à suivre. Peut-être Lao-Tseu y est-il parvenu en ne faisant rien, dans la solitude des montagnes. Quoi qu'il en soit, c'est certainement une bonne chose que Confucius, et non Lao-Tseu, ait été le grand maître à penser de la Chine. Qu'en penses-tu ?

La plus grande des aventures

L'âge d'or de la Grèce fut de courte durée. Les Grecs étaient capables de beaucoup de choses, excepté de rester longtemps en paix. C'était surtout le cas des Athéniens et des Spartiates qui, au fil du temps, avaient fini par ne plus se supporter. En 420 avant J.-C., une guerre éclata entre les deux États. Elle fut longue et terrible, puisqu'elle dura plus de soixante-dix ans. On l'appela « guerre du Péloponnèse ». Les Spartiates, les premiers, lancèrent une expédition sur la cité athénienne. Ils dévastèrent le pays et, surtout, ils arrachèrent tous les oliviers, ce qui fut un véritable désastre si l'on sait qu'un jeune plant d'olivier ne donne des fruits qu'au bout de plusieurs années. Les Athéniens se vengèrent en lançant des expéditions contre les colonies spartiates au sud de l'Italie, en Sicile, dont la principale cité était Syracuse. Comme pris dans un véritable engrenage, les conflits se succédèrent. Athènes connut de surcroît une terrible épidémie de peste qui entraîna la mort de beaucoup d'hommes, dont celle de Périclès. L'interminable conflit entre les deux cités se termina par une ultime défaite d'Athènes, dont les remparts furent abattus. Comme après toute guerre, le pays sortait exsangue. Les vainqueurs l'étaient aussi. La situation aurait pu en rester là si un autre événement grave ne s'était produit. Une petite tribu, proche de Delphes, s'empara du sanctuaire dédié au culte d'Apollon, le fameux sanctuaire de l'Oracle, et le pilla, ce qui provoqua un terrible émoi.

Une tribu étrangère prit prétexte de cette émotion pour intervenir. Il s'agissait de montagnards vivant au nord de la Grèce, appelés les Macédoniens. Ils étaient apparentés aux Grecs, mais étaient encore des barbares au sang belliqueux. Leur roi, Philippe de Macédoine, était un homme d'une grande habileté, parlant parfaitement le grec et connaissant également très bien les coutumes et la culture grecques. Or, son ambition était de régner sur toute la Grèce. Le pillage du sanctuaire de Delphes lui offrit une excellente occasion de se manifester, car pour lui, comme pour tous les Grecs, le sanctuaire avait une grande valeur symbolique. Il y avait pourtant, à Athènes, un homme politique et célèbre orateur, Démosthène, qui haranguait le peuple à l'Assemblée et qui, dans ses sermons demeurés célèbres (baptisés plus tard *Les Philippiques*), ne cessait de mettre les Athéniens en garde contre les intentions du roi Philippe de Macédoine. Mais la Grèce était trop divisée pour pouvoir vraiment se défendre.

En 338 avant J.-C., à Chéronée, Philippe vainquit les Grecs, les mêmes qui, à peine cent ans plus tôt, avaient su se défendre contre la puissante armée des Perses. Par cette défaite, les Grecs perdirent leur liberté dont, il faut bien le dire, ils avaient fini par faire un très mauvais usage. Mais le but du roi Philippe n'était pas d'asservir ou de piller la Grèce. Il avait une tout autre ambition, qui était de constituer une grande armée réunissant Grecs et Macédoniens, pour partir à la conquête de la Perse.

Ce projet de conquête était beaucoup plus envisageable qu'au temps des guerres persiques. Les grands rois perses n'avaient plus depuis longtemps l'acharnement et l'ambition d'un Darius, ni la puissance d'un Xerxès. Ils avaient perdu tout contrôle de l'administration de leur pays et s'estimaient heureux quand les satrapes des provinces leur envoyaient suffisamment d'argent. Avec cet argent, ils se faisaient construire de somptueux palais et menaient grande vie, mangeant dans de la vaisselle en or, vêtant leurs esclaves, hommes et femmes, de superbes tenues. Ils aimaient la bonne chère et plus encore le bon vin. Les satrapes, de leur côté, en faisaient autant. Le roi Philippe avait donc de bonnes raisons de penser que la conquête de la Perse se ferait sans mal. Mais il fut assassiné avant même d'avoir achevé les préparatifs de l'expédition.

Le fils du roi Philippe avait alors à peine vingt ans. Il se prénommait Alexandre et, à la mort de son père, il se retrouva à la tête de la Macédoine et de toute la Grèce. Lorsque les Grecs virent ce très jeune homme, ils pensèrent pouvoir le réduire sans peine à leur merci et recouvrer ainsi leur liberté. Mais Alexandre n'était pas un jeune homme ordinaire. Depuis son plus jeune âge, il attendait son heure avec impatience. On raconte qu'enfant, il pleurait chaque fois que son père, le roi Philippe, s'emparait d'une ville grecque, disant : « À cause de mon père, je n'aurai plus rien à conquérir le jour où je serai roi. » Depuis que son père lui avait laissé la Grèce entière en plus de la Macédoine, il tenait à le faire savoir. Une ville grecque ayant voulu se libérer du joug macédonien, il la fit détruire et vendit ses habitants comme esclaves, en guise d'avertissement. Puis il réunit tous les généraux grecs dans la ville de Corinthe pour débattre avec eux d'une expédition en Perse.

Ajoutons, pour compléter le portrait du jeune roi Alexandre, qu'outre ses qualités de guerrier courageux et ambitieux, il était aussi un très beau garçon aux longs cheveux bouclés, doté, de surcroît, d'une culture exceptionnelle. Il est vrai qu'il avait eu comme précepteur le plus célèbre penseur de cette époque, le philosophe grec Aristote. Pour te donner une idée de l'importance de ce fait, je te dirai qu'Aristote ne fut pas uniquement le maître à penser d'Alexandre. Il devint aussi celui de beaucoup d'hommes au cours des deux siècles suivants. Quand ils ne tombaient pas d'accord sur tel ou tel problème, ils se reportaient à ses écrits, lesquels, à leurs yeux, détenaient forcément la vérité. Aristote servait d'arbitre. Il faut savoir que, de son vivant, il avait rassemblé tout ce que l'on était censé connaître et avait écrit sur tout : les sciences de la nature, les étoiles, les animaux et les plantes. Sur l'Histoire avec un grand H, sur la vie sociale dans l'État – la politique –, sur la morale, dont le nom grec a donné l'« éthique », comme sur la poésie et sa beauté. Il avait aussi écrit des réflexions à propos d'un dieu se trouvant quelque part au-dessus du ciel étoilé, impassible et invisible.

C'était tout cet enseignement qu'Alexandre avait reçu d'Aristote. Il avait été vraisemblablement un bon élève. Ses lectures préférées étaient les grandes épopées lyriques d'Homère, *L'Iliade* et *L'Odyssée*. On dit même qu'il les glissait, la nuit, sous son oreiller. Mais il ne passait pas tout son temps le nez dans les livres. Son activité préférée était le sport. Celui dans lequel il excellait était l'équitation. Personne ne montait mieux que lui. Son père lui avait acheté un cheval, particulièrement fougueux, que personne n'arrivait à dompter. Ce cheval, nommé Bucéphale, mettait systématiquement à terre tous ses cavaliers. Un jour, Alexandre en comprit la raison : ce cheval avait peur de son ombre. Il le fit alors tourner face au soleil pour qu'il ne vît plus son ombre sur le sol, il le caressa, s'élança sur son dos et partit au galop, sous les applaudissements de toute la cour réunie. Dès lors, Bucéphale fut son cheval préféré.

Quand les chefs d'armée grecs virent Alexandre arriver à Corinthe, l'enthousiasme fut général. Un homme fit exception : un original, un philosophe du nom de Diogène. Ses idées étaient assez voisines de celles de Bouddha. Posséder des biens matériels, disait-il, ne pouvait que nuire à la réflexion et gâcher l'existence. Mieux valait une vie simple et sans soucis. Il avait donc renoncé à tout bien matériel et vivait, à moitié nu, dans un tonneau, sur la place de Corinthe, aussi libre et indépendant qu'un chien sans maître. Ayant entendu parler de ce curieux personnage, Alexandre souhaita le rencontrer. Superbement vêtu, le panache de son casque volant au vent, il vint rendre visite au philosophe et lui dit : « Tu me plais. Adresse-moi n'importe quel vœu, je l'exaucerai. » Diogène, qui se chauffait alors au soleil devant son tonneau, lui répondit : « Effectivement, Sire, j'ai un vœu. » « Eh bien, quel est-il ? » demanda le roi. « Que tu t'ôtes de mon soleil, car tu me fais de l'ombre. » Alexandre fut tellement impressionné par cette réponse qu'il aurait répondu : « Si je n'étais pas Alexandre, j'aimerais être Diogène. »

Très vite, l'armée grecque voua au roi Alexandre une admiration aussi grande que celle que lui vouaient les Macédoniens, et elle accepta avec joie de se battre pour lui. Ce fut donc avec une confiance accrue qu'Alexandre lança son expédition contre les Perses. Avant de partir, il distribua tout ce qu'il possédait à ses amis, qui s'en inquiétèrent et lui demandèrent : « Mais que te restera-t-il ? » « L'espoir », répondit-il.

Suis les flèches ! Elles te guideront sur les pas d'Alexandre dans sa conquête de la moitié du monde.

Il eut raison de croire en sa bonne étoile. Il arriva avec ses hommes en Asie Mineure, où il se heurta à l'armée perse. Celle-ci était plus importante que la sienne, mais elle était désorganisée, sans véritable chef. Les Perses furent très vite mis en déroute, car Alexandre et son armée se battirent avec un grand courage.

C'est au cours de la conquête de l'Asie Mineure par Alexandre que se déroula la célèbre histoire du nœud gordien. Dans la ville de Gordion se trouvait, dans un temple dédié au culte de Zeus, un vieux char royal. Une sangle, attachant le joug au timon du char, en faisait plusieurs fois le tour et était solidement nouée. Un oracle avait prédit que celui qui dénouerait la sangle deviendrait le maître du monde. Alexandre essaya de le faire de ses doigts, mais le nœud résista autant qu'un nœud de lacet, surtout quand on se dépêche ! Alexandre fit alors ce que ma mère, dans un cas semblable, m'aurait interdit de faire : il prit son épée et trancha le nœud. Ce geste était lourd de sens. Il signifiait : « L'épée à la main, je conquerrai le monde et la prophétie se réalisera. » Et c'est bien ce qui arriva.

En regardant la carte, tu réaliseras mieux l'étendue des conquêtes d'Alexandre. En fait, il ne commença pas par la Perse. Il jugea préférable de neutraliser d'abord ses provinces, la Phénicie et l'Égypte. Les Perses tentèrent de lui barrer la route près de la ville d'Issus, mais Alexandre remporta la bataille. Il pilla les tentes du roi perse et s'empara de ses somptueux trésors. Il emprisonna la femme et la sœur du roi, qu'il traita avec courtoisie et ménagement. C'était en 333 avant J.-C., date facile à mémoriser !

La conquête de la Phénicie ne fut pas facile. Le siège de Tyr dura sept mois. Lorsque la ville tomba, elle fut, elle aussi, pillée sans merci. Alexandre eut moins de mal avec l'Égypte. Les Égyptiens, trop heureux de se débarrasser des Perses, se soumirent spontanément à celui qui incarnait l'ennemi de leurs oppresseurs. Pour asseoir son pouvoir, Alexandre voulut se comporter en véritable souverain, à l'image des pharaons auxquels les Égyptiens avaient été habitués. Il se rendit dans un temple du dieu-soleil et demanda aux prêtres de proclamer qu'il était lui aussi « Fils du Soleil », autrement dit un vrai pharaon. Avant de quitter l'Égypte, il fondit une ville au bord de la mer, à laquelle il donna son nom. C'est Alexandrie. Elle existe toujours et fut autrefois et pendant longtemps une des villes les plus riches et les plus puissantes du monde.

Désormais, Alexandre pouvait partir à la conquête de la Perse. Entre-temps, le roi des Perses avait constitué une armée gigantesque et l'attendait non loin de Ninive, à Gaugamèles. Préférant cependant éviter une bataille, il envoya des messagers au-devant d'Alexandre pour lui offrir la moitié de son empire et sa fille pour épouse si ce dernier acceptait de ne pas se battre. L'ami d'Alexandre, Parménion, aurait dit : « Si j'étais Alexandre, j'accepterais. » Alexandre aurait répondu : « Moi aussi, si j'étais Parménion. » Préférant dominer la totalité du monde plutôt que la moitié, Alexandre engagea le combat et vainquit ce qui fut la dernière et pourtant la plus grande armée perse. Le roi des Perses s'enfuit dans les montagnes où il fut assassiné. Alexandre châtia les meurtriers et assujettit la Perse.

Alexandre régnait désormais sur un vaste empire, qui englobait la Grèce, l'Égypte, la Phénicie avec la Palestine, la Babylonie, l'Assyrie et l'Asie Mineure. Il essaya alors d'instaurer dans tous ces pays une organisation nouvelle. Et l'on peut dire que les ordres d'Alexandre s'étendaient du Nil jusqu'en des régions reculées de l'actuelle Sibérie.

J'imagine que toi et moi, nous nous serions contentés de ces possessions. Alexandre, non. Il voulait régner sur de nouveaux pays, encore inconnus. Il rêvait de voir ces peuples lointains et mystérieux dont parlaient les marchands lorsqu'ils revenaient d'Orient avec des denrées rares. Il voulait, comme Dionysos dans une légende grecque, faire une entrée triomphale chez les Indiens de l'Inde au teint cuivré par le soleil et recueillir leurs ovations. Il ne séjourna donc pas longtemps dans la capitale perse. En 327 avant J.-C., au prix de mille dangers, il franchit avec son armée les cols d'une montagne jamais foulée par l'homme, entra en Inde et descendit la vallée de l'Indus. Les Indiens ne se montrèrent pas aussi dociles que l'avaient été les Égyptiens. Les ascètes surtout et les ermites prêchèrent dans les forêts la résistance aux conquérants venus de l'ouest. Alexandre dut assiéger une à une chaque ville avant de pouvoir la conquérir, tant les combattants indiens de la caste des guerriers se battaient avec vaillance.

La vaillance d'Alexandre n'était pas moins grande, comme en témoigne sa rencontre avec un roi indien, du nom de Pôros. Pôros l'attendait avec son armée d'éléphants et d'hommes du peuple marchant à pied sur une des berges d'un affluent de l'Indus. Arrivé sur la berge opposée, Alexandre n'eut d'autre alternative que de traverser le fleuve avec son armée, sous le nez de l'adversaire. Ce succès compte parmi ses plus grands exploits. Dans une chaleur humide et accablante, il écrasa l'armée indienne. On lui amena le roi Pôros enchaîné. Alexandre lui demanda : « Qu'attends-tu de moi ? » « Que tu me traites en roi », lui répondit Pôros. « Rien d'autre ? » « Non, je n'ai absolument rien à ajouter. » Alexandre fut tellement impressionné par la réponse du roi indien qu'il lui restitua son royaume.

Alexandre souhaitait poursuivre ses incursions vers l'est. Il voulait partir dans la vallée du Gange à la conquête de peuples plus mystérieux encore, mais ses soldats refusèrent d'aller plus loin, n'ayant nulle envie de continuer de marcher indéfiniment jusqu'à l'autre bout du monde. Ils voulaient pouvoir revenir enfin chez eux. Alexandre les supplia, les menaça de poursuivre seul. Il se retira sous sa tente et leur tint tête trois jours durant. Finalement, les soldats eurent le dernier mot et Alexandre se résigna à rebrousser chemin, à condition de ne pas emprunter la même route.

Évidemment, utiliser les mêmes voies qu'à l'aller aurait été la solution la plus simple, car Alexandre aurait traversé des pays déjà conquis. Mais il rêvait sans cesse de nouvelles conquêtes. Il suivit donc le cours de l'Indus jusqu'à la mer. Là, il renvoya directement en Macédoine une partie de son armée par voie de mer. Avec le reste de son armée, il poursuivit sa course effrénée, dans des conditions épouvantables, à travers des déserts de pierres infinis et sans âme qui vive. Il partagea les mêmes souffrances et les mêmes privations que ses hommes, refusant de s'octroyer plus d'eau et de repos qu'eux. Lors de chaque combat, il se battait en première ligne. Un jour, il échappa de peu à la mort.

Ce jour-là, Alexandre assiégeait une forteresse. Des échelles ayant été dressées contre les remparts, il se lança le premier à l'assaut. À peine arrivé au sommet, alors que ses soldats s'apprêtaient à le suivre, l'échelle se rompit et il se retrouva seul. Ses hommes lui crièrent de sauter au plus vite et de les rejoindre. Mais, plutôt que de revenir vers eux, il sauta à l'intérieur de la forteresse. Sitôt après, il se mit dos au rempart et se protégea avec son bouclier contre ses innombrables agresseurs. Mais une flèche le blessa grièvement. Il ne dut la vie qu'à l'arrivée inopinée de ses soldats accourus pour le sauver. Ce fut vraiment une histoire incroyable.

Alexandre fut enfin de retour dans la capitale perse. Mais, comme il l'avait incendiée lors de sa conquête, il décida d'installer sa cour à Babylone. À vrai dire, il n'avait eu que l'embarras du choix. Étant désormais le « Fils du Soleil » pour les Égyptiens et le « Roi des rois » pour les Perses, ayant des troupes en Inde et à Athènes, il voulut alors donner au monde l'image que celui-ci attendait de tout grand souverain.

Cette attitude n'était peut-être pas dictée par l'orgueil. Élève d'Aristote, il connaissait bien l'âme humaine et savait qu'elle était sensible aux signes extérieurs du pouvoir que sont le faste et la solennité. Il remit donc à l'honneur les usages des cours perse et babylonienne. Quiconque se présentait devant lui devait tomber à genoux et lui adresser la parole comme s'il était un dieu. Selon la coutume des rois d'Orient, il épousa plusieurs femmes, dont la fille de Darius, le défunt roi des Perses, afin de devenir son véritable successeur. Il ne voulait pas, aux yeux des Perses, demeurer un conquérant étranger. En un mot, il voulait concilier la sagesse et les richesses orientales des Perses avec la lucidité et la vivacité des Grecs pour donner naissance à quelque chose de tout à fait exceptionnel.

Mais les Grecs vivant dans son entourage ne furent pas satisfaits de cette situation. Premièrement, ils n'étaient pas n'importe qui ! Les conquérants, autrement dit les maîtres, c'étaient eux. Deuxièmement, hommes libres et habitués à cette liberté, il n'était pas question pour eux de se jeter à terre devant quiconque. Ils ne voulaient pas, selon une expression familière, être des « lèche-bottes ». Ils devinrent si insupportables à la cour de Babylone qu'Alexandre fut obligé de renvoyer dans leur pays aussi bien amis que soldats. L'effort de fusion des deux peuples fut un échec. Alexandre avait pourtant donné aux 10 000 soldats macédoniens et grecs qui avaient épousé des Perses une fête somptueuse, assortie d'une forte dot.

Mais Alexandre avait d'autres grands projets. Il rêvait de fonder quantité de villes sur le modèle d'Alexandrie. Il voulait faire construire des routes et espérait à la longue, et si nécessaire par la force, venir à bout de l'hostilité grecque pour instaurer une nouvelle image du monde. Imagine un peu s'il avait réussi à mettre en place ce dont il rêvait, une liaison postale qui serait allée de l'Inde jusqu'à Athènes ! Malheureusement, la tête encore remplie de projets, il mourut dans le palais d'été de Nabuchodonosor, à l'âge où la plupart des gens commencent véritablement à vivre. Il n'avait que trente-deux ans. On était en 323 avant J.-C.

Alors qu'Alexandre était à l'agonie, on lui avait demandé qui devait lui succéder. Il avait répondu : « Le plus digne. » Mais tous les princes et les généraux de son entourage étaient des hommes ambitieux, dispendieux et sans moralité. Ils se disputèrent l'Empire, jusqu'à ce qu'il éclatât. L'Égypte tomba sous la domination d'une famille de généraux, celle des Ptolémée. Les Séleucides obtinrent la Mésopotamie, et les Attalides l'Asie Mineure. Quant aux possessions indiennes, elles disparurent.

Bien que l'Empire eût éclaté, le grand projet d'Alexandre prit lentement forme. L'art et la pensée grecques pénétrèrent en Perse, et allèrent bien au-delà, puisqu'ils gagnèrent l'Inde et la Chine. Les Grecs apprirent que le monde ne se réduisait pas à Athènes et à Sparte et qu'il y avait bien plus important à faire que d'être en lutte permanente entre Doriens et Ioniens. Chose incroyable, du jour où ils perdirent le peu de pouvoir politique qui était le leur, ils devinrent les détenteurs du plus grand pouvoir spirituel qui eut jamais existé. Ce pouvoir était celui de ce que l'on appelle communément la « culture grecque ». Sais-tu en quoi résidait sa force ? Dans la création de bibliothèques. Celle d'Alexandrie avait atteint le chiffre faramineux de 700 000 ouvrages. Il s'agissait généralement d'ouvrages apportés par les soldats grecs, ces mêmes soldats qui partaient maintenant à la conquête du monde.

De nouveaux combattants et de nouveaux combats

Alexandre est allé seulement vers l'est. Le « seulement vers l'est » n'est certes pas l'expression la meilleure, étant donné l'étendue de ses conquêtes, mais il est vrai qu'il ne fut pas attiré par les régions se trouvant à l'ouest de la Grèce. Dans ces régions, on trouvait quelques colonies phéniciennes et grecques et un petit nombre de péninsules couvertes de forêts et peuplées de paysans frustes et belliqueux, parmi lesquelles l'Italie. L'un des peuples qui l'occupaient était celui des Romains. Au temps d'Alexandre le Grand, Rome n'était qu'une petite cité aux rues tortueuses, protégée par des remparts, et son influence ne s'étendait que sur un petit morceau de terre au cœur de l'Italie. Pourtant, ses habitants étaient des hommes fiers, aimant se glorifier de leur histoire et croyant en un grand avenir. Ils prétendaient que leur histoire remontait au temps des premiers Troyens. Un Troyen, du nom d'Énée, ayant fui sa ville assiégée, aurait abordé en Italie et épousé la fille du roi du Latium. Il aurait eu pour descendants les jumeaux Romulus et Remus, qui auraient été allaités dans la forêt par une louve. Romulus, racontaient-ils, aurait ensuite fondé Rome. Ils avançaient même une date : 753 avant J.-C. Les Romains partaient d'ailleurs de cette date pour compter les années, comme le firent les Grecs à partir des Olympiades. Ils disaient : cela s'est passé en l'an tant après la fondation de la ville de Rome. C'est ainsi, par exemple, que l'année romaine 100 correspondrait, selon notre manière actuelle de compter, à l'an 653 avant J.-C.

Concernant les débuts de leur petite cité, les Romains racontaient quantité d'autres histoires dans lesquelles il était question de bons et de mauvais rois qui s'étaient battus contre les cités voisines – j'ai failli dire contre « les villages voisins ». Il y avait par exemple l'histoire du cinquième et dernier roi de Rome, Tarquin le Superbe, assassiné par un noble qui n'était autre que son neveu Brutus. Après lui, les nobles s'étaient emparés du pouvoir. On les appelait les patriciens, ce qui équivaudrait à « pères de la cité ». Ne va pas t'imaginer qu'il s'agissait de vrais citadins. Les patriciens étaient, à l'origine, de vieilles familles terriennes, possédant de vastes domaines. Cette caste de privilégiés jouait en revanche un grand rôle, car ils élisaient les responsables du gouvernement de la cité depuis qu'il n'y avait plus de roi.

Ceux qui détenaient les plus hautes responsabilités étaient appelés consuls. Ils étaient toujours deux à partager le pouvoir suprême. Élus pour un an, ils devaient ensuite se démettre de leur fonction. Hormis les patriciens, il y avait évidemment d'autres hommes. Mais ces derniers n'appartenaient pas à de vieilles et illustres familles, ils ne possédaient que peu de terres et leurs manières étaient frustes. On les appelait les plébéiens, autrement dit la classe populaire. Ils constituaient en quelque sorte une caste, exactement comme en Inde. Par exemple, un plébéien n'avait pas le droit d'épouser une patricienne. Il pouvait encore moins devenir consul. Il n'était pas autorisé à participer aux assemblées qui se tenaient sur le Champ de Mars aux portes de la ville et n'avait aucun droit de vote. Mais les plébéiens étaient nombreux et ils avaient la même fermeté de caractère et la même ténacité que les patriciens. Aussi n'acceptèrent-ils pas leur sort avec la même docilité que les Indiens. Ils menacèrent plus d'une fois de s'exiler s'ils n'étaient pas mieux considérés et si on ne leur donnait pas une partie des terres conquises que les patriciens s'étaient jusqu'alors appropriées. Après un siècle de luttes incessantes contre les patriciens, ils finirent par imposer leur volonté, obtenant de bénéficier des mêmes droits qu'eux. À compter de ce jour, un des deux consuls fut un patricien, l'autre un plébéien. Au moins était-ce justice. Le conflit s'acheva à peu près à l'époque d'Alexandre le Grand.

Cette lutte interminable te donne déjà une idée du caractère des Romains. Ils n'avaient certes pas l'esprit aussi vif ni aussi inventif que les Athéniens et n'étaient pas, comme eux, en quête de belles choses. L'architecture, la sculpture, les poèmes épiques n'étaient pas leur préoccupation majeure, pas plus que les réflexions sur le monde et sur l'existence. Mais lorsqu'ils se donnaient un objectif, ils allaient jusqu'au bout, même si cela devait prendre 200 ans. Ils avaient une âme de vrais paysans, attachés à leurs terres, totalement étrangers à la vie itinérante des Athéniens sur les mers. Leur seule préoccupation était leurs biens, leurs troupeaux, leurs champs. Ils voyagèrent peu de par le monde et ne fondèrent pas de colonies. Par contre, ils aimaient passionnément la cité et la terre qui les avait vus naître et ils étaient prêts à tout pour rendre puissantes l'une et l'autre, ne reculant ni devant les combats, ni devant la mort. Une autre chose tenait une grande place dans leur existence : le droit. Non pas le droit qui reconnaît l'égalité entre tous les hommes, mais celui qui implique un respect identique de tous face à la loi. Les lois des Romains étaient gravées sur douze plaques d'airain exposées sur la place publique. Nul ne pouvait les enfreindre. La loi ne souffrait aucune exception. Celui qui s'en écartait ne pouvait bénéficier d'aucune grâce, d'aucune compassion. Comme ces lois étaient héritées de leurs ancêtres, elles ne pouvaient être que justes.

Il existe quantité de belles histoires qui content l'amour des Romains pour leur patrie et leur fidélité à ses lois : des histoires de pères qui, sans sourciller, condamnaient à mort leur propre fils parce que la loi l'ordonnait ; des histoires de héros qui, sans hésiter, sacrifiaient leur vie au combat ou en captivité pour sauver leurs compatriotes. Toutes ces histoires ne sont pas forcément à prendre à la lettre, mais elles témoignent de l'intransigeance des Romains tant envers eux-mêmes qu'envers les autres, lorsque la patrie ou les lois étaient en cause. Les Romains avaient une autre vertu. Ils ne se laissaient jamais abattre par l'adversité. Quand, en 390 avant J.-C., une tribu gauloise venue du nord s'empara de Rome et la réduisit en cendres, ils ne s'abandonnèrent pas au désespoir.

Ils la rebâtirent et édifièrent de nouveaux remparts. Puis vint le temps où ils imposèrent peu à peu leur loi aux petites cités voisines.

Après l'époque d'Alexandre le Grand, les Romains ne se contentèrent plus de guerroyer contre les petites cités. Ils se lancèrent à la conquête de toute la péninsule italienne. Ils ne cherchèrent pas à le faire en une fois à la manière d'Alexandre. Ils procédèrent par étapes, cité après cité, région après région, avec l'opiniâtreté et la résolution qui étaient les leurs. Cela se déroulait de la façon suivante : Rome étant devenue une puissante cité, d'autres villes italiennes demandèrent à s'allier à elle. Les Romains acceptèrent ces alliances de bon cœur. Mais, quand les alliés ne partageaient plus leurs avis et refusaient de les suivre, ils leur déclaraient la guerre. Les compagnies romaines de soldats, que l'on appelait « légions », sortaient généralement vainqueurs de ces combats. Un jour, une ville du sud de l'Italie appela à son secours un prince et chef d'armée grec, Pyrrhus (ou Pyrrhos). Pyrrhus, prenant exemple sur les Indiens, arriva aussitôt avec son armée d'éléphants. Il vainquit les légions romaines, mais il perdit tant d'hommes qu'il se serait écrié : « Plus jamais une victoire comme celle-là. » Aujourd'hui encore, quand une victoire est remportée au prix de trop nombreuses victimes, on parle de victoire « à la Pyrrhus ».

Sitôt après, Pyrrhus quitta l'Italie, laissant le champ libre aux Romains qui devinrent maîtres de tout le sud de l'Italie. Mais les Romains voulurent aller encore plus avant et conquérir la Sicile, attirés par ses terres fertiles, riches en céréales. Des colonies grecques s'étaient établies sur l'île, mais la Sicile n'appartenait plus aux Grecs. Elle était sous la domination des Phéniciens.

Tu te souviens que les Phéniciens, bien avant les Grecs, avaient implanté un peu partout des comptoirs commerciaux et fondé des cités, surtout dans le sud de l'Espagne et sur les côtes d'Afrique du Nord. Une de ces cités africaines, Carthage, se trouvait juste en face de la Sicile. Elle était la cité la plus riche et la plus puissante à des lieues à la ronde. Ses habitants étaient des Phéniciens, appelés Puniens par les Romains.

Leurs bateaux naviguaient loin, achetaient des produits dans tous les pays, qu'ils revendaient à des cités côtières. Comme Carthage était proche de la Sicile, ils venaient y chercher des céréales.

Les Carthaginois furent donc les premiers véritables opposants des Romains. Ils étaient de dangereux adversaires. En fait, ils ne se battaient généralement pas eux-mêmes. Ils étaient suffisamment riches pour s'offrir des soldats étrangers, autrement dit des mercenaires, qui combattaient à leur place. Au début de la guerre qui les opposa aux Romains en Sicile, les Carthaginois eurent la suprématie. Il faut dire que les Romains n'avaient pas de bateaux, ils ne savaient pas même les construire. À la différence des Carthaginois, ils ignoraient tout de la navigation, et plus encore du combat naval. Un jour pourtant, un navire carthaginois échoua sur une côte italienne. Les Romains s'en inspirèrent et, en moins de deux mois, y ayant mis tout leur argent, ils fabriquèrent un grand nombre de bateaux. Équipés de cette flotte, ils remportèrent, en 241 avant J.-C., la victoire sur les Carthaginois et devinrent maîtres de la Sicile.

Ce n'était que le début d'un long conflit entre les deux cités. Les Carthaginois se dirent : puisqu'on nous ravit la Sicile, nous allons conquérir l'Espagne. L'Espagne était alors peuplée de tribus très frustes. Jamais les Romains n'en avaient foulé le sol. Pourtant, ils furent fort mécontents de la conquête de l'Espagne par les Carthaginois. En Espagne se trouvait un chef d'armée carthaginois dont le fils s'appelait Hannibal. Jeune homme exceptionnel, il avait grandi au milieu des soldats et connaissait la stratégie de la guerre mieux que personne. Il était rompu à la faim et au froid, à la chaleur et à la soif, aux jours et aux nuits de marche. Il était courageux, rusé quand il s'agissait de surprendre l'ennemi, incroyablement cruel quand il voulait le réduire à sa merci, et il avait l'art du commandement. À dix-neuf ans, il n'avait rien d'un risque-tout écervelé. Il faisait plutôt penser à un joueur d'échecs qui réfléchit posément avant de déplacer une figure sur l'échiquier.

Le jeune Hannibal était, de surcroît, un bon Carthaginois. Il haïssait les Romains, qui rêvaient de soumettre Carthage à leur loi. Quand les

Romains prétendirent s'en prendre à l'Espagne, il vit rouge. Il quitta aussitôt l'Espagne en direction de l'Italie avec ses hommes et une armée d'éléphants. Après avoir traversé des rivières, gravi des montagnes, il traversa le sud de la France, puis les Alpes, pour entrer en Italie. On pense qu'il passa par le col du Mont-Cenis. J'y suis passé moi-même un jour et la route que j'ai empruntée était large et sinueuse. On imagine difficilement comment la traversée de ce col ait pu être possible en l'absence de toute route. Partout, ce ne sont que ravins, falaises rocheuses, vallées aux parois abruptes et glissantes. Je n'aurais personnellement nulle envie de m'y aventurer avec un éléphant, encore moins avec quarante. On était alors en septembre et les sommets étaient enneigés. Hannibal réussit pourtant à se frayer un chemin et arriva en Italie. Les Romains tentèrent de le repousser, mais leur armée fut décimée au cours d'un combat sanglant. Une seconde armée romaine vint à la rescousse, avec l'intention d'assaillir le campement d'Hannibal en pleine nuit. Mais ce dernier, averti du danger, imagina une ruse. Il fixa des flambeaux aux cornes d'un troupeau de bœufs et lui fit dévaler la montagne où se trouvait son campement. Dans l'obscurité de la nuit, les Romains crurent qu'il s'agissait de soldats et se lancèrent à leur poursuite. Dès qu'ils « les » eurent rattrapés, ils réalisèrent leur erreur. J'imagine qu'ils durent faire une drôle de tête !

Les Romains avaient un chef d'armée très avisé en la personne d'un dénommé Quintus Fabius Maximus. Il suggéra de surseoir à toute attaque contre Hannibal, persuadé que ce dernier, dans un pays qu'il ne connaissait pas, finirait par commettre une erreur. Mais les Romains n'eurent pas la patience d'attendre. Ils raillèrent Quintus Fabius Maximus, le traitant de « cunctator », autrement dit de « poule mouillée », et, faisant fi de ses conseils, ils attaquèrent Hannibal. Le combat eut lieu près de Cannes, en 216 avant J.-C. Il y eut 40 000 morts du côté des Romains. Ce fut leur plus sanglante défaite. Malgré sa victoire, Hannibal ne marcha pas sur Rome. Par prudence, il préféra attendre l'envoi de troupes fraîches. Mais cette attente lui fut fatale. Les Carthaginois ne lui envoyèrent pas de nouvelles troupes et il perdit au fil du temps toute

Carthage et Rome se disputèrent la possession de la Sicile, ce qui poussa Hannibal, alors en Espagne, à traverser les Alpes.

autorité sur ses hommes, dévoyés par les pillages et les rapines des villes qu'ils traversaient. Les Romains, qui, cependant, redoutaient encore Hannibal et ses hommes, n'osèrent plus les attaquer sur leurs propres terres. Par contre, ils prirent la résolution d'appeler dorénavant tous leurs hommes, y compris les jeunes garçons et les esclaves, à effectuer un service militaire. La cité romaine devint une véritable communauté de guerriers. Ces hommes prêts à se battre n'avaient rien à voir avec les soldats étrangers à la solde d'Hannibal. Tous, ou presque, étaient des Romains. Ce qu'ils défendaient, c'était leur propre patrie. Ils se battirent contre les Carthaginois en Sicile et en Espagne. N'étant plus opposés à Hannibal, ils furent constamment victorieux.

Après quatorze ans passés en Italie, Hannibal était retourné en Afrique, pour voler au secours de ses compatriotes. En effet, les Romains étaient maintenant aux portes de Carthage, sous la conduite de leur chef d'armée Scipion, dit Scipion l'Africain. Cette fois, Hannibal fut vaincu. En 202 avant J.-C., les Romains prirent Carthage, contraignant ses habitants à incendier leur propre flotte et à leur payer un fort tribut de guerre. Hannibal, quant à lui, prit la fuite et, quelque temps plus tard, il s'empoisonna pour ne pas tomber entre les mains des Romains.

Rome, rendue plus audacieuse encore par cette grande victoire, s'empara alors de la Grèce. Cette dernière était sous domination macédonienne, mais les cités n'arrivaient toujours pas à s'entendre et s'entre-déchiraient, ce qui affaiblissait leur pouvoir et les rendait plus vulnérables. Après avoir pillé Corinthe de ses plus belles œuvres d'art, les Romains mirent le feu à la cité.

Le pouvoir romain s'étendit aussi vers le nord avec l'annexion de l'actuelle Italie du Nord et celle de la Gaule cisalpine dont les habitants, 200 ans plus tôt, avaient détruit Rome. Beaucoup de Romains estimèrent alors qu'ils ne pouvaient en rester là. Ils pensaient en particulier à Carthage. Il leur était intolérable de savoir que la puissante cité était toujours debout. Le plus acharné était un patricien du nom de Caton, homme au caractère opiniâtre, mais juste. On raconte qu'il terminait invariablement chacun de ses discours à l'Assemblée par ces mots : « D'ailleurs, je pense qu'il faut détruire Carthage. » C'est ce que les Romains finirent par faire. Ils trouvèrent un prétexte pour attaquer Carthage. Les Carthaginois se défendirent désespérément. Alors que les Romains avaient investi la cité, ils continuèrent de se battre dans les rues six jours durant pour défendre, une à une, leurs maisons. Finalement, tous les Carthaginois furent tués ou faits prisonniers. Les Romains détruisirent les maisons, nivelèrent l'emplacement de la cité défunte, puis y firent passer une charrue. Ce fut, en 146 avant J.-C., la fin de la cité d'Hannibal. Rome devenait la ville la plus puissante du monde.

Un ennemi de l'Histoire

Si, jusqu'à présent, l'Histoire t'a ennuyé, je pense que maintenant elle va te plaire.

Du temps où Hannibal parcourait l'Italie (disons, à partir de 220 avant J.-C.) régnait en Chine un empereur qui, hostile à l'Histoire, ordonna, en 213 avant J.-C., de brûler tous les livres d'histoire, tous les documents et témoignages des temps anciens, ainsi que tous les écrits de Confucius et de Lao-Tseu. En un mot, il ordonna de brûler tout ce qui, à ses yeux, était inutile. Les seuls livres tolérés traitaient d'agriculture ou de considérations d'ordre pratique. Malheur à celui qui était trouvé avec un ouvrage interdit, il était aussitôt mis à mort.

Cet empereur, qui s'appelait Qin Tsin Huangdi, fut l'un des plus grands héros de guerre qui aient jamais existé. Il n'était pas fils d'empereur, mais fils de prince. Il régnait donc sur une province qui s'appelait Tsin, comme sa famille. C'est vraisemblablement de son nom que provient celui de la Chine actuelle. Peut-être vas-tu trouver qu'il n'y a qu'un rapport lointain entre Tsin et Chine. Pense cependant à tous les termes d'aujourd'hui commençant par « sin », par exemple la sinologie, qui est l'étude de l'histoire, de la langue et des institutions de la Chine. Entre « sin » et Tsin, reconnais que la sonorité est très voisine.

Que le nom de ce prince ait été donné à toute la Chine n'est pas le fait du hasard. De conquête en conquête, chassant les princes de leur royaume, Qin Tsin Huangdi devint le maître de tout le pays et réussit à l'unifier, malgré son étendue, en lui donnant une même infrastructure. Tu vas certainement me demander : mais pourquoi vouait-il à l'Histoire

une telle hostilité ? On peut imaginer que, pour unifier le pays, il lui fallait faire table rase des anciens particularismes, en effacer tout souvenir, et repartir à zéro. Il voulait que la naissance de la Chine soit son œuvre personnelle. Pour mener à bien l'unification de ce vaste pays, il fit construire des routes à travers toute la contrée et entreprit une construction gigantesque : la Grande Muraille de Chine. Elle s'élève, aujourd'hui encore, imposante, avec ses créneaux et ses tours, escaladant des montagnes escarpées et des collines, sur une longueur de plus de 2 000 kilomètres. Qin Tsin Huangdi l'avait fait construire le long de la frontière de son empire pour protéger le pays et sa population laborieuse et placide des tribus barbares venues des steppes, de leurs cavaliers belliqueux qui passaient leur vie à parcourir les vastes plaines d'Asie centrale. Il voulait que ce gigantesque rempart puisse mettre fin aux incursions incessantes de ces hordes de cavaliers venus pour piller et tuer. Il fallait donc que la Grande Muraille puisse résister à leurs assauts. Ce qui explique qu'elle ait tenu par-delà les siècles, même s'il fallut la restaurer à plusieurs reprises.

Qin Tsin Huangdi ne régna pas longtemps. Quelque temps plus tard, une autre famille monta sur le trône des Fils du Ciel, la famille des Han. Ces derniers gardèrent les principes administratifs mis en place par Qin Tsin Huangdi. Sous leur règne, la Chine demeura un État stable et unifié. Mais, contrairement à leur prédécesseur, les Han n'étaient pas des ennemis de l'Histoire. Ils se souvinrent de ce que la Chine devait à l'enseignement de Confucius. Ils firent rechercher partout ses écrits et il s'avéra que beaucoup de gens avaient eu le courage de ne pas les jeter au feu. D'un seul coup, chacun se mit en quête de les retrouver et redoubla d'intérêt pour eux. D'ailleurs, pour devenir fonctionnaire, il fallait les connaître tous.

Il est important de noter que la Chine est le seul pays au monde à ne pas avoir été gouverné, au cours des siècles, par des nobles, des militaires ou des prêtres, mais par des lettrés. Nous dirions aujourd'hui : des intellectuels. Peu importait, pour devenir fonctionnaire, d'être d'extraction modeste ou noble. L'essentiel était de réussir aux examens.

La plus haute fonction était confiée au meilleur d'entre ceux qui avaient répondu aux épreuves les plus difficiles. Il faut souligner que ces examens n'étaient vraiment pas faciles. Les candidats devaient savoir écrire plusieurs milliers de signes. Or, tu te souviens que l'écriture chinoise n'est pas évidente. Ils devaient aussi connaître par cœur un grand nombre de livres anciens et réciter sans fautes les pensées et les préceptes de Confucius et des autres sages.

Que Qin Tsin Huangdi ait voulu faire brûler tous les livres n'avait donc servi à rien. Cela t'aurait peut-être fait plaisir qu'il y soit parvenu. Mais dis-toi qu'il est vain de vouloir, d'une manière ou d'une autre, interdire l'accès à l'Histoire, car rien de nouveau ne peut être entrepris si on ignore ce qui a été réalisé auparavant.

Les maîtres du monde occidental

À la différence d'Alexandre le Grand, les Romains n'ambitionnèrent jamais de créer un vaste empire où tous les hommes des pays conquis par les légions romaines – pays dont le nombre ne cessait de croître – devraient être soumis à une seule législation, celle de Rome. Les pays conquis avaient un statut à part. On les désignait sous le nom de « provinces romaines ». Ils étaient occupés par des troupes de soldats et des fonctionnaires romains, qui se considéraient supérieurs aux populations autochtones, même si ces dernières étaient phéniciennes, juives ou grecques, et donc déjà dotées d'une culture ancienne. Aux yeux des Romains, les autochtones n'étaient bons qu'à payer. Ils étaient soumis à des impôts écrasants et devaient envoyer régulièrement des céréales à Rome. Une fois leurs redevances réglées, on les laissait relativement tranquilles. Ils étaient autorisés, par exemple, à conserver leur religion et leur langue maternelle.

Les provinces profitaient néanmoins de cette présence étrangère, car les Romains apportaient leur savoir-faire, tel celui concernant la construction des routes. Beaucoup de ces routes, admirablement pavées, partaient de Rome, traversaient les grandes plaines italiennes et enjambaient des cols pour atteindre les régions les plus reculées de l'Empire. Certes, les Romains ne le faisaient pas vraiment par amour pour ces populations lointaines. Ils y voyaient un avantage personnel. Grâce à cet important réseau routier, ils pouvaient envoyer rapidement informations et troupes aux quatre coins de l'Empire.

Étonnants bâtisseurs, les Romains excellaient également dans la construction d'aqueducs qui captaient les eaux des montagnes et les conduisaient jusque dans les villes de l'Empire, où elles alimentaient quantité de fontaines et de thermes. Les fonctionnaires romains vivant à l'étranger pouvaient ainsi retrouver ce dont ils jouissaient chez eux.

Bien que résidant à l'étranger, un citoyen romain avait un statut totalement différent de celui d'un autochtone. Il continuait de vivre selon la loi romaine. Où qu'il se trouvât dans le grand Empire, il pouvait s'adresser à des fonctionnaires romains. Il lui suffisait de dire : « Je suis citoyen romain » pour que ces simples mots agissent comme une formule magique. Si on ne lui avait jusqu'alors porté que peu d'attention, on devenait aussitôt courtois et prévenant envers lui.

Les vrais maîtres de l'Empire étaient en fait les soldats romains. C'étaient eux qui maintenaient sa cohésion, matant s'il le fallait les autochtones récalcitrants, châtiant férocement tous ceux qui se révoltaient. Avec le courage, l'entraînement au combat et l'ambition qui leur étaient propres, les soldats multipliaient au fil des années les nouvelles conquêtes, au nord, au sud, à l'est. Ceux qui voyaient arriver d'un pas lent les colonnes de soldats (parfois longues de plusieurs kilomètres), marchant en rangs serrés, avec leurs tuniques en cuir recouvertes de plaques métalliques, leur bouclier et leur javelot, leur fronde et leur épée, leurs catapultes pour envoyer pierres et flèches, comprenaient aussitôt que toute résistance était vaine. Les soldats aimaient et savaient se battre.

Chaque fois qu'ils remportaient une victoire, ils revenaient au pays, entraient triomphalement dans Rome, leurs chefs d'armée en tête, avec leurs prisonniers et leurs butins. Ils défilaient au son des trompettes, sous les ovations du peuple, en passant sous des portes d'honneur (faites parfois de simples branchages) et sous des arcs de triomphe. Ils portaient des images et des tablettes sur lesquelles étaient inscrites leurs victoires, comme sur des affiches publicitaires. Le général se tenait debout dans son char, avec sa cape rouge sur les épaules et une couronne de laurier sur la tête, à l'image de Jupiter, le dieu des dieux. Tel un second Jupiter, il montait ainsi la rue escarpée qui conduisait au temple du dieu, construit sur le Capitole. Tandis qu'il remerciait le dieu par des offrandes, on exécutait, en bas de la colline, les chefs des armées vaincues.

Les soldats tenaient à leur général autant qu'à leur père. De retour de ses campagnes, le général victorieux leur distribuait une part du butin et leur donnait des terres lorsqu'ils n'avaient plus l'âge de servir dans l'armée. Ils étaient prêts à tout pour lui, non seulement en terre ennemie, mais aussi dans leur patrie. Pour eux, un général capable de remporter de grandes victoires avait naturellement le même talent pour remettre de l'ordre dans son propre pays. Or, c'était souvent nécessaire. La situation à Rome n'était pas toujours des plus faciles. La cité avait grandi démesurément. On ne comptait plus le nombre de gens pauvres. Quand les provinces n'envoyaient pas de céréales, la famine s'installait.

Vers 130 avant J.-C. (seize ans avant la destruction de Carthage), deux frères incitèrent ces masses populaires, démunies de tout, affamées, à partir s'installer sur les terres d'Afrique pour les cultiver. Ces deux frères étaient communément appelés les Gracchus. Hélas ! au cours de conflits politiques, ils furent l'un et l'autre assassinés.

À l'exemple des soldats envers leur général, le peuple était prêt à s'attacher et à suivre aveuglément quiconque lui donnerait des céréales pour se nourrir et de belles fêtes pour se divertir. Les Romains, en effet, aimaient beaucoup les fêtes. Elles ne ressemblaient en rien à celles des Grecs, dont l'élite elle-même s'offrait en spectacle en se livrant à des compétitions sportives et en exécutant des chants en l'honneur du père de tous les dieux. Les Romains auraient trouvé cela ridicule. Quel homme sérieux et digne aurait osé se mettre à chanter en public ou retirer sa toge d'apparat pour lancer le javelot devant la foule ? Non, c'était bon pour les prisonniers, eux qui, dans l'arène du théâtre antique, sous le regard de plusieurs milliers de personnes, devaient se battre au corps à corps ou au glaive, ou affronter des bêtes fauves – des lions, des ours, des tigres ou même des éléphants. Ces hommes n'étaient pas tous des lutteurs professionnels. Beaucoup étaient des condamnés à mort. Ces jeux étaient d'une grande cruauté et le sang coulait dans l'arène. C'était justement ce qui excitait le plus les Romains.

Il suffisait donc d'offrir au peuple ces réjouissances grandioses et de lui distribuer de quoi se nourrir pour s'assurer de son attachement et de son entière soumission et se permettre ensuite n'importe quoi. Comme tu peux l'imaginer, plus d'un homme ambitieux tenta ainsi de flatter le peuple à des fins personnelles. Parfois, deux rivaux se disputaient le pouvoir suprême, l'un soutenu par l'armée et la société patricienne, l'autre par la classe populaire de la cité et les petits paysans. Les hostilités pouvaient durer très longtemps, et tantôt l'un, tantôt l'autre des deux rivaux s'emparait du pouvoir. Deux ennemis célèbres avaient pour nom Marius et Sylla. Marius s'était battu en Afrique et, quelques années plus tard, il avait sauvé l'Empire romain d'un grand danger. En 113 avant J.-C., des tribus barbares et guerrières avaient pénétré en Italie (comme, en leur temps, les Doriens en Grèce ou, 700 ans plus tard, les Gaulois à Rome), les Cimbres et les Teutons, apparentés aux Allemands d'aujourd'hui. Elles s'étaient battues avec un tel courage qu'elles avaient même réussi à mettre en fuite les légions romaines. Il avait fallu l'arrivée de Marius pour arrêter leur progression et remporter la victoire.

On imagine aisément l'immense popularité de Marius. Il était devenu à Rome l'homme le plus en vue. Or, entre-temps, Sylla avait continué de se battre en Afrique et, un jour, il revint aussi en triomphateur. Une lutte acharnée opposa alors les deux hommes. Marius fit assassiner tous les amis de Sylla. Sylla se vengea en faisant dresser la liste de tous les amis romains de Marius et les fit, à leur tour, assassiner. Après quoi, il offrit généreusement leurs biens à l'État. Devenu le nouveau maître de l'Empire romain, il régna alors jusqu'en 79 avant J.-C.

Au cours de ces années de troubles, la société romaine avait beaucoup changé. La petite paysannerie avait disparu. Quelques riches familles avaient racheté ses terres et employaient des esclaves pour cultiver leurs vastes domaines. Les Romains avaient pris en effet l'habitude de confier toutes les tâches à des esclaves. Ils les faisaient travailler dans les mines et les carrières. Beaucoup de patriciens fortunés les employaient même comme précepteurs de leurs enfants. Ces esclaves, prisonniers de guerre ou descendants de ces derniers, étaient traités comme des marchandises. On les achetait et on les revendait comme s'il s'agissait de bétail. L'acquéreur d'un esclave devenait son maître. Il était libre de faire de lui ce qu'il voulait, y compris de le tuer. Les esclaves n'avaient aucun droit. Certains maîtres les vendaient pour les combats au glaive contre des bêtes fauves, organisés dans les arènes. Ces esclaves étaient appelés gladiateurs. Un jour, répondant à l'appel de l'un des leurs, Spartacus, les esclaves se révoltèrent contre leur condition. Spartacus demanda aussi à tous ceux qui travaillaient dans les domaines de se joindre à eux. Tous se battirent avec la force du désespoir et les Romains eurent beaucoup de mal à mater l'insurrection. Les représailles furent terribles. Cela se passait en 71 avant J.-C.

À ce moment-là, de nouveaux chefs d'armée avaient gagné le cœur des Romains, plus particulièrement l'un d'eux, Jules César. Comme ses prédécesseurs, il avait l'art de lever des sommes colossales pour pouvoir donner au peuple des fêtes somptueuses et lui offrir des céréales. Mais il était un art qu'il maîtrisait davantage, celui des armes. Il était, à n'en pas douter, un général d'armée exceptionnel, comme il y en eut rarement. Un jour, il partit se battre. Peu de temps après, il adressa à Rome une missive avec ces simples mots : « *Veni, vidi, vinci.* » Ce qui signifie : je suis venu, j'ai vu, j'ai vaincu. Voilà avec quelle rapidité il remportait ses victoires !

Jules César conquit la France, qui s'appelait en ce temps-là la Gaule, et qui devint une province romaine. Ce succès avait été remporté non sans mal. Les peuples qui vivaient en Gaule étaient des gens courageux, belliqueux et déterminés. La conquête de la Gaule dura sept ans, de 58 à 51 avant J.-C. Jules César dut se battre contre des Suisses, appelés alors Helvètes, contre des Gaulois et des Germains. Il traversa deux

Des légionnaires montaient la garde sur toutes les frontières du vaste Empire romain. Un mur de fortifications assurait la protection entre le Rhin et le Danube.

fois le Rhin pour aller en Allemagne et une fois la mer pour atteindre l'Angleterre, que les Romains appelaient alors Bretagne. Ses voyages avaient pour seul but d'impressionner les peuples voisins afin qu'ils apprennent à respecter les Romains. Malgré la vaillance et les efforts désespérés des Gaulois, Jules César allait de conquête en conquête et, dans chaque région conquise, il laissait des troupes pour en assurer le contrôle.

La Gaule étant devenue province romaine, la population s'habitua à parler latin, exactement comme en Espagne. Les langues française et espagnole sont donc dérivées de la langue romaine, d'où leur nom de « langues romanes ».

Après la conquête de la Gaule, Jules César marcha avec son armée sur Rome et devint l'homme le plus puissant du monde. Il se battit contre les autres généraux romains, avec lesquels il avait été précédemment allié, et il sortit vainqueur. Après avoir séduit la belle reine égyptienne Cléopâtre, il ajouta l'Égypte à l'Empire romain. Puis il se préoccupa de rétablir l'ordre dans l'Empire, ce qui ne lui posa pas beaucoup de problèmes. De l'ordre, il en avait plein la tête. Il était capable de dicter deux lettres en même temps sans jamais s'embrouiller. Tu imagines un peu !

Il ne remit pas de l'ordre uniquement dans l'Empire. Il en mit aussi dans le temps. Dans le temps ? vas-tu dire. Oui, il réforma le calendrier, qui devint plus ou moins tel que nous le connaissons aujourd'hui, avec ses douze mois et ses années bissextiles. Son nom fut donné à ce nouveau calendrier, dit calendrier Julien. Comme il était un homme illustre, on donna également son nom à l'un des douze mois de l'année, juillet. Derrière le mot « juillet » se cache donc l'image d'un homme au visage émacié, au crâne chauve, aimant porter sur la tête une couronne de laurier et qui, bien que de faible constitution, était doté d'une volonté farouche et d'une lucidité hors du commun.

En ce temps-là, le pouvoir de César était incommensurable, et il aurait pu devenir le maître suprême de l'Empire romain, ce qui ne lui aurait pas déplu. Mais les Romains étaient jaloux de lui. Même son meilleur ami, Brutus. Ils n'acceptaient pas de se soumettre à son autorité. Craignant que César ne finisse par avoir le dessus, ils décidèrent de l'assassiner. Au cours d'une séance au Sénat, ils l'encerclèrent et levèrent leur poignard vers lui. César tenta de se défendre. Soudain, il aperçut Brutus et s'exclama : « Toi aussi, mon fils ? » Puis, sans plus opposer de résistance, il se laissa poignarder. C'était en 44 avant J.-C.

Jules César avait un fils adoptif, César Octavianus Augustus, appelé d'abord Octave. Après s'être longuement battu sur mer et sur terre contre différents chefs d'armée, Octave réussit, en 31 avant J.-C., à devenir le maître unique de l'Empire. C'était la première fois qu'on décernait à un homme le titre d'« empereur romain ».

Le nom de « juillet » avait été donné en hommage à Jules César. Les Romains en firent autant pour César Octavianus Augustus avec le mois d'août (dérivé du nom latin *augustus*, que l'on retrouve en anglais et en allemand pour désigner ce mois) et ils n'appelèrent plus l'empereur que sous le nom d'Auguste. Il l'avait bien mérité. Il n'était peut-être pas un homme aussi exceptionnel que César, mais c'était quelqu'un d'équitable et de réfléchi, qui savait se dominer en toutes circonstances et qui avait donc le droit de dominer les autres.

On raconte que jamais il ne donnait un ordre ou ne prenait une décision lorsqu'il était en colère. Quand il sentait la colère monter en lui, il s'obligeait à réciter calmement l'alphabet. Après quoi, il avait les idées plus claires. Il fut en effet d'une grande clairvoyance et sut administrer le vaste empire avec sagesse et équité. Il ne fut pas seulement un homme de guerre et un spectateur enthousiaste des combats de gladiateurs. Il menait une vie simple et aimait les belles sculptures et les beaux poèmes. Les Romains n'ayant pas le don des Grecs en ces domaines, Auguste fit copier leurs plus belles œuvres d'art et les fit placer dans ses palais et ses jardins. Les poètes romains prirent également les Grecs pour modèles. (L'époque d'Auguste comptera les poètes romains les plus célèbres.) Les Romains, en effet, considéraient que le canon de la beauté en toute chose se trouvait en Grèce. Le comble de la distinction, à Rome, était de parler grec, de lire les œuvres grecques, de collectionner les œuvres d'art grecques. C'est une chance pour nous, aujourd'hui. Sans les Romains, qui sait ce que nous connaîtrions aujourd'hui des Grecs ?

Une grande nouvelle

Jésus-Christ naquit sous le règne de l'empereur Auguste (au pouvoir de 31 avant J.-C. à 14 après J.-C.), en Palestine, alors province romaine. Tu trouveras dans la Bible, dans la partie appelée Nouveau Testament, l'histoire de sa vie et son enseignement. Tu connais certainement l'idée fondamentale de ce qu'il professa. Peu importe, disait-il, qu'un homme soit riche ou pauvre, de noble ou de modeste extraction, qu'il soit maître ou esclave, qu'il soit grand penseur ou esprit simple. Tous les hommes sont des enfants de Dieu. L'amour de Dieu est incommensurable. Tout homme est un pécheur, mais Dieu, dans sa miséricorde, a pitié du pécheur. Loin de le condamner, Dieu le touche de sa grâce.

Sais-tu ce que « grâce » veut dire ? C'est l'amour de Dieu, un amour qui se donne sans partage et qui pardonne. C'est aussi l'amour que nous devons porter à tous les hommes, celui-là même que nous attendons de Dieu, notre Père, envers nous. C'est pourquoi Jésus proclamait : « Aimez vos ennemis, faites du bien à ceux qui vous haïssent, bénissez ceux qui vous maudissent, priez pour ceux qui vous agonisent d'injures. À celui qui vous a frappé sur une joue, tendez l'autre joue et donnez votre vêtement à celui qui vous a déjà pris votre manteau. Donnez à tous ceux qui vous en font la demande et ne réclamez pas votre bien à celui qui vous l'a pris. »

Tu sais aussi que la vie de Jésus fut brève, qu'il la consacra à parcourir le pays, prêchant, enseignant, guérissant les malades et consolant les pauvres, puis qu'il fut accusé d'être un Juif rebelle ayant prétendu vouloir être le roi des Juifs et que, pour cette raison, il fut condamné à la crucifixion par le procurateur romain Ponce Pilate. Cette terrible sentence n'était réservée qu'aux esclaves, aux brigands et aux hommes des peuples occupés, ce qui excluait les Romains. Elle était considérée comme la honte suprême. Mais le Christ avait enseigné que la plus grande douleur au monde avait un sens, que les mendiants, les affligés, les persécutés, les malades, malgré leur infortune, étaient des bienheureux, car ils seraient sauvés. C'est ainsi que le fils de Dieu, martyrisé et souffrant, devint pour les premiers chrétiens le symbole même de son enseignement. Nous aurions du mal, aujourd'hui, à nous imaginer ce qu'était alors une crucifixion. Le supplice de la croix était plus atroce que celui du gibet. La forme de la croix devint le symbole de la nouvelle religion.

On peut se demander ce que devaient penser les fonctionnaires, les soldats romains ou les lettrés romains férus de culture grecque, fiers de leur sagesse, de leurs dons d'orateur et de leur connaissance des philosophes, lorsqu'ils entendaient un des grands prédicateurs du Christ parler de son enseignement ! Que leur disait, par exemple, l'apôtre Paul ? Dans sa première lettre aux Corinthiens, au chapitre 13 (texte que tu peux retrouver dans la Bible), il s'adressait à eux en ces termes :

« Je vous montre une voie magnifique : quand bien même je parlerais les langues des hommes et des anges, si je suis sans amour, je ne suis qu'un airain qui résonne ou qu'une cymbale qui retentit. Et quand bien même j'aurais le don de prophétie, la science de tous les mystères et de toutes les connaissances, quand bien même j'aurais toute la foi qui me permettrait de transporter des montagnes, si je suis sans amour, je ne suis rien. Et quand bien même je distribuerais tous mes biens pour la nourriture des pauvres et offrirais mon corps pour être brûlé, si je suis sans amour, cela ne me sert de rien. L'amour est patient et généreux, l'amour n'est point envieux, il ne s'enfle point d'orgueil, il ne blesse pas les usages, il ne cherche pas son propre intérêt, il ne s'irrite pas, ne porte point le mal en lui, il ne se réjouit pas de l'injustice, mais se réjouit de la vérité. Il excuse tout, croit tout, espère tout, supporte tout. L'amour ne périt jamais. »

En écoutant les sermons de l'apôtre Paul, les notables romains, plus sensibles au langage juridique qu'au langage du cœur, devaient hocher la tête. Mais les pauvres et les opprimés sentaient que quelque chose de nouveau venait de bouleverser le monde. Ce quelque chose était l'extraordinaire révélation de la grâce divine, qui allait bien au-delà des lois humaines et qui avait pour nom la « bonne nouvelle » (qui se dit en grec *eu-angelion*, « évangile »). Très vite, l'annonce de cette grande et heureuse nouvelle de la grâce de Dieu le Père, de ce Dieu unique et invisible, auquel les Juifs croyaient bien avant la venue du Christ parmi eux, se propagea à travers tout l'Empire romain et entraîna de nombreuses conversions.

D'un seul coup, les dirigeants romains prêtèrent une oreille plus attentive. Tu te souviens que, généralement, ils ne se mêlaient pas des convictions religieuses des uns et des autres et qu'ils se montraient plutôt tolérants. Mais, désormais, la situation était différente. Les chrétiens, qui ne croyaient qu'en un seul dieu, n'acceptaient plus d'encenser les images de leur empereur. Or, c'était devenu un usage depuis que les Romains avaient un empereur. Comme les souverains égyptiens et chinois, babyloniens et perses, les empereurs romains se faisaient vénérer comme s'ils étaient eux-mêmes des dieux. Tout bon citoyen se devait de déposer quelques graines parfumées devant leur image peinte ou sculptée. Mais les chrétiens s'y refusaient. On voulut donc les y contraindre.

Trente ans environ après la mort du Christ sur la croix (donc dans les années 60), un empereur d'une grande cruauté régna sur l'Empire romain. Son nom était Néron. Aujourd'hui encore, on ne peut s'empêcher de frissonner en évoquant ce monstre épouvantable. Néron aurait pu être un grand homme, tout en étant foncièrement mauvais et dénué de tout scrupule. Ce ne fut même pas le cas. C'était un homme mou, vaniteux, méfiant et paresseux. Bien qu'aimant composer et chanter des poèmes et affectionnant les mets les plus raffinés, il était dépourvu de grandeur et de dignité. Pour se maintenir au pouvoir, il n'hésita pas à faire assassiner sa propre mère, sa propre femme, de nombreux parents et amis, et poussa au suicide celui qui fut son précepteur, le philosophe Sénèque. Il était si lâche qu'il vivait en permanence dans la peur d'être lui-même assassiné.

Un jour, un terrible incendie se déclara à Rome ; il dura des jours et des nuits, détruisant l'un après l'autre les quartiers de la ville et laissant sans toit plusieurs milliers de personnes. Rome était alors une ville importante, qui comptait plus d'un million d'habitants. Or, que fit Néron au cours de ce tragique incendie ?

Il se tint sur le balcon de son superbe palais et, s'accompagnant de sa lyre, il exécuta un chant qu'il avait composé sur l'incendie de la ville de Troie. Certainement devait-il trouver que le texte était de circonstance. Le peuple, quant à lui, éclata de fureur, alors qu'il n'avait eu, jusqu'à présent, qu'une antipathie modérée pour Néron. L'empereur, il est vrai, lui avait souvent offert de belles fêtes et les gens à qui il s'en prenait étaient principalement ses amis et les gens de son entourage. Mais, au cours des jours suivant la catastrophe, des rumeurs se mirent à circuler. On racontait que Néron avait lui-même mis le feu à la ville. On ne saura jamais la vérité. Quoi qu'il en soit, Néron eut vent de ces rumeurs et chercha aussitôt un bouc émissaire. Il le trouva en la personne des chrétiens. Les chrétiens avaient souvent proclamé que ce monde devait périr pour permettre l'avènement d'un monde meilleur et plus pur. Tu comprends évidemment à quel monde ils faisaient allusion. Mais, comme les gens avaient l'habitude de n'écouter que d'une oreille distraite, ils transformèrent les propos des chrétiens et, dans tout Rome, on entendit dire que « les chrétiens souhaitaient la fin du monde, qu'ils haïssaient les hommes ». Ne trouves-tu pas que c'est un bien surprenant reproche ?

Pour Néron, le prétexte était donc tout trouvé. Les incendiaires ne pouvaient être que les chrétiens. Il les fit tous rechercher, les fit emprisonner, puis mourir dans d'atroces conditions. Les uns périrent dans l'arène, dévorés par des fauves. D'autres furent brûlés dans son jardin, comme des torches vivantes, à l'occasion d'une grande fête qu'il avait organisée. Mais, au cours de ces persécutions et de celles qui suivirent,

les chrétiens supportèrent toutes les tortures avec un courage inimaginable. Ils étaient fiers de témoigner ainsi la force de leur nouvelle foi. Témoin, en grec, se dit « martyr ». Ces martyrs seront plus tard les premiers saints de la religion chrétienne.

Les chrétiens allaient prier sur les tombes de leurs martyrs, enterrés dans de véritables galeries souterraines creusées aux portes de la ville. (Ces tombes portent le nom de catacombes.) Leurs parois étaient décorées d'images simples, inspirées des récits bibliques. Ces images, comme Daniel dans la fosse aux lions, les trois hommes dans la fournaise ou Moïse faisant jaillir l'eau d'un rocher, devaient rappeler aux chrétiens la toute-puissance de Dieu et la vie éternelle.

Comme les chrétiens n'avaient pas le droit de se réunir au grand jour pour célébrer leur culte, ils le faisaient la nuit dans ces tombes souterraines et ils commentaient l'enseignement du Christ, célébraient la Sainte Cène et s'encourageaient mutuellement quand pesait la menace d'une nouvelle persécution. Malgré ces persécutions, il y eut, au cours du siècle suivant, de plus en plus d'hommes et de femmes témoignant leur nouvelle foi et prêts à souffrir, par amour pour elle, ce que le Christ avait souffert.

Les chrétiens ne furent pas les seuls à subir les persécutions de l'Empire romain. Le sort des Juifs n'était pas plus enviable. Quelques années après le règne de Néron, une révolte contre les Romains éclata à Jérusalem. Les Juifs voulaient être enfin libres. Ils se battirent avec une détermination et un courage extraordinaires contre les légions qui, pour reconquérir chaque ville, devaient en faire le siège. Ces sièges pouvaient durer fort longtemps. Jérusalem fut assiégée et réduite à la famine pendant deux ans par Titus, le fils de l'empereur Vespasien, alors au pouvoir. Ceux qui tentaient de fuir étaient aussitôt capturés et crucifiés devant la ville. Finalement, en 70 après J.-C., Jérusalem tomba. En entrant dans la ville, Titus aurait ordonné d'épargner le sanctuaire du dieu unique, mais ses soldats passèrent outre. Ils pillèrent et incendièrent le temple. Les objets du culte furent rapportés triomphalement à Rome.

(Aujourd'hui encore, on peut les voir reproduits sur l'arc de triomphe que Titus fit élever pour commémorer la prise de Jérusalem.) Jérusalem fut ensuite détruite et les Juifs furent dispersés aux quatre vents. Ils avaient précédemment vécu dans diverses villes, exerçant le métier de commerçant. Ils étaient maintenant un peuple sans patrie, disséminés à Alexandrie, à Rome et dans d'autres villes étrangères, se réunissant dans leurs écoles de prières, exposés aux railleries et aux vexations, parce que, au milieu de populations polythéistes et idolâtres, ils demeuraient fidèles à leurs usages, lisaient la Bible et attendaient le Messie qui devait les sauver.

La vie dans l'Empire et à ses frontières

Pour qui n'était ni chrétien, ni Juif, ni proche parent de l'empereur, la vie dans l'Empire romain pouvait être paisible et agréable. On pouvait voyager de l'Espagne à l'Euphrate, du Danube jusqu'au Nil grâce à l'admirable réseau routier mis en place par les Romains. Un service postal desservait régulièrement les places fortes isolées, situées aux frontières de l'Empire, permettant aux nouvelles de circuler sans difficultés. Dans les grandes villes, comme Alexandrie ou Rome, on pouvait trouver tous les agréments de l'existence.

Certes, les Romains n'étaient pas tous des privilégiés. Moyennant une redevance, les gens pauvres vivaient entassés dans des immeubles mal construits de plusieurs étages, ressemblant à des casernes. En revanche, les notables habitaient des maisons et des villas somptueusement meublées et décorées des plus belles œuvres d'art grecques, agrémentées à l'extérieur de jardins et de fontaines. En hiver, ils les chauffaient en faisant circuler de l'air chaud sous le sol, dans des briques creuses. Les Romains les plus fortunés possédaient une ou plusieurs propriétés de campagne, généralement au bord de la mer, dont ils confiaient l'entretien à des esclaves. On y trouvait de belles bibliothèques avec les ouvrages de tous les grands poètes grecs et latins, et des caves remplies des meilleurs vins. Quand un Romain s'ennuyait chez lui, il allait au marché, au tribunal ou aux bains.

Les bains, appelés thermes, étaient des édifices monumentaux, luxueusement décorés, que des canalisations alimentaient en eau venue des montagnes lointaines. On y trouvait de vastes salles, les unes pour

les bains chauds ou froids, ou pour les bains de vapeur, d'autres pour les activités sportives. Les vestiges de ces étonnantes installations thermales subsistent aujourd'hui encore. Le spectacle de ces hautes voûtes reposant sur des piliers de marbre de toutes les couleurs et de ces bassins carrelés avec les pierres les plus rares fait penser à celui offert par un palais des mille et une nuits.

Les théâtres étaient plus grands et plus impressionnants encore. Le plus grand théâtre de Rome, le Colisée, pouvait accueillir près de 50 000 spectateurs. Pas un stade d'aujourd'hui ne pourrait en contenir autant. Dans ce théâtre n'avaient lieu que les combats de gladiateurs au corps à corps ou contre les fauves. Tu te souviens que c'est aussi dans ce type de théâtre que l'on sacrifia la vie des premiers chrétiens. Les rangées de gradins du Colisée, de forme elliptique, s'élevant presque à la verticale, donnaient l'impression d'un énorme entonnoir renversé. On imagine aisément le vacarme épouvantable quand 50 000 spectateurs assistaient au spectacle ! L'empereur prenait place au premier rang, dans la loge d'honneur protégée du soleil par un vélum, puis il donnait le signal du début des combats en faisant tomber un mouchoir dans l'arène. Les gladiateurs venaient alors se présenter à lui et criaient : « Vive l'empereur ! Ceux qui vont mourir te saluent ! »

Ne va surtout pas croire que les empereurs n'avaient rien d'autre à faire que de passer leur vie au théâtre et qu'ils étaient tous d'affreux sanguinaires se complaisant, comme Néron, dans le vice et la ripaille. Le maintien de la paix dans l'Empire les occupait largement. Derrière les frontières vivaient partout des peuples barbares et belliqueux, qui n'avaient de cesse de s'infiltrer pour venir piller les riches provinces romaines. Au nord, de l'autre côté du Danube et du Rhin, vivaient les Germains. Or, ils donnaient beaucoup de fil à retordre aux Romains. César les avait déjà combattus lors de la conquête de la Gaule. Rien qu'en les voyant, bâtis comme des colosses, les Romains ne pouvaient s'empêcher de trembler de peur. Le pays des Germains, devenu aujourd'hui l'Allemagne, était alors couvert de forêts et de terres marécageuses dans lesquelles les Romains souvent s'égaraient. Ajoutons que les Germains n'étaient pas des êtres civilisés, habitués comme les Romains à vivre dans de belles villas équipées d'un chauffage central. Ils étaient des paysans, comme l'avaient été autrefois les Romains. Ils vivaient dans des fermes isolées, construites en rondins.

Beaucoup de Romains cultivés écrivirent sur les Germains. Ils soulignaient leur style de vie extrêmement sommaire, leurs coutumes à la fois élémentaires et inflexibles, leur amour pour le combat et leur fidélité à leur chef de tribu. Les penseurs romains aimaient s'appuyer sur ces témoignages pour opposer à leurs compatriotes le mode de vie simple, sain et naturel des Germains dans leurs forêts à leur propre mode de vie, dont l'excès de raffinement avait conduit à un relâchement des mœurs.

Les Germains étaient des guerriers redoutables. Sous Auguste, les Romains en avaient déjà fait la cruelle expérience. En ce temps-là, la tribu germanique des Chérusques avait pour chef un dénommé Arminius, ou Hermann. Ayant grandi à Rome, celui-ci connaissait bien la stratégie romaine et il réussit à arrêter une légion dans sa marche et à l'anéantir, alors qu'elle traversait la forêt de Teutoburg. À partir de ce jour, les Romains n'osèrent plus s'enfoncer dans cette région. En fait, il leur importait davantage de protéger l'Empire des invasions des Germains et, dès le premier siècle après J.-C. (exactement comme l'avait fait en Chine l'empereur Qin Tsin Huangdi), ils élevèrent des fortifications, appelées « le limes », le long des frontières allant du Rhin au Danube. Ces fortifications étaient des palissades surmontées çà et là de tours de guet et bordées de fossés. Les Germains avaient en effet une particularité. Plutôt que de rester sédentaires à cultiver tranquillement leurs terres, ils étaient en perpétuel déplacement. Chargeant femmes et enfants sur des charrettes tirées par des bœufs, ces populations nomades changeaient sans cesse de lieu de résidence, à la recherche d'autres terres, soit pour chasser, soit pour les cultiver.

Les Romains étaient donc obligés de maintenir en permanence des troupes à la frontière, pour veiller à la sécurité de l'Empire. Ces troupes disposées le long du Rhin et du Danube étaient composées d'hommes venant de toutes les provinces romaines. Des Égyptiens, par exemple, étaient basés non loin de Vienne, en Autriche, et ils avaient même élevé un temple au bord du Danube, dédié à leur déesse Isis. Sur ce lieu, il y a aujourd'hui une ville, Ybbs, dont le nom perpétue le souvenir de cette déesse. Toutes sortes d'autres cultes étaient célébrés le long de cette frontière, comme celui de Mithra, le dieu perse du soleil ou, bientôt, celui du dieu unique et invisible des chrétiens. La vie le long du limes n'était guère différente de celle menée à Rome. Aujourd'hui encore, on trouve des théâtres et des thermes romains en Allemagne et en Autriche (à Cologne, Trêves, Augsbourg, Ratisbonne, Salzbourg, Vienne), en France (à Arles, Nîmes), en Angleterre (à Bath), ainsi que des villas pour les fonctionnaires impériaux et des casernes pour les soldats. Beaucoup de ces soldats aimaient acheter une propriété dans les environs, épousaient parfois une autochtone et s'installaient avec elle en dehors du camp. C'est ainsi que les populations des provinces romaines s'habituèrent peu à peu à la présence des Romains. Par contre, les tribus de l'autre côté du Danube et du Rhin s'agitaient de plus en plus et les conflits étaient fréquents. Bientôt, les empereurs romains passèrent plus de temps dans les garnisons, au bord des frontières, que dans leurs luxueux palais à Rome. Parmi eux, il y eut des hommes remarquables, comme l'empereur Trajan, qui vécut au Ier siècle après J.-C. Longtemps après son règne, on continua de louer sa grande équité et son extrême douceur.

Les troupes de Trajan passèrent le Danube et poussèrent plus avant jusque dans les actuelles Hongrie et Roumanie, pour faire de ces terres de nouvelles provinces romaines, mais aussi pour accroître la sécurité de l'Empire. Cette région s'appelait alors la Dacie, du nom de sa tribu, les Daces. Dès qu'elle fut conquise par les Romains et que sa population se mit à parler le latin, la Dacie fut appelée Roumanie. Trajan ne se contenta pas de partir en campagnes. Il dota la ville de Rome de nouvelles constructions et de nouveaux palais. Il n'hésita pas à faire raser des collines entières pour accroître l'espace et permettre la création d'un vaste forum. Il fit appel à un architecte grec qui, sur cette place immense, construisit des temples, des boutiques, des portiques, des hémicycles spacieux servant de salles de réunion, et bien d'autres monuments. Tu peux en voir les vestiges, aujourd'hui encore, à Rome.

Les empereurs qui succédèrent à Trajan se soucièrent aussi de la sécurité de l'Empire et veillèrent sur ses frontières. Le plus attentif fut peut-être Marc-Aurèle, qui régna de 161 à 180 après J.-C. Il passa une grande partie de son temps dans les garnisons au bord du Danube, à Carnuntum et à Vindobona (aujourd'hui Vienne). Homme au tempérament doux et calme, qui n'aimait absolument pas la guerre, Marc-Aurèle était un philosophe, qui préférait lire et écrire. Nous possédons aujourd'hui le journal qu'il tint, principalement au cours de ses campagnes. Il n'y est le plus souvent question que de contrôle de soi, de tolérance, d'acceptation de la douleur et de l'héroïsme silencieux du penseur. Ses pensées auraient plu à Bouddha.

Mais Marc-Aurèle ne pouvait, comme Bouddha, se retirer dans la forêt pour méditer. Dans la région viennoise, il lui fallait se battre contre les Germains qui, en ce temps-là, avaient entrepris une vaste migration. On raconte que les Romains avaient emmené des lions pour repousser les indésirables de l'autre côté du Danube. N'ayant jamais vu de lions, les Germains n'en éprouvèrent aucune peur et abattirent ces « gros chiens » ! Marc-Aurèle trouva la mort à Vindobona au cours de l'un de ces combats, en 180 après J.-C. Par la suite, l'absence à Rome des empereurs s'intensifia et on ne les trouva plus qu'aux frontières, dans les villes de garnison. Ils étaient de véritables soldats, un jour élus empereur par leurs troupes, le lendemain renversés, voire assassinés par elles. Beaucoup de ces empereurs n'étaient pas des Romains, mais des étrangers, car les légions n'étaient plus constituées que d'une part infime de Romains. La classe des paysans italiens qui, en des temps plus anciens, étaient devenus soldats pour conquérir le monde avait quasiment disparu. Les fermes étaient devenues de vastes propriétés appartenant aux riches, et la main-d'œuvre était formée d'esclaves étrangers. Même l'armée était désormais constituée d'étrangers. Tu te souviens des Égyptiens cantonnés sur les bords du Danube. Par la suite, il y eut aussi beaucoup de Germains parmi les soldats. Ils étaient, comme tu le sais, d'excellents guerriers. C'étaient donc ces soldats étrangers, cantonnés aux quatre coins de l'immense Empire, aux frontières de la Germanie et de la Perse, en Espagne, en Grande-Bretagne, en Afrique du Nord, en Égypte, en Asie Mineure et en Roumanie, qui élisaient « empereur » leur chef d'armée préféré, élections qui, bien entendu, suscitaient des rivalités incessantes entre élus, se terminant le plus souvent par des meurtres, exactement comme au temps de Marius et Sylla.

Au cours du IIIe siècle après J.-C., la confusion fut à son comble. Dans l'Empire romain, il n'y eut quasiment plus que des esclaves ou des troupes étrangères qui ne se comprenaient pas les uns les autres. Les paysans des provinces n'arrivaient plus à payer leurs redevances et se rebellaient contre leurs propriétaires. En ces temps de terrible misère, aggravée par des épidémies de peste et l'insécurité croissante due au brigandage, beaucoup de gens trouvaient une consolation dans les paroles de celui qui apporta la bonne nouvelle, rapportées dans l'Évangile. De plus en plus d'hommes libres et d'esclaves se convertirent au christianisme et refusèrent de se sacrifier pour l'empereur.

Au plus fort de la crise, un dénommé Dioclétien, fils d'une famille pauvre, remporta de haute lutte le titre d'empereur. Il prit le pouvoir en 284 après J.-C. et essaya de reconstruire l'État, alors complètement démantelé. En raison de la famine qui sévissait partout, il imposa une limitation des prix sur tous les produits alimentaires. Il reconnut qu'il n'était plus possible de gouverner l'Empire d'un seul endroit. Il désigna donc quatre villes, auxquelles il donna le titre de capitales de l'Empire, et il y nomma quatre sous-empereurs. Pour redonner considération et respect au titre d'empereur, il demanda aux gens de la cour et aux fonctionnaires de se plier à une étiquette rigoureuse et de porter des vêtements richement brodés et taillés dans les plus belles étoffes. Mais il en voulait aux chrétiens, toujours aussi rebelles, et il les persécuta impitoyablement où qu'ils fussent dans l'Empire. Ces persécutions sanglantes seront les dernières. Après vingt années de règne, Dioclétien renonça à son titre d'empereur et, fatigué et malade, il se retira dans son palais en Dalmatie. Au cours des dernières années de sa vie, il eut le temps de comprendre la vanité de sa lutte contre les chrétiens.

En effet, son successeur, l'empereur Constantin, cessa de persécuter les chrétiens. On raconte qu'avant la bataille menée sous les murs de Rome contre l'empereur Maxence, successeur direct de Dioclétien, il aurait vu en rêve la croix et aurait entendu ces mots : « Tu vaincras sous ce signe. » Ayant remporté la bataille, il décréta, en 313 après J.-C., la liberté de culte et la protection officielle des chrétiens. Lui-même restera longtemps païen et il ne se fera baptiser que peu de temps avant sa mort.

Pour diriger l'Empire, Constantin ne s'installa pas à Rome. Les menaces aux frontières venaient surtout de l'est. Les plus agressifs étaient alors les Perses, qui avaient repris du pouvoir. Constantin choisit donc pour résidence l'ancienne colonie grecque de Byzance, au bord de la mer Noire, et lui donna son nom : Constantinople (la nouvelle Rome).

Peu de temps après – à partir de 395 après J.-C. –, l'Empire n'eut pas seulement deux capitales, Rome et Constantinople, il eut aussi deux États : l'empire d'Occident, comprenant l'Italie, la Gaule, l'Espagne, l'Afrique du Nord, où l'on parlait latin, et l'empire d'Orient, comprenant l'Égypte, la Palestine, l'Asie Mineure, la Grèce et la Macédoine, où l'on parlait grec. À partir de 380 après J.-C., dans l'un et l'autre Empire, le christianisme fut institué religion d'État. Les évêques et les archevêques devinrent de hautes personnalités, exerçant une grande influence, y compris dans les affaires de l'État. Les chrétiens n'eurent plus besoin de se rencontrer en cachette dans des galeries souterraines. Leurs lieux de culte étaient désormais de grandes églises, superbement décorées. Quant à la croix, symbole du rachat des fautes et de la délivrance de toute souffrance, elle devint aussi le symbole guerrier des légions.

L'orage

As-tu déjà vu se former un orage après une chaude journée d'été ? Le spectacle est grandiose, surtout en montagne. Tout d'abord, on ne voit rien, mais l'air se fait plus lourd et on comprend que le temps va changer. Puis on entend le tonnerre gronder au loin, sans que l'on puisse dire où. Soudain, les montagnes semblent incroyablement proches. Plus un souffle de vent ne trouble l'atmosphère et pourtant on assiste à la montée d'énormes masses nuageuses. Encore un instant, et voilà les montagnes qui disparaissent presque derrière un voile de pluie. Puis, de différents points de l'horizon, des nuages accourent à vive allure, bien qu'il n'y ait toujours pas de vent. Les grondements du tonnerre se font plus fréquents. Tout, autour de soi, prend un air inquiétant et fantomatique. L'attente s'installe, une longue attente. Et d'un coup, c'est l'explosion. Au début, cela ressemble à une délivrance. La tempête part à l'assaut de la vallée. Partout, ce ne sont plus qu'éclairs et craquements. La pluie crépite à grosses gouttes. L'étroite vallée est maintenant sous l'orage et ses parois rocheuses renvoient en écho les coups de tonnerre. Le vent arrive de la droite, de la gauche, on ne sait plus bien. Lorsqu'enfin l'orage s'éloigne, laissant place à une nuit paisible et étoilée, on voudrait pouvoir conter ce que l'on a vu, dire où se trouvaient les nuages d'orage, quel coup de foudre correspondait à quel éclair. Mais on a du mal à s'y retrouver.

Voilà à quoi ressemblait l'époque dont je vais maintenant te raconter l'histoire. Un jour, un orage éclata, qui balaya le vaste Empire romain. Les coups de tonnerre, nous les avions déjà entendus. Ils avaient retenti lorsque des Germains, les Cimbres et les Teutons, étaient arrivés jusqu'aux frontières de l'Empire et avaient voulu les franchir. Les armées de César, d'Auguste, de Trajan, de Marc-Aurèle et de bien d'autres avaient alors combattu pour empêcher leur invasion.

À ces coups de tonnerre succéda la tempête. Elle commença à l'autre bout du monde, presque à la muraille élevée autrefois par l'empereur chinois Qin Tsin Huangdi, l'ennemi de l'Histoire. Le jour où des hordes de cavaliers venues des steppes de l'Asie n'eurent plus rien à piller en Chine, elles se tournèrent vers l'ouest, dans l'espoir d'y trouver un nouveau butin. Il s'agissait des Huns. Jamais encore, à l'ouest, on n'avait vu un tel peuple. C'étaient des hommes de petite taille, à la peau jaune, aux yeux bridés et au visage marqué de terribles balafres. Des hommes-chevaux, pourrait-on dire, car ils ne descendaient quasiment jamais de leurs petits coursiers, rapides comme l'éclair. La plupart du temps, ils dormaient à cheval, délibéraient à cheval, mangeaient à cheval la viande crue qu'ils attendrissaient sous leur selle. Ils partaient à l'attaque en poussant des hurlements épouvantables, forçant leur monture au galop et criblant leurs ennemis de volées de flèches, puis ils repartaient aussi vite qu'ils étaient venus, comme s'ils voulaient prendre la fuite. Si l'on tentait de les poursuivre, ils se retournaient sur leur selle et leurs tirs de flèches reprenaient de plus belle. Ils étaient plus vifs, plus rusés et plus sanguinaires que tous les peuples que l'on avait vus jusqu'alors. Ils obligèrent même les vaillants Germains à fuir devant eux.

Les Wisigoths, l'une des tribus germaniques acculées par les Huns, voulurent trouver refuge dans l'Empire romain, qui accepta de les accueillir. Peu de temps après pourtant, ces mêmes Wisigoths partirent en guerre contre leurs hôtes. Ils allèrent jusqu'à Athènes, qu'ils mirent à sac. Ils s'arrêtèrent devant Constantinople. Finalement, sous la conduite de leur roi Alarich, en 410 après J.-C., ils firent route vers l'Italie. Quand Alarich mourut, ils quittèrent l'Italie et allèrent s'établir en Espagne. Pour se protéger de leurs armées, les Romains avaient été obligés de rappeler beaucoup de leurs troupes défensives installées aux frontières de la Gaule et de la Bretagne, sur le Rhin et sur le Danube. Pour les autres peuples germaniques, ce rappel des troupes romaines fut l'occasion, attendue depuis si longtemps, de déferler sur les territoires de l'Empire.

La plupart avaient des noms que tu retrouves aujourd'hui encore sur une carte de l'Allemagne : les Souabes, les Francs, les Alamans. Ils franchirent le Rhin avec femmes et enfants et tous leurs biens entassés dans des charrettes brinquebalantes tirées par des bœufs. De chaque combat qu'ils livraient, ils sortaient vainqueurs. Leur tactique était simple. Ils ne restaient jamais longtemps vaincus, puisque de nouveaux combattants apparaissaient sans cesse, et ce jusqu'à la victoire. Peu importait que des milliers d'entre eux fussent massacrés. D'autres dizaines de milliers prenaient la relève. Quand on évoque aujourd'hui cette période, on parle de « l'époque des grandes invasions ». Ce fut l'orage qui, dans ses terribles tourbillons, anéantit la totalité de l'Empire romain. Car les peuples germaniques ne restèrent pas dans le royaume des Francs et en Espagne. Les Vandales, par exemple, traversèrent l'Italie et passèrent en Sicile. De la vieille Carthage, ils firent une ville de pirates, d'où ils embarquaient pour aller s'emparer des cités côtières et les incendier. Dans leur traversée de l'Italie, ils mirent à sac la ville de Rome. C'est ainsi qu'aujourd'hui encore, on parle de vandalisme, bien que les Vandales de cette époque n'aient pas été plus redoutables que bien d'autres.

Après ces invasions germaniques, ce fut le tour des Huns. Ils étaient plus terribles encore. Ils avaient un nouveau roi, Attila, parvenu au pouvoir en 444 après J.-C. Te souviens-tu de celui qui avait accédé au pouvoir en 444 avant J.-C. ? C'était Périclès, à Athènes. Il avait été à l'origine d'une grande et belle époque. Or Attila était, en tout, son contraire. On disait de lui : là où son cheval passe, l'herbe ne repousse pas. Ses hordes brûlaient et dévastaient tout sur leur passage. Pourtant, malgré les quantités d'or et d'argent et autres objets précieux pillés par les Huns, malgré le faste et le goût des belles parures de leurs chefs, Attila demeurait un homme simple. Il mangeait dans des écuelles en bois et vivait sous une tente. Il n'était pas attiré par les richesses. Seul le pouvoir lui importait.

Souverain redoutable, il avait conquis la moitié du monde, et les peuples qu'il ne décimait pas étaient contraints de livrer bataille à ses côtés. Son armée était gigantesque. Elle comptait de nombreux Germains, principalement des Ostrogoths (les Wisigoths étaient déjà établis en Espagne). Un jour, en 451 après J.-C., alors qu'Attila séjournait dans son camp installé en Hongrie, il dépêcha un émissaire auprès de l'empereur romain d'Occident, avec pour message : « Attila, notre maître à tous les deux, te fait dire que tu dois lui remettre la moitié de ton empire et la main de ta fille. » Comme l'empereur refusa, Attila décida d'intervenir avec sa puissante armée pour le punir et venir prendre lui-même ce qui lui était refusé. En Gaule, il se heurta aux armées romaines lors d'une célèbre bataille, aux Champs catalauniques (près de Châlons-sur-Marne). Toutes les armées de l'Empire, assistées de troupes de Germains, s'étaient en effet retrouvées là pour barrer la route à la horde sauvage. N'ayant pu sortir vainqueur, Attila se dirigea alors vers Rome. La nouvelle plongea les Romains dans la terreur et l'effroi. Les Huns se rapprochaient de plus en plus des murs de leur ville, qui ne pouvait plus compter sur une armée puissante pour la défendre.

C'est alors qu'un homme osa défier les Huns. Cet homme était le pape Léon, surnommé Léon le Grand. Avec prêtres et bannières, il alla au-devant des envahisseurs. Tout le monde imagina le pire. N'allaient-ils pas être massacrés ? Au grand étonnement de tous, Attila se laissa convaincre de rebrousser chemin. Il quitta même l'Italie. Rome, cette fois-là, était sauve. À peine deux ans plus tard, le roi des Huns mourut, le jour où il devait épouser une princesse germanique.

Si le pape n'avait pas sauvé l'empire romain d'Occident, celui-ci aurait cessé d'exister. En effet, les empereurs romains avaient, en ce temps-là, perdu tout pouvoir. Les seuls à détenir encore quelque autorité étaient les militaires. Or, les troupes étaient presque exclusivement composées de Germains. Un jour, les soldats germaniques estimèrent que l'empereur ne représentait plus rien et décidèrent de le destituer. Le dernier empereur romain avait un nom qui ne s'oublie pas : Romulus

Augustulus. Souviens-toi. Romulus avait été le nom du premier roi romain, le fondateur de Rome ; Augustus, celui du premier empereur romain. Ainsi, c'est en 476 après J.-C. que fut destitué le dernier empereur, Romulus Augustulus.

Odoacre, un chef militaire germanique, se proclama roi des Germains en Italie. L'empire romain d'Occident, autrement dit le monde latin, s'éteignait, comme s'achevait avec lui une très longue période, appelée l'Antiquité.

En 476 commence donc une ère nouvelle, le Moyen Âge. Ce nom lui a été donné pour la simple raison qu'il se situe entre l'Antiquité et la Renaissance. Mais, à l'époque, nul n'avait conscience de vivre une ère nouvelle. Les troubles étaient toujours aussi nombreux. Les Ostrogoths, qui, naguère, avaient suivi les armées des Huns, s'étaient établis dans l'empire romain d'Orient. L'empereur Zénon, qui voulait se débarrasser d'eux, leur conseilla d'aller chasser d'Italie le roi Odoacre et son peuple et de prendre leur place dans le pays. Ils acceptèrent et partirent, en 493, sous la conduite de leur roi, Théodoric le Grand. Hommes habitués aux combats, ils conquirent sans peine ce pays tant de fois pillé et affaibli. Théodoric fit prisonnier Odoacre. Il lui promit la vie sauve, mais ne tint pas parole et le poignarda au cours d'un festin.

J'ai toujours été étonné que Théodoric ait pu faire une chose aussi abominable, alors qu'il était par ailleurs un souverain cultivé et d'une grande valeur. Il s'attacha à ce que les Goths vivent en paix avec les Italiens et ne distribua à ses guerriers que quelques arpents de terre à cultiver. Il choisit pour capitale Ravenne, une ville portuaire au nord de l'Italie.

Théodoric fit construire à Ravenne de splendides églises décorées de mosaïques admirables. Pas un instant, les empereurs romains d'Orient, installés à Constantinople, n'auraient pu imaginer que les Ostrogoths édifieraient un jour en Occident un empire puissant et florissant qui mettrait en péril leur propre pouvoir en Orient.

Depuis 527 vivait à Constantinople un souverain extrêmement puissant, aimant le luxe et animé d'une grande ambition. Son nom était

Justinien. Son ambition était d'étendre son pouvoir en reprenant le vieil empire romain d'Occident. Sa cour réunissait tous les fastes de l'Orient. Lui-même et sa femme Théodora, une ancienne danseuse de cirque, portaient des vêtements taillés dans de lourdes étoffes en soie rehaussées de pierres précieuses et des colliers d'or et de perles qui tintaient au moindre de leurs gestes.

À Constantinople, l'empereur Justinien avait fait construire une église gigantesque surmontée d'une imposante coupole, Hagia Sophia (plus connue sous le nom de Sainte-Sophie). Une autre ambition l'habitait : réveiller la grandeur perdue de la vieille Rome. Il demanda que soient recensés tous les nombreux textes de lois édictés par la Rome ancienne, ainsi que les observations qui en avaient été faites par des érudits et des juristes de renom. Tous ces écrits furent regroupés dans le grand livre juridique du droit romain, dont le nom latin est *Corpus iuris civilis Justiniani*. Aujourd'hui encore, tous ceux qui veulent embrasser une carrière juridique se doivent de le lire, car de très nombreuses lois actuelles y font référence.

Après la mort de Théodoric, l'empereur Justinien essaya de chasser les Goths d'Italie et de conquérir le pays. Pendant des dizaines d'années, les Goths se défendirent avec un héroïsme exemplaire. Ce n'était pas facile, car ils avaient aussi les Italiens contre eux. N'occupaient-ils pas une terre qui n'était pas la leur ? D'autre part, bien que chrétiens, ils ne croyaient pas tout à fait aux mêmes doctrines que les Romains. Par exemple, ils ne croyaient pas en La Trinité. Ces divergences de dogme leur valaient d'être combattus et persécutés en tant qu'« incroyants » ou « infidèles ». Peu à peu, décimés par les combats, ils finirent par disparaître presque tous. Après une ultime bataille, leur armée, réduite à un millier d'hommes, fut autorisée à se replier sans représailles et elle disparut vers le nord. Ainsi prenait fin le grand peuple des Goths. Désormais, Justinien régnait aussi sur Ravenne ; il y construisit à son tour de superbes églises, où sa femme et lui sont représentés dans leurs plus beaux atours.

Les souverains de l'empire d'Orient ne régnèrent pas longtemps sur l'Italie. En 568, de nouveaux peuples germaniques venus du nord, les Lombards, reconquirent le pays. Une région d'Italie porte aujourd'hui leur nom : la Lombardie. Avec eux grondèrent les derniers coups de tonnerre. Puis le ciel s'éclaircit, faisant place à la nuit étoilée du Moyen Âge.

La nuit étoilée du Moyen Âge commence

Que les grandes migrations de peuples aient ressemblé à un orage, tu t'en seras sans doute rendu compte toi-même. Mais que le Moyen Âge ait pu ressembler à une nuit étoilée te surprendra peut-être. Pourtant, ce fut bien le cas. As-tu déjà entendu parler des « temps obscurs » du Moyen Âge ? C'est le nom habituellement donné à la période qui succéda à la chute de l'Empire romain. Obscure, elle le fut en effet, quand on sait qu'en ce temps-là, la plupart des gens vivaient dans une totale ignorance des événements du monde. Ils ne savaient ni lire, ni écrire. Particulièrement crédules, ils aimaient raconter toutes sortes de mystères et d'histoires fabuleuses. Ils vivaient dans des maisons petites et sombres. De l'héritage romain, il ne restait que des chemins et des routes défoncés. Les villes et les anciennes places fortes n'étaient plus que ruines envahies par les herbes. Les bonnes lois romaines étaient oubliées, les belles statues grecques brisées. Tout cela est exact et n'a rien de surprenant après toutes ces terribles années de guerre engendrées par les grandes invasions.

Toutefois, malgré l'obscurité, la nuit n'était plus totalement noire. Elle était parsemée d'étoiles. Certes, les gens, dans leur ignorance et leurs incertitudes, tremblaient comme des enfants qui ont peur de la nuit à l'idée qu'il puisse exister des magiciens et des sorcières, des démons et des mauvais esprits. Mais, au-dessus de l'obscurité dans laquelle ils étaient plongés, le ciel parsemé des étoiles de la nouvelle foi jetait ses lumières et leur montrait le chemin. De même qu'il est moins facile de se perdre dans une forêt obscure lorsqu'on voit les étoiles, la Grande Ourse et l'étoile

polaire, ces gens ne risquaient plus autant de s'égarer lorsqu'ils trébuchaient dans le noir. Ils avaient au moins une certitude. Ils étaient tous des enfants de Dieu. Ils étaient tous égaux devant Lui, qu'ils soient mendiants ou rois. Ils avaient appris qu'il ne devait plus y avoir d'esclaves, traités comme de simples objets. Le Dieu unique et invisible, qui avait créé le monde et qui, dans sa grâce, sauvait les hommes, attendait que tous se montrent bons. Évidemment, il n'y avait pas que des hommes bons. Il y avait aussi des guerriers impitoyables et cruels, prêts à toutes les sauvageries, en Italie comme dans les contrées germaniques. Ces hommes étaient fourbes, violents et sanguinaires. Mais désormais, ils avaient une plus mauvaise conscience qu'au temps des Romains. Ils savaient qu'ils étaient mauvais. Ils craignaient la vengeance de Dieu.

En ce temps-là, beaucoup de gens voulurent vivre totalement selon la volonté de Dieu. Ils voulaient fuir l'agitation des villes et des hommes, car ils y encouraient trop souvent le risque de faire quelque chose de mal. Tout comme les ermites indiens, ils se retiraient dans le désert pour prier et faire pénitence. Ce furent les premiers moines chrétiens. Il y en eut tout d'abord à l'est, en Égypte et en Palestine. La plupart d'entre eux souhaitaient avant tout mener une existence ascétique. L'influence des ascètes indiens, dont je t'ai déjà parlé, n'y était pas totalement étrangère. Certains ascètes s'imposaient des pénitences incroyables. Ils montaient, par exemple, au sommet d'une grande colonne en pleine ville et y séjournaient toute leur vie, quasiment sans bouger, plongés dans leurs méditations sur les péchés de l'humanité. Ils ne consommaient que peu de nourriture, qu'ils faisaient déposer dans un panier et qu'ils remontaient à l'aide d'une corde. Du haut de leur colonne, ils espéraient se rapprocher de Dieu et ils portaient un regard impassible sur l'agitation des hommes à leurs pieds. On les appelait « les stylites ».

Mais, en Italie, vivait un moine du nom de Benoît qui, exactement comme Bouddha, n'arrivait pas à trouver la paix intérieure, en dépit d'une vie d'ascèse et de solitude. Ayant longuement médité, il pensa que l'observance de la pénitence ne répondait pas à elle seule à l'enseignement du Christ. Autrement dit, il ne suffisait pas de vouloir être bon pour soi-même, il fallait aussi agir et accomplir des tâches qui soient bonnes. Or, comment agir, quand on passe sa vie au sommet d'une colonne! La réponse, dit Benoît, est dans le travail, et sa devise fut: « Prie et travaille. » Assisté de quelques moines qui partageaient ses idées, il fonda alors une congrégation désireuse de vivre selon ce précepte, congrégation qui sera appelée, d'après son nom, « ordre des Bénédictins ».

Les lieux de résidence de ces moines étaient des monastères. Pour avoir le droit d'y entrer et de devenir l'un de ses membres, il fallait prononcer trois vœux : renoncer à tous biens, ne pas se marier, obéir en tout au supérieur du monastère, le père-abbé.

Une fois consacré, le moine ne vouait pas sa vie uniquement à la prière, même si elle tenait une place importante dans la vie monacale et si un grand nombre d'offices religieux ponctuaient la journée. Le moine, selon le précepte de Benoît, devait aussi se consacrer à des tâches qui soient bonnes. Pour cela, il lui fallait, naturellement, acquérir un savoir-faire. C'est ainsi que les Bénédictins furent, en ce temps-là, les seuls à se consacrer à des travaux de réflexion et de recherches sur l'Antiquité. Ils recueillirent, pour les étudier, tous les vieux rouleaux de papyrus ou de parchemin qu'ils pouvaient trouver. Ils les recopièrent, afin de les diffuser. Pendant des années et des années d'un travail laborieux, ils illustrèrent les pages de ces manuscrits, traçant de superbes initiales aux lignes sinueuses. Les textes qu'ils recopiaient n'étaient pas uniquement ceux de la Bible ou de la vie des saints, mais aussi des poèmes grecs et latins. Sans la peine que ces moines se donnèrent, nous n'en connaîtrions peut-être pas un seul aujourd'hui. D'autres ouvrages anciens retenaient aussi leur attention, ceux qui traitaient des sciences de la nature et de l'agriculture. En dehors de la connaissance de la Bible, le plus important à leurs yeux était de savoir cultiver la terre pour qu'elle leur donne, ainsi qu'aux pauvres, les céréales et autres légumes nécessaires à leur alimentation.

En ces temps d'insécurité croissante, les auberges avaient presque toutes disparu. Ceux qui osaient s'aventurer sur les routes ne trouvaient comme seul refuge pour la nuit que les monastères. Les voyageurs y étaient toujours bien accueillis. Ils y découvraient le silence, l'activité laborieuse des moines et la vie contemplative.

Les moines se consacraient également à l'instruction des enfants vivant non loin du monastère. Ils leur apprenaient à lire et à écrire, à parler en latin et à comprendre la Bible. Le monastère était le plus souvent le seul endroit, à des lieues à la ronde, où l'on maintenait la connaissance et la réflexion et où le souvenir des cultures grecque et romaine ne s'était pas éteint.

Ces monastères ne se trouvaient pas seulement en Italie. Les moines pensaient en effet qu'il était important de construire des monastères dans des pays lointains et primitifs, pour y prêcher l'Évangile, y éduquer les populations et y défricher les forêts inextricables. Beaucoup de monastères virent le jour en Irlande et en Angleterre. Vivant sur une île, les populations de ces pays n'avaient pas, comme bien d'autres, été prises dans la tourmente des grandes migrations. Elles étaient en partie constituées de peuples d'origine germanique, les Angles et les Saxons, qui s'étaient très tôt convertis au christianisme.

Puis les moines partirent d'Irlande et d'Angleterre pour évangéliser et instruire les royaumes de Gaule et de Germanie. Les Germains étaient loin d'être tous christianisés. Mais une de leurs tribus, celle des Francs, avait à leur tête un chef puissant, Clovis, de la famille des Mérovingiens, qui avait embrassé la religion chrétienne. Homme intelligent et roué, il n'avait pas hésité à recourir à la félonie et au meurtre pour faire disparaître les rois des diverses tribus franques, et il avait assez vite réussi à se rendre maître de la moitié de l'Allemagne et d'une grande partie de la France actuelle (dont le nom vient donc de la tribu des Francs).

En 496, Clovis se fit baptiser, invitant son peuple à l'imiter. Il pensait vraisemblablement que le Dieu des chrétiens était un puissant démon qui l'aiderait à remporter ses batailles, car il n'était pas ce que l'on pourrait appeler un homme pieux. Arrivés en Germanie, les moines eurent donc fort à faire. Ils réalisèrent d'ailleurs beaucoup de choses.

Ils fondèrent des monastères et apprirent aux Francs et aux Alamans à planter des vignes et des arbres fruitiers. Ils montrèrent à ces guerriers barbares qu'il y avait autre chose sur terre que la force physique et la bravoure au combat. À plusieurs reprises, ils jouèrent le rôle de conseiller des rois chrétiens des Francs, à la cour des Mérovingiens. Comme ils savaient lire et écrire mieux que quiconque, ils transcrivaient les lois et exécutaient tous les travaux d'écriture du roi. Ils rédigeaient les lettres adressées aux autres rois, entretenaient les liens avec le pape à Rome. En un mot, ces hommes simplement vêtus de leur bure étaient les véritables maîtres du royaume franc, qui, certes, était encore très inorganisé.

D'autres moines venus d'Irlande et d'Angleterre s'aventurèrent même dans les grandes étendues sauvages et les épaisses forêts d'Allemagne du Nord et dans ce qui est devenu aujourd'hui les Pays-Bas. Ces régions n'étaient pas sans danger pour les moines venus évangéliser les populations de paysans et de guerriers, car celles-ci n'avaient encore jamais entendu parler du Christ et demeuraient très attachées aux croyances de leurs ancêtres. Elles priaient Wotan, le dieu de la tempête, qu'elles vénéraient non dans des temples, mais en plein air, souvent sous des arbres centenaires tenus pour sacrés. Un jour, un moine chrétien du nom de Boniface vint sous l'un de ces arbres prêcher la bonne nouvelle. Il voulut prouver aux Germains du Nord que Wotan n'était qu'un personnage de légende. Il prit donc une hache pour abattre de sa propre main l'arbre sacré. Tous, autour de lui, s'attendaient à ce qu'il fût terrassé par un éclair venu du ciel. L'arbre tomba et rien de ce qu'ils avaient craint n'arriva. Après quoi, beaucoup, ayant perdu toute foi en le pouvoir de Wotan et de leurs autres dieux, se firent baptiser par le moine. Mais d'autres, pris d'une rage folle, s'en prirent à Boniface et le tuèrent. C'était en 754.

Puis vint le moment où le paganisme disparut de Germanie. Presque tous les Germains se rendirent désormais dans de simples églises en bois, construites par les moines. Après le service religieux, ils demandaient conseil aux moines. Ils voulaient savoir comment soigner le bétail, comment protéger les pommiers des invasions de chenilles... C'étaient généralement les plus primitifs et les plus violents qui faisaient don de lopins de terre aux monastères, persuadés qu'ainsi Dieu leur pardonnerait leurs fautes. Les monastères devinrent alors très riches et très influents. Mais les moines, dans leurs cellules étroites et dépouillées, continuèrent de mener une existence humble consacrée à la prière et au travail, selon les préceptes de Benoît, leur saint fondateur.

Il n'y a qu'un seul dieu, Allah, et Mahomet est son prophète

T'imagines-tu ce qu'est un désert ? Un vrai désert de sable, brûlé par le soleil, traversé par de longues caravanes de dromadaires lourdement chargés de denrées rares ? Et, partout, le sable. En de rares occasions, on aperçoit au loin la tête de quelques palmiers montant vers le ciel. On se dirige vers eux et, là, on découvre une oasis baignée de fraîcheur, avec une fontaine dont l'eau est légèrement verdâtre. Puis on poursuit sa route. On marche pendant des heures. Et de nouveau, on tombe sur une nouvelle oasis. Mais celle-là est beaucoup plus grande. C'est une véritable ville avec ses maisons blanches, de forme cubique, qu'habitent des hommes et des femmes vêtus de blanc, à la peau brune, aux cheveux noirs et brillants et aux yeux sombres.

Dès le premier regard, on comprend que ces hommes sont habitués aux combats. Montés sur leurs rapides coursiers, ils partent chasser dans le désert ou piller des caravanes, et ils se battent, oasis contre oasis, ville contre ville, tribu contre tribu.

Dis-toi que l'Arabie d'aujourd'hui ressemble à cela et qu'elle est sûrement peu différente de ce qu'elle était il y a des siècles. Et pourtant, c'est dans cet étonnant désert, peuplé d'un petit nombre d'hommes, que quelque chose d'extraordinaire s'est produit, dont je vais maintenant te parler.

Dans les années 600, à l'époque où les moines aidaient de simples paysans à mieux cultiver leurs terres et où les rois mérovingiens régnaient sur le royaume des Francs, personne ne parlait des Arabes. Ces derniers poussaient leurs coursiers dans le désert, vivaient sous des tentes et se battaient entre eux. Ils avaient une croyance religieuse élémentaire qui occupait peu leurs pensées. Comme les anciens Babyloniens, ils priaient les astres, mais aussi une pierre, qu'ils croyaient tombée du ciel. Cette pierre se trouvait dans un sanctuaire appelé la Kaaba, situé dans une de ces villes oasiennes, La Mecque, et les Arabes traversaient souvent le désert pour s'y rendre en pèlerinage.

En ce temps-là vivait à La Mecque un homme du nom de Muhammad, ou Mahomet, fils d'Abdallah. Ce dernier, bien que notable, n'était pas un homme riche. Mais il était membre d'une des familles chargées de surveiller le sanctuaire de la Kaaba. Mort jeune, il ne laissa en héritage que cinq dromadaires à son fils Mahomet. C'était trop peu pour pouvoir subsister et Mahomet ne put continuer de vivre sous la tente comme les enfants des autres notables. Il dut se mettre au service de gens fortunés et devint berger d'un troupeau de chèvres. Un peu plus tard, embauché par une riche commerçante, une veuve plus âgée que lui, il devint caravanier et entreprit pour elle de longs voyages d'affaires à travers le désert avec ses caravanes de dromadaires. Un jour, il épousa cette femme et vécut très heureux. Le couple eut six enfants et Mahomet adopta, en plus, son jeune neveu Ali.

Mahomet, homme vigoureux et dynamique, aux cheveux et à la barbe noirs, avec son nez d'aigle et sa démarche lourde et balancée, jouissait à La Mecque d'une grande considération. On le surnommait « le Sincère ». Très jeune, il s'était intéressé aux problèmes religieux et il aimait s'entretenir aussi bien avec des pèlerins arabes, qui venaient à La Mecque se recueillir devant la Kaaba, qu'avec des chrétiens de l'Abyssinie toute proche et avec des Juifs, très nombreux dans les villes arabes des oasis. Les récits des Juifs et des chrétiens l'impressionnaient beaucoup. Les uns et les autres lui parlaient de l'enseignement d'un Dieu unique, invisible et tout puissant.

Le soir, au bord d'une fontaine, il aimait aussi qu'on lui contât l'histoire d'Abraham et de Joseph, celle du Christ et de Marie. Et, un jour, au cours d'un voyage, il eut soudain une vision. Sais-tu ce qu'est une vision ?

C'est comme un rêve que l'on vit éveillé. Mahomet eut donc le sentiment de voir l'archange Gabriel apparaître devant lui et de l'entendre dire, d'une voix tonitruante : « Lis ! » « Je ne sais pas lire », répondit Mahomet en gémissant. « Lis ! », reprit l'archange une seconde, puis une troisième fois, après quoi il lui ordonna de prier au nom de son maître, Dieu. Profondément ébranlé par cette vision, Mahomet rentra chez lui. Il ne comprenait pas ce qui lui était arrivé.

Trois années durant, continuant de parcourir le désert avec ses caravanes, Mahomet demeura pensif, réfléchissant sans cesse à l'événement. Au bout de ces trois années, il eut une nouvelle vision. Il revit devant lui l'archange Gabriel, auréolé de lumière. Affolé et tremblant, il se précipita chez lui et se jeta sur son lit. Sa femme accourut et le recouvrit de son manteau. Allongé sur sa couche, il entendit une nouvelle fois la voix qui lui ordonnait : « Lève-toi et mets en garde ! », puis : « Honore ton Maître ! » C'était le message que Dieu adressait à Mahomet. Il lui ordonnait de mettre les hommes en garde contre l'enfer et de leur annoncer la grandeur de Dieu, unique et invisible. De ce jour, Mahomet se sentit investi d'une mission. Il était le Prophète, celui que Dieu avait choisi pour se faire entendre et parler en son nom aux hommes. Il se mit à prêcher à La Mecque l'enseignement de Dieu, unique et tout puissant, le Juge suprême qui l'avait choisi, lui, Mahomet, pour être son messager. Mais la plupart des gens se moquèrent de lui. Seuls sa femme et quelques membres de sa famille et amis crurent en lui.

Mais les prêtres du sanctuaire de La Mecque, les notables chargés d'en assurer la garde, ne prenaient pas seulement Mahomet pour un fou. Ils voyaient aussi en lui un ennemi dangereux et finirent pas interdire à quiconque à La Mecque de le fréquenter, lui et sa famille, et de faire du commerce avec ses adeptes. Ils accrochèrent cet interdit dans la Kaaba. Ce fut naturellement un coup terrible pour la famille et les amis du Prophète, qui, des années durant, furent condamnés à la misère et à la faim. Or, Mahomet avait fait la connaissance, à La Mecque, de quelques pèlerins venus d'une autre ville oasienne. Dans cette ville, depuis longtemps ennemie de La Mecque, vivaient un grand nombre de Juifs. Sa population arabe était donc familiarisée avec l'enseignement d'un dieu unique et elle se montra attentive aux prédications de Mahomet.

De savoir que Mahomet prêchait devant des tribus ennemies, qu'il rencontrait auprès d'elles de plus en plus de sympathie, rendit furieux les notables de La Mecque, gardiens de la Kaaba. Ils décidèrent d'exécuter le Prophète pour haute trahison. Mahomet, averti de la sentence, demanda à ses adeptes de fuir La Mecque et d'aller chercher refuge dans sa ville amie. Le jour où les hommes chargés de le tuer pénétrèrent chez lui (le 16 juin 622), il s'enfuit par une fenêtre située à l'arrière de sa maison et gagna à son tour cette même ville. Cette fuite porte le nom arabe d'« Égire », et les adeptes de Mahomet se mirent à compter les années à partir de cette date, comme l'avaient fait les Grecs à partir des Olympiades, les Romains de la fondation de Rome et les chrétiens de la naissance du Christ.

Dans cette ville, qui sera ultérieurement baptisée Médine, « la ville du Prophète », Mahomet reçut un accueil enthousiaste. Tous couraient à sa rencontre, lui proposant de l'héberger. Pour ne blesser personne, Mahomet répondit qu'il habiterait là où son dromadaire se dirigerait. Et c'est ce qui se passa. Désormais installé à Médine, Mahomet enseigna à ses adeptes, qui aimaient l'écouter. Il leur expliquait comment Dieu s'était manifesté aux hommes par l'intermédiaire d'Abraham et de Moïse, comment il avait parlé aux hommes par la bouche du Christ et comment, maintenant, il l'avait choisi, lui, Mahomet, pour être son prophète.

Il leur apprit qu'ils ne devaient craindre que Dieu qui, en arabe, se dit Allah. Il leur expliqua que toute crainte envers les hommes ou envers toute chose était injustifiée, puisque Dieu avait déjà décidé de leur avenir et qu'il l'avait écrit dans un grand livre. Ce qui doit arriver arrivera quoi que nous fassions. Même l'heure de notre mort est arrêtée le jour de notre naissance. Nous devons donc nous soumettre à la volonté de Dieu. La soumission à la volonté de Dieu se dit *islam* en arabe, d'où le nom donné à la religion enseignée par Mahomet. Mahomet dit encore à ses fidèles qu'ils auraient à se battre pour leur foi et que ce n'était pas commettre un péché que de tuer un incroyant. Que le vaillant guerrier, mort pour sa foi, pour Allah et son prophète, irait aussitôt au paradis, mais que l'incroyant (appelé aussi l'infidèle) ou le lâche iraient en enfer. Dans ses prédications, Mahomet racontait à ses adeptes les visions et les multiples révélations qu'il avait eues (dont la retranscription donnera le Coran) et il leur faisait une description idyllique du paradis :

« Dans les jardins du délice, placés côte à côte sur des lits de repos, les fidèles seront accoudés, se faisant vis-à-vis. Des éphèbes immortels circuleront autour d'eux, portant des cratères, des aiguières et des coupes remplies d'un breuvage limpide dont ils ne seront ni excédés, ni enivrés ; ils trouveront les fruits de leur choix et la chair des oiseaux qu'ils désirent. Il y aura là des Houris aux grands yeux, semblables à la perle cachée, en récompense de leurs œuvres. Ils se tiendront au milieu des jujubiers sans épines, ils jouiront de spacieux ombrages, de l'eau courante d'un ruisseau, de fruits abondants. » Ou encore : « Dieu les récompensera pour leur patience en leur donnant un jardin et des vêtements de soie. Là, ils n'auront à subir ni soleil ardent, ni froid glacial. Ses ombrages seront à proximité et ses fruits inclinés très bas, pour être cueillis. »

Tu comprends qu'un peuple pauvre, vivant dans un désert brûlant de soleil, ait pu être sensible à une telle image du paradis et qu'il se soit montré prêt à se battre et à mourir pour y être accepté.

Les Médinois lancèrent alors une expédition contre La Mecque pour venger le Prophète et piller des caravanes. Ils remportèrent une première victoire et s'emparèrent de fabuleux butins, mais, par la suite, ils finirent par tout perdre. Les habitants de La Mecque, à leur tour, voulurent prendre Médine, dont ils firent le siège. Mais, au bout de dix jours, ils durent abandonner. Vint le jour où Mahomet, accompagné de 1 500 hommes en armes, entreprit un pèlerinage à La Mecque. Les Mecquois, ayant gardé le souvenir d'un homme pauvre et raillé, virent pour la première fois le Prophète dans toute sa puissance, et beaucoup se convertirent. Quant à Mahomet, il conquit la ville, mais il épargna ses habitants, se contentant de vider le sanctuaire de ses images idolâtres. Son prestige et son pouvoir devinrent immenses. De partout, des camps de tentes et des oasis, arrivaient des messagers pour lui rendre hommage. Peu de temps avant sa mort, il prêcha devant 40 000 pèlerins, leur rappelant qu'il n'y avait qu'un seul dieu, Allah, que lui, Mahomet, était son prophète et qu'il fallait faire la guerre aux infidèles, autrement dit aux incroyants. Il leur demanda aussi de prier cinq fois par jour, le visage tourné vers La Mecque, de ne pas boire de vin et de se montrer vaillant. Mahomet mourut en 632.

Dans le Coran, il est écrit : « Combattez les infidèles jusqu'au dernier » et, dans un autre passage : « Tuez les idolâtres où qu'ils soient, capturez-les, assiégez-les, recherchez-les partout où ils se trouvent. Mais s'ils se convertissent, relâchez-les et laissez-les vivre en paix. »

Les Arabes s'en tinrent aux paroles du Prophète. Après avoir soit tué, soit converti les hommes du désert, ils partirent vers d'autres contrées sous la conduite des successeurs de Mahomet, les califes Abu Bakr et Omar (calife est le nom donné, après la mort de Mahomet, aux souverains politiques et religieux de l'Empire arabe). Les peuples qui voyaient arriver ces croyants animés d'une foi fanatique étaient paralysés d'effroi. Six ans après la mort de Mahomet, les troupes arabes, au prix de luttes sanglantes, avaient déjà conquis la Palestine et la Perse et pillé abondamment ces pays. D'autres armées se dirigèrent vers l'Égypte, qui faisait encore partie de l'empire romain d'Orient, mais qui était devenue un pays pauvre et désabusé. Après quatre années de guerre, l'Égypte tomba à son tour sous la domination arabe. La grande ville d'Alexandrie connut le même sort. Au moment de sa chute, on aurait demandé au calife Omar ce qu'il fallait faire de la prestigieuse bibliothèque qui conservait alors plus de 700 000 ouvrages des poètes, écrivains et philosophes grecs. Omar aurait répondu : « Si ces ouvrages contiennent ce qui est déjà écrit dans le Coran, ils sont inutiles, et s'ils comportent des choses différentes de ce qui est écrit dans le Coran, ils sont nuisibles. » Quelle est la véracité de ces propos ? Nous n'en savons rien, mais il n'est pas improbable que des gens aient plus ou moins partagé cet avis. La destruction de la grande et prestigieuse bibliothèque d'Alexandrie fut, pour nous, une perte inestimable.

Les guerres sanglantes se succédaient et l'Empire arabe ne cessait de s'étendre. C'était comme si un immense brasier était parti de La Mecque, comme si Mahomet avait jeté sur la carte du monde une torche enflammée. De la Perse jusqu'en Inde, de l'Égypte jusque dans tous les pays d'Afrique du Nord, tout était à feu et à sang. Cependant, après la mort d'Omar, les Arabes se divisèrent. Des rivalités éclatèrent pour nommer les califes, qui se concluaient dans le sang. Vers 670, des armées arabes tentèrent de prendre Constantinople, la vieille capitale de l'empire romain d'Orient, mais ses habitants se défendirent durant sept ans avec un extraordinaire courage, jusqu'à ce que les belligérants lèvent le siège. Partis d'Afrique, les armées arabes s'en prirent ensuite à la Sicile, dont ils firent la conquête. Mais ils n'en restèrent pas là. Ils gagnèrent l'Espagne, occupée alors, tu t'en souviens, par les Wisigoths. Au cours d'un combat qui dura sept jours, le chef d'armée Tariq sortit vainqueur. Le royaume wisigoth était désormais sous domination arabe.

Partant d'Espagne, les Arabes atteignirent le royaume des Francs et se heurtèrent aux bandes de paysans germano-chrétiens, levées à la demande du roi et guidées par leur chef, Charles Martel. (Peut-être son nom est-il dérivé de « marteau », tant son courage à frapper était grand.) En 732, il battit les Arabes à Poitiers, exactement 100 ans après la mort du Prophète. Si Charles Martel avait alors perdu la guerre, les Arabes auraient sûrement conquis toute la France et l'Allemagne et ils auraient détruit les monastères. Peut-être serions-nous tous musulmans, comme la plupart des gens vivant aujourd'hui dans ce qui fut la Perse et la Mésopotamie, en Inde (où ils sont très nombreux), en Palestine, en Égypte et en Afrique du Nord.

Au fil du temps, les Arabes perdirent la fougue guerrière et dévastatrice qui les avait animés du temps de Mahomet et des premières conquêtes. Dans les pays occupés, ils commencèrent à apprendre des peuples qu'ils avaient soumis et convertis. Ils découvrirent, chez les Perses, tout le faste de l'Orient, ses splendides tapis et ses étoffes, ses bâtiments grandioses, ses merveilleux jardins et sa vaisselle précieuse.

Or, les musulmans n'avaient pas le droit de représenter des figures humaines ou animales, pour éviter de rappeler le culte des idoles. Ils décorèrent donc leurs palais et leurs mosquées de superbes entrelacs de lignes de toutes les couleurs, auxquelles on donnera le nom d'« arabesques ». Ils apprirent encore davantage des Grecs qui vivaient dans les anciennes villes de l'empire romain d'Orient. Plutôt que de brûler les livres, ils se mirent à les collectionner et à les lire. Ils aimaient surtout les textes du célèbre maître d'Alexandre le Grand, Aristote, qu'ils traduisirent en arabe, pour mieux se consacrer à leur étude. Aristote leur apprit à tirer partie de la nature et à s'interroger sur l'origine de toute chose. Beaucoup de noms donnés aux sciences que tu étudies à l'école proviennent de l'arabe, comme la chimie ou l'algèbre. Le livre que tu tiens dans tes mains est en papier. Cela aussi, nous le devons aux Arabes qui, eux-mêmes, tenaient l'art de le fabriquer des prisonniers de guerre chinois.

Mais il y a deux choses pour lesquelles je suis particulièrement reconnaissant aux Arabes. C'est, d'une part, leurs contes merveilleux, que tu peux découvrir dans les contes des *Mille et une nuits*. C'est, d'autre part, quelque chose de plus merveilleux encore, comme, je le pense, tu vas t'en rendre compte. Écoute bien. Je te dis « douze ». Pourquoi, au lieu de « douze », ne dit-on pas « un-deux » ou « un et deux », ce qui signifierait « trois » ? Tu vas me répondre que le « un », dans ce cas, ne signifie pas « un », mais « dix ». Te souviens-tu comment les Romains écrivaient 12 ? XII. Et 112 ? CXII. Et 1 112 ? MCXII. Imagine la complexité, quand il fallait multiplier ou additionner en chiffres romains ! Avec nos chiffres arabes, c'est beaucoup plus simple, non seulement parce qu'ils sont jolis et faciles à écrire, mais aussi parce qu'ils comportent une nouveauté : la valeur donnée à un chiffre selon sa place. Un chiffre placé à gauche de deux autres chiffres ne peut être qu'une centaine. Et on écrit 100 en plaçant un « un » devant deux zéros.

Aurais-tu été capable de faire une invention aussi pratique ? Moi, sûrement pas ! Nous devons cette invention, ainsi que le mot « chiffre », aux Arabes, qui, eux-mêmes, en doivent l'idée aux Indiens. C'est justement cette invention que je trouve presque plus merveilleuse encore que tous les contes qu'ils nous ont laissés. Et si la victoire de Charles Martel sur les Arabes est une bonne chose, c'est bien aussi que les Arabes aient fondé un grand empire, ce qui leur permit d'emprunter les pensées et découvertes des Perses et des Grecs, des Indiens et même des Chinois, et d'en faire la synthèse.

Un conquérant qui sait aussi gouverner

En lisant ces histoires, tu te dis peut-être que la conquête du monde ou la fondation de grands empires est chose facile, tant l'Histoire en est remplie. Il est vrai qu'autrefois ce n'était pas très compliqué. Comment peut-on l'expliquer ?

Pour mieux comprendre, imagine-toi une époque où il n'y avait encore ni journaux, ni service des postes. La plupart des gens ignoraient ce qui se passait à quelques jours de voyage de chez eux. Ils vivaient dans leurs campagnes et leurs forêts, cultivaient la terre, et les personnes les plus proches qu'ils connaissaient appartenaient aux tribus voisines. Or, ils étaient le plus souvent en conflit avec elles. Cela se traduisait par des vols de bétail et l'incendie de fermes. Ce n'était, en permanence, que rapines, vengeances et combats.

Ce qui se passait en dehors de son petit domaine, on ne le connaissait que par un vague ouï-dire. Quand, dans une de ces campagnes ou de ces régions forestières, arrivait une armée composée de quelques milliers d'hommes, il n'y avait pas grand-chose à faire. Les voisins s'estimaient heureux quand l'armée anéantissait la tribu ennemie, sans même penser qu'ils seraient les prochaines victimes. Et quand ils avaient la chance de ne pas avoir été anéantis à leur tour, mais seulement contraints de se joindre à l'armée pour se battre contre leurs plus proches voisins, ils s'en tiraient à bon compte. De cette manière, une armée grandissait en nombre, et les tribus isolées, même les plus vaillantes, avaient de plus en plus de mal à se défendre. C'était ainsi que procédaient parfois les Arabes au cours de leurs expéditions guerrières. Un célèbre roi des Francs fit de même. Il s'appelait Charlemagne. Écoute maintenant son histoire.

Même s'il était, autrefois, plus facile de conquérir qu'aujourd'hui, il était par contre plus difficile de gouverner. Il fallait envoyer des messagers dans toutes les régions conquises, y compris les plus lointaines, mettre fin aux rivalités de leurs peuples et de leurs tribus, tenter de rallier les unes aux autres et leur faire comprendre qu'il y avait plus important que de passer son temps à s'entre-déchirer et à réclamer vengeance. Pour être un grand chef, il fallait aider les paysans, dont l'existence était misérable, instruire la population et sauvegarder les pensées et les écrits des hommes d'un passé plus lointain. En ce temps-là, un chef digne de ce nom devait se comporter en véritable père de famille envers son peuple et savoir prendre lui-même les décisions.

Charles Ier fut l'un de ces chefs, d'où le nom qui lui fut donné : Charlemagne (le mot latin *magnus* signifie « grand »). Il était le petit-fils de Charles Martel, ce dignitaire de la cour mérovingienne qui avait repoussé les Arabes du royaume des Francs. À cette époque, les rois mérovingiens avaient perdu toute dignité. Quand ils siégeaient sur le trône, avec leurs cheveux flottant sur les épaules et leur longue barbe, ils ne faisaient que répéter les discours que leurs ministres leur avaient dictés. Ils se déplaçaient, non pas à cheval, mais dans des chariots tirés par des bœufs, à la manière des paysans. Ils se rendaient également ainsi aux assemblées du peuple. Les rois mérovingiens n'avaient plus de roi que le nom. Or, ils avaient à leur service une digne famille d'intendants (nous dirions, aujourd'hui, des ministres), dont Charles Martel était issu. Ce dernier eut un fils, Pépin, dit Pépin le Bref en raison de sa petite taille. Devenu à son tour intendant, Pépin ne voulut plus être une marionnette, prononçant des discours qu'on lui soufflait à l'oreille. Il voulut non seulement acquérir le titre de roi, mais pouvoir aussi faire preuve d'une véritable autorité royale. Après avoir déposé le roi mérovingien, il se proclama roi des Francs, sur un territoire qui représentait alors à peu près la moitié ouest de l'Allemagne actuelle et la partie est de la France actuelle.

Ne vas pas t'imaginer un royaume stable ou un État comme nous le concevons aujourd'hui, avec des fonctionnaires et éventuellement une police. Ce royaume n'avait pas plus à voir avec l'Empire romain. Contrairement même à l'État des premiers Romains, sa population ne formait pas un peuple unifié. C'était une mosaïque de tribus, ayant des dialectes et des coutumes différents et qui, pour la plupart, n'arrivaient pas à s'entendre, comme les Doriens et les Ioniens de la Grèce antique.

Les chefs de ces tribus s'appelaient des ducs (du latin *ducere*, conduire), parce qu'ils marchaient au combat à la tête de leurs armées, et les terres qu'ils occupaient étaient des duchés. En Allemagne par exemple, il y avait le duché des Bavarois, celui des Souabes, des Alamans... Le plus puissant était celui des Francs. Il tirait cette puissance de l'obligation qui était faite aux autres duchés de lui prêter main-forte en cas de guerre. Charlemagne, comme son père Pépin avant lui, sut user de cette suprématie lorsqu'il devint roi, en 768.

Charlemagne commença par conquérir toute la France. Puis il traversa les Alpes et passa en Italie où, tu t'en souviens, après de nombreuses invasions barbares, les Lombards avaient été les derniers à s'installer. Il chassa le roi des Lombards et attribua des terres au pape, dont il devint le protecteur sa vie durant. Puis il gagna l'Espagne, se battit contre les Arabes, mais ne réalisa pas de conquêtes notables.

Après avoir étendu son Empire au sud et à l'ouest, Charlemagne s'intéressa à l'est. De nouvelles hordes de guerriers asiatiques avaient envahi la région qui correspond aujourd'hui à l'Autriche. Ils ressemblaient aux Huns, mais n'avaient pas à leur tête un chef aussi grand qu'Attila. Ils occupaient des camps retranchés, protégés par plusieurs enceintes rondes et concentriques, des *rings*, qu'il était difficile de prendre. Charlemagne et ses armées durent se battre pendant huit ans contre les Avars avant de pouvoir les anéantir jusqu'au dernier. Or, en envahissant l'Autriche, les Avars, comme les Huns avant eux, avaient expulsé d'autres tribus, celles des Slaves, lesquels avaient, eux aussi, fondé une sorte de royaume, bien que plus barbare et moins clairement défini. Charlemagne se battit aussi contre eux, contraignant les uns à venir grossir les rangs de son armée, les autres à lui verser des redevances annuelles. Toutefois, au cours de toutes ces expéditions, il ne perdit jamais de vue ce qu'il lui semblait être le plus important : regrouper sous son autorité tous les duchés et toutes les tribus de souche allemande pour donner naissance à un peuple unique.

Toute la moitié est de l'Allemagne ne faisait pas alors partie du royaume des Francs. Elle était occupée par les Saxons, dont les mœurs étaient aussi guerrières et barbares que celles des tribus germaines au temps des Romains. Les Saxons étaient des païens et ne voulaient pas entendre parler du christianisme. Or, Charlemagne avait le sentiment d'être le guide suprême de tous les chrétiens et pensait que, si nécessaire, il fallait contraindre les gens à la foi, rejoignant d'une certaine manière les idées de Mahomet. Il engagea donc une longue lutte d'une trentaine d'années contre Widukind, le chef des Saxons. En effet, un jour les Saxons se rendaient, le lendemain ils reprenaient les armes. Charlemagne revenait alors à la charge et dévastait leur pays. Mais à peine avait-il le dos tourné que les Saxons, de nouveau, se libéraient de son autorité. Ou bien ils partaient en guerre aux côtés de Charlemagne, puis, sans crier gare, faisaient demi-tour et attaquaient ses troupes. Charlemagne finit par prononcer contre eux une terrible sentence. Il fit égorger plus de 4 000 d'entre eux. Épouvantés, les survivants acceptèrent de se faire baptiser, mais il leur fallut beaucoup de temps avant d'adopter la religion de l'amour.

Charlemagne était désormais un monarque puissant. Mais, comme je te l'ai déjà dit, il n'était pas seulement un conquérant. Il était aussi un homme sachant gouverner et ayant le souci de son peuple. Les écoles lui tenaient particulièrement à cœur et lui-même consacra toute sa vie à apprendre. Il parlait le latin aussi bien que l'allemand et il comprenait le grec. Il aimait prendre la parole et discourir de sa voix limpide et claire. Il s'intéressait à toutes les sciences et aux arts de l'Antiquité, prenait des cours de rhétorique et d'astronomie auprès de moines cultivés, anglais et italiens. Ce qui lui posait le plus de difficultés, paraît-il, c'était l'écriture, car sa main était plus habituée à tenir l'épée que la plume servant à tracer correctement les belles lettres aux lignes courbes.

Les distractions préférées de Charlemagne étaient la chasse et la natation. Il s'habillait généralement avec simplicité. Sa tenue consistait en une chemise de toile et une longue culotte resserrée sous le genou par des bandes molletières. L'hiver, il portait une veste de fourrure sur laquelle il jetait une grande pèlerine bleue. Il avait constamment, suspendue à un baudrier, une épée au pommeau d'or ou d'argent. Ce n'était qu'en de grandes occasions qu'il revêtait un vêtement brodé de fils d'or, portait des chaussures garnies de pierres précieuses, une pèlerine retenue sur l'épaule par une grande agrafe en or, et une couronne également en or, sertie de pierres précieuses. Essaie de te représenter un tel homme ainsi vêtu, de taille robuste et imposante, accueillant des émissaires dans son palais préféré d'Aix-la-Chapelle ! Ces émissaires venaient de partout : de son royaume d'une part – autrement dit de France –, d'Italie et d'Allemagne, mais aussi des pays slaves et d'Autriche.

Il voulait être tenu informé de tout ce qui se passait dans son royaume et donnait ses directives. Il nommait des juges à qui il demandait de rédiger des lois. Il désignait également les évêques et fixait même le prix des denrées alimentaires. Mais ce qui lui importait le plus, c'était de créer une entente entre tous les Allemands. Son propos n'était pas uniquement de régner sur quelques duchés tribaux. Il souhaitait établir à partir d'eux un véritable royaume unifié et, quand un duc, tel le bavarois Tassilon, se montrait rebelle, il le destituait. Rends-toi compte. C'est à cette époque que, pour la première fois, on utilisa un mot allemand unique pour désigner la langue de toutes les tribus germaines. On ne parla plus seulement de langues franque, bavaroise ou alémanique, mais aussi de langue « thiudisk », autrement dit de langue allemande.

Étant donné son intérêt pour tout ce qui était allemand, Charlemagne fit retranscrire les vieilles légendes de héros, nées vraisemblablement au cours des luttes qu'avaient menées les tribus lors des invasions. Elles parlaient de Théodoric (nommé plus tard Dietrich de Berne), d'Attila, ou Etzel, le roi des Huns, de Siegfried, qui tua le dragon et fut traîtreusement poignardé par le perfide Hagen. Malheureusement, presque toutes les légendes de ce temps-là se perdirent ; elles ne purent être reconstituées que 400 ans plus tard, à partir d'illustrations.

Charlemagne n'avait pas pour seule ambition d'être le roi des Allemands et le monarque des Francs. Il se sentait investi d'une autre mission : être le protecteur de tous les chrétiens. C'est d'ailleurs à ce titre qu'il fut reçu à Rome par le pape, qu'il avait défendu à plusieurs reprises contre les Lombards. Alors que, le soir de Noël de l'an 800, il priait dans la plus grande église de Rome, la basilique Saint-Pierre, le pape alla soudainement vers lui et plaça sur sa tête une couronne. Puis le pape et le peuple tombèrent à genoux et acclamèrent en lui le nouvel empereur romain que Dieu avait choisi pour assurer la paix de l'Empire. Charlemagne dut en être fort ébranlé, car il n'avait vraisemblablement pas deviné les intentions du pape à son égard. Désormais, il était le premier empereur allemand de l'Empire romain, désigné plus tard sous le nom de Saint Empire romain germanique.

La mission de Charlemagne était de rétablir la puissance et la grandeur du vieil Empire romain, dont les maîtres, cette fois, ne seraient plus des Romains païens, mais des Germains chrétiens qui se donnaient aussi pour tâche de devenir les guides de la chrétienté. Telle était l'ambition de Charlemagne, et elle fut longtemps celle des empereurs allemands qui lui succédèrent. Mais ce n'est que sous Charlemagne que ce projet fut en grande partie réalisé. Venus du monde entier, des émissaires se présentèrent à sa cour pour lui rendre hommage. Le puissant empereur d'Orient à Constantinople ne fut pas le seul à souhaiter s'entendre avec lui. Il y eut même le calife Harun al Rachid, le grand prince arabe de la lointaine Mésopotamie, héros de nombreux contes des *Mille et une nuits*. De son merveilleux palais de Bagdad, près de l'ancienne Ninive, il envoya à l'empereur de somptueux présents, des costumes taillés dans les plus belles étoffes, des épices rares et un éléphant. Il lui offrit aussi une clepsydre (une horloge à eau) au mécanisme étonnant, comme jamais on n'en avait vu dans le royaume des Francs. Pour être agréable à l'empereur, Harun al Rachid autorisa même les pèlerins chrétiens à se rendre en toute quiétude au Saint-Sépulcre à Jérusalem. Car Jérusalem, tu t'en souviens, était alors sous domination arabe.

Tous ces hommages étaient principalement dus à l'intelligence, à l'énergie et à la supériorité incontestable du nouvel empereur. On le réalise d'autant mieux quand on considère ce qui se passa après sa mort, en 814. La situation ne tarda pas à se dégrader. En peu de temps, l'Empire fut divisé en trois royaumes, l'Allemagne, la France et l'Italie, attribués chacun à l'un de ses petits-fils.

Dans les pays ayant autrefois appartenu à l'Empire romain, on continua de parler les langues romanes – le français et l'italien – et les trois royaumes ne furent plus jamais réunifiés. Même les duchés de souche allemande s'agitèrent et obtinrent de nouveau leur autonomie. Dès la mort de Charlemagne, les Slaves s'émancipèrent et fondèrent leur propre royaume, un royaume puissant dirigé par leur premier grand roi, Svatopluk. Les écoles fondées en Allemagne et en France par Charlemagne disparurent et la connaissance de la lecture et de l'écriture ne subsista bientôt que dans quelques monastères isolés. Des tribus germaines du Nord, les Danois et les Normands, connus sous le nom de Vikings, arrivèrent par mer et pillèrent et dévastèrent les villes côtières. Les Vikings étaient quasiment invincibles. Ils fondèrent des royaumes à l'est, chez les Slaves de l'actuelle Russie, et à l'ouest, sur les côtes de la France d'aujourd'hui. Une région de France porte toujours le nom de ces envahisseurs normands, la Normandie.

En un siècle, le Saint Empire romain germanique, la grande œuvre de Charlemagne, avait tout perdu, y compris son nom.

Un combat pour devenir le maître de la chrétienté

L'histoire de l'humanité n'a malheureusement rien d'un beau poème. Les hommes se préoccupent peu d'apporter des changements. Les mauvaises choses surtout ne cessent de se répéter. Cent ans à peine après la mort de Charlemagne, en un temps où tout allait mal en Europe, des hordes de cavaliers venues de l'est déferlèrent à nouveau, comme l'avaient fait les Huns, puis les Avars. En fait, cela n'avait rien de surprenant. Il était plus facile, et donc plus tentant, d'emprunter la voie qui, des steppes asiatiques, conduisait vers l'Europe que de lancer une expédition contre la Chine, protégée par la Grande Muraille de Qin Tsin Huangdi, et qui, surtout, était devenue entre-temps un État puissant où l'ordre régnait, où les grandes villes étaient florissantes, où la vie à la cour impériale et chez les hauts dignitaires lettrés était marquée par un raffinement et un niveau de vie hors du commun.

Alors qu'en Allemagne on recherchait les vieilles légendes guerrières, pour les trouver aussitôt trop païennes et les jeter au feu, alors qu'en Europe les moines essayaient timidement de raconter l'histoire de la Bible en rimes allemandes et latines (autour des années 800), vivaient en Chine les plus grands poètes qui aient peut-être jamais existé. D'un geste rapide et précis, trempant leur pinceau dans l'encre noire (fabriquée avec du noir de fumée), ils écrivaient sur de la soie des vers concis et simples, mais dont la simplicité était si chargée de sens qu'on ne les oubliait plus après les avoir lus une seule fois.

Les hordes de cavaliers préférèrent donc se tourner de nouveau vers l'Europe. Cette fois, il s'agissait des Magyars. Ne trouvant ni de pape, comme Léon le Grand, ni d'empereur, comme Charlemagne, pour leur barrer la route, ils conquirent rapidement la Hongrie actuelle et l'Autriche, puis ils pénétrèrent en Allemagne pour piller et pour tuer.

Face au danger, les ducs de souche allemande, bon gré mal gré, furent bien obligés de se choisir un guide. En 919, ils élurent un roi, le duc Henri de Saxe, qui réussit enfin à chasser les Magyars d'Allemagne et à les contenir en dehors de ses frontières. Son successeur, le roi Otton, dit Otton le Grand, n'arriva pas à les anéantir, comme Charlemagne l'avait fait avec les Avars, mais, après une terrible défaite, en 945, il les contraignit à se fixer en Hongrie. Les Hongrois d'aujourd'hui sont leurs descendants.

Le roi Otton ne s'appropria pas le pays qu'il avait pris aux Magyars. Il l'octroya à un prince. C'était alors chose courante en Europe. En 976, le fils d'Otton le Grand, Otton II, octroya à son tour une part de l'actuelle Basse-Autriche (la région située autour de Wachau) à un noble allemand, Léopold, de la famille des Babenberger. Comme tous les nobles à qui le roi octroyait des terres, Léopold se fit construire un château fort et régna en prince sur son domaine. Car, aussi longtemps que le roi lui en accordait l'octroi, il n'était plus considéré comme un simple sujet du roi. Il était le seigneur de ses terres.

Les paysans qui vivaient sur ces terres n'étaient plus des hommes libres, comme l'avaient été les paysans germains autrefois. Ils appartenaient à la terre que le roi avait attribuée à un seigneur ou à celle qu'un noble possédait déjà. Au même titre que les moutons et les chèvres qui y paissaient, que les cerfs, les ours et les sangliers qui vivaient dans les forêts, que les fleuves et les forêts, les pâturages, les prairies et les champs, ils appartenaient à la terre qu'ils cultivaient. Ces paysans étaient appelés des « serfs ». Ils n'étaient pas à proprement parler des citoyens du royaume. Ils n'avaient ni le droit de se déplacer où bon leur semblait, ni celui de décider s'ils avaient envie ou non de cultiver. En un mot, ils n'avaient aucune liberté.

C'étaient donc des esclaves, comme dans l'Antiquité ? Non, pas vraiment. Tu sais que, depuis l'avènement de la chrétienté, l'esclavage

avait cessé dans nos pays. Ces hommes privés de liberté n'étaient pas véritablement des esclaves, puisqu'ils appartenaient à la terre qui, elle-même, appartenait au roi, même s'il l'octroyait à un noble. Le noble ou prince n'avait le droit ni de les vendre, ni de les tuer, à la différence des propriétaires d'esclaves autrefois. Hormis cette réserve, il avait le droit d'exiger d'eux ce qu'il voulait. Les serfs devaient cultiver ses propres terres et travailler pour lui, quand il le leur ordonnait. Ils devaient lui fournir régulièrement du pain et de la viande pour qu'il se nourrisse, car le noble ne travaillait pas lui-même dans les champs. Celui-ci allait tout au plus à la chasse quand il en avait envie. Le domaine que le roi lui avait octroyé, appelé « fief », était sa propriété, puisqu'il le transmettait à son fils en héritage, à moins de fautes graves commises envers le roi. En échange de son fief, le seigneur s'engageait auprès du roi à lever à ses frais une armée avec ses paysans et d'autres seigneurs et à se battre pour lui quand une guerre se déclarait. Or, des guerres, il en éclatait souvent.

Autrefois, presque toute l'Allemagne était ainsi octroyée à différents seigneurs. Le roi ne gardait que peu de terres pour lui-même, comme c'était aussi le cas en France et en Angleterre. La France avait désigné roi le duc Hugues Capet en 986. Quant à l'Angleterre, elle avait été conquise en 1016 par un navigateur danois du nom de Cnut, qui régnait aussi sur la Norvège et sur une partie de la Suède et qui laissait des princes puissants gouverner leurs fiefs.

La victoire des rois allemands sur les Magyars leur avait redonné du pouvoir. Otton le Grand, celui-là même qui avait vaincu les Hongrois, obtint aussi des princes slaves de Bohême et de Pologne d'être reconnu comme leur suzerain. Cela signifiait qu'ils considéraient leurs terres comme des fiefs octroyés par lui, avec obligation de lever une armée lorsqu'il le leur demandait.

Fort de sa puissance, Otton le Grand monta une campagne contre l'Italie, où des troubles violents et des luttes armées avaient éclaté entre Lombards. Puis il décréta que l'Italie était un fief allemand, qu'il octroya à un prince lombard. Le pape lui fut reconnaissant d'avoir su manifester son pouvoir en ramenant un peu le calme chez les princes lombards et, en 962, il le couronna empereur romain, exactement comme Charlemagne l'avait été en 800.

Les rois allemands redevenaient donc des empereurs romains et, à ce titre, des protecteurs de la chrétienté. Ils étaient maîtres d'un pays qui s'étendait de l'Italie à la mer du Nord et du Rhin jusqu'au-delà de l'Elbe, là où des paysans slaves étaient les serfs des nobles allemands. L'empereur ne se contenta plus d'octroyer des terres uniquement aux princes. Il en octroya aussi à des prêtres, des évêques et des archevêques. Désormais, ces hommes d'Église ne remplissaient plus uniquement une fonction religieuse. Comme les nobles, ils régnaient sur de grands territoires et partaient en guerre à la tête de leur armée de paysans.

Au début, le pape ne trouva rien à redire à cet état de fait. D'ailleurs, il souhaitait entretenir de bonnes relations avec les empereurs allemands qui le protégeaient et le défendaient et qui, de surcroît, étaient des hommes très pieux.

Mais, bientôt, la situation changea. Le pape n'accepta plus que l'empereur s'arrogeât le droit de décider lui-même qui, parmi ses prêtres, serait évêque de la région de Mayence, de Trêves, de Cologne ou de Passau. Le pape disait : « Ce sont des fonctions ecclésiastiques et c'est à moi, le chef suprême du clergé, que revient le droit de les attribuer. » Mais voilà : ces fonctions n'étaient pas uniquement ecclésiastiques. L'archevêque de Cologne, par exemple, était à la fois père spirituel et prince et seigneur de cette région. Or l'empereur estimait avoir le droit de décider qui serait prince et seigneur dans son propre pays. Si tu y réfléchis bien, tu remarqueras que le pape et le roi avaient tous deux raison. Avoir octroyé des terres aux prêtres ne pouvait que déboucher sur une situation inextricable, le pape étant le chef suprême de tous les prêtres et le roi exerçant son pouvoir sur toutes les terres de son pays. Cette situation ne pouvait qu'engendrer un conflit entre le pape et le roi. C'est ce qui finit par arriver. Ce conflit portera le nom de « querelle des investitures ».

En 1073, régnait à Rome un pape d'une très grande piété, Grégoire VII. Alors qu'il était moine et s'appelait Hildebrand, il s'était battu pour défendre la pureté et le pouvoir de l'Église. À la même époque régnait en Allemagne un roi franc, Henri IV.

Pour mieux comprendre le conflit qui les opposa, il faut savoir que le pape ne se considérait pas uniquement comme le premier prêtre de l'Église, mais aussi comme le maître, investi par Dieu, de tous les chrétiens de la terre. Or, l'empereur allemand, en tant que successeur des anciens empereurs romains et de Charlemagne, se considérait lui aussi comme le protecteur et l'ordonnateur suprême de tout le monde chrétien (il est vrai qu'Henri IV n'avait pas encore été proclamé empereur, mais il estimait qu'en sa qualité de roi allemand, il avait le droit de prétendre à la couronne impériale). Qui, de lui ou du pape, devait céder ?

Quand la querelle éclata, une incroyable effervescence agita le monde. Il y avait d'un côté les défenseurs du roi allemand Henri IV, de l'autre ceux du pape Grégoire VII. Partout, on prit parti avec véhémence. Nous connaissons cent cinquante-cinq des écrits polémiques rédigés alors par les sympathisants ou les adversaires du roi et du pape. Dans certains de ces écrits, le roi Henri est décrit comme un homme mauvais et colérique, dans d'autres le pape est présenté comme un homme sans cœur et avide de pouvoir.

Je crois qu'il ne faut prêter attention ni aux uns, ni aux autres. Ne perdons pas de vue que le pape et le roi avaient tous deux raison. Peu importe donc de savoir si le roi Henri était véritablement désagréable envers sa femme (ce qu'écrivaient ses détracteurs) ou si le pape Grégoire n'avait pas été élu selon l'usage (ce que dénonçaient les partisans du roi). Il serait vain de fouiller le passé pour savoir ce qu'il en fut vraiment et si les écrits à l'encontre du pape et du roi étaient ou non pure calomnie. Ils furent vraisemblablement calomnieux tant pour l'un que pour l'autre, car, lorsque des gens prennent parti, ils sont presque toujours injustes. Je vais d'ailleurs te montrer combien il est difficile, plus de 900 ans après, de dégager la vérité.

Un fait est sûr. La situation d'Henri IV n'était pas facile. Les nobles (autrement dit, les princes allemands) auxquels il avait octroyé des régions étaient contre lui. Ces nobles ne souhaitaient pas voir leur roi devenir trop puissant, car, dans ce cas, il aurait eu le pouvoir de leur donner des ordres. Mais c'est le pape Grégoire qui déclencha les hostilités en mettant le roi Henri au ban de l'Église, autrement dit en interdisant à tous les prêtres de lui donner la communion. Cela s'appelait l'« excommunication ». Après quoi, les princes déclarèrent qu'ils ne reconnaissaient pas un roi excommunié et qu'ils allaient élire un autre roi. Henri n'avait plus qu'une chose à faire : obtenir que le pape revienne sur sa terrible sentence. De cette décision dépendait son sort. S'il échouait, il pouvait dire adieu à son titre de roi. Seul, sans armée, il se mit donc en route pour l'Italie, afin de négocier avec le pape et d'obtenir de lui la levée de son excommunication.

On était en hiver, et les princes allemands, qui avaient bien l'intention d'empêcher une réconciliation entre le roi Henri et le pape, occupèrent toutes les routes. Accompagné de sa femme, Henri dut faire un grand détour et, par un froid glacial, il passa par le Mont-Cenis, empruntant vraisemblablement le même col qu'Hannibal autrefois, pour gagner l'Italie.

Le pape se trouvait au même moment en route vers l'Allemagne, où il voulait négocier avec les ennemis du roi. Apprenant qu'Henri était dans les parages, il prit la fuite et se réfugia dans un château du nom de Canossa, en Émilie, persuadé que le roi arrivait avec une armée. Quel ne fut pas son étonnement, mais aussi son soulagement, de savoir qu'Henri arrivait seul pour solliciter son pardon et le prier de lever l'excommunication qui le frappait. On raconte que le roi se serait présenté en vêtement de pénitent, dans une robe de bure grossière, et que le pape l'aurait fait attendre trois jours durant dans la cour du château, pieds nus dans la neige, mordu par le froid cinglant de l'hiver, avant d'avoir pitié de lui et de lever l'excommunication. Des contemporains firent une description de la scène, montrant le roi suppliant le pape d'une voix gémissante de lui accorder sa grâce, grâce que le pape, apitoyé, aurait finie par accorder.

Aujourd'hui encore, on parle d'« aller à Canossa » quand quelqu'un doit s'humilier devant son adversaire pour demander sa grâce. Mais maintenant, je vais te raconter la même histoire, rapportée cette fois par un ami du roi. Écoute bien ce qu'il dit : « Quand Henri réalisa la situation difficile dans laquelle il se trouvait, il imagina en secret un plan ingénieux. Aller au-devant du pape et surgir inopinément. Il fit, de la sorte, d'une pierre deux coups. Non seulement il fut relevé de son excommunication, mais, en apparaissant en personne, il évita la rencontre du pape avec ses ennemis, ce qui aurait été dangereux pour lui. »

Ainsi, pour les amis du pape, la marche à Canossa devenait une victoire incroyable et, pour les partisans du roi, elle tournait au contraire à son avantage.

Tu vois combien il faut faire attention avant de porter un jugement sur deux puissances opposées. Mais ni la marche à Canossa, ni même la mort du roi Henri (devenu entre-temps empereur) et celle du pape Grégoire ne mirent fin au conflit. Henri avait certes obtenu la destitution de Grégoire, mais la volonté du pape finit peu à peu par s'imposer. Les évêques furent désormais désignés par l'Église, et l'empereur eut seulement le droit de dire si ces désignations lui convenaient ou non. En définitive, seul le pape, et non le roi, devint maître de la chrétienté.

Tu te souviens que les navigateurs nordiques, les Normands, avaient conquis un territoire sur la côte française, appelé aujourd'hui Normandie. Ils s'étaient vite habitués à parler le français, comme leurs voisins. Mais ils n'avaient pas perdu le goût de l'aventure, des navigations intrépides et de la conquête. Certains d'entre eux allèrent jusqu'en Sicile où ils chassèrent les Arabes, puis ils conquirent le sud de l'Italie, d'où ils partirent soutenir le pape contre les attaques d'Henri IV, sous le commandement de leur chef, Robert Guiscard. D'autres traversèrent l'étroit bras de mer séparant la France de l'Angleterre, la Manche, et, guidés par leur roi, Guillaume (appelé Guillaume le Conquérant), ils battirent, en 1066, le roi anglais (l'un des descendants du roi danois Cnut). Presque tous les Anglais connaissent cette date, car ce fut la dernière fois qu'une armée ennemie mit le pied en Angleterre.

Guillaume fit alors recenser tous les villages et toutes les propriétés et en répartit la plupart en fiefs, qu'il octroya aux soldats de son expédition. En Angleterre, la noblesse était désormais normande. Et comme ces Normands venus de Normandie parlaient le français, la langue anglaise est, aujourd'hui encore, un mélange de vieil allemand et de langue romane.

Des chevaliers chevaleresques

Tu as sûrement déjà entendu parler des chevaliers au temps de la chevalerie. Peut-être as-tu lu aussi des livres dans lesquels il est beaucoup question d'armures et d'écuyers, de panaches et de nobles coursiers, d'armoiries chamarrées et de châteaux forts, de duels et de jeux chevaleresques au cours desquels les femmes attribuaient les récompenses, de voyages aventureux et de châtelaines délaissées, de chanteurs ambulants (ménestrels et troubadours) et de départs vers la Terre sainte. Le plus beau est que tout cela a réellement existé. Cette évocation empreinte d'un certain romantisme n'est pas pure invention. Il fut une fois un monde où tout n'était que couleur et aventure, où les hommes prenaient plaisir à participer au jeu étrange et néanmoins grandiose de la chevalerie, un jeu qui souvent était très sérieux.

Mais quand y eut-il des chevaliers et que s'est-il passé ?

Chevalier signifie en fait cavalier, et c'est ainsi que commença la chevalerie. Celui qui pouvait s'offrir un beau cheval de combat pour partir à la guerre était chevalier. Celui qui n'en avait pas les moyens devait marcher à pied et n'était pas chevalier. Les nobles, auxquels le roi avait octroyé des fiefs, étaient des chevaliers. Quant aux serfs, ils n'avaient comme seule ressource que celle de leur livrer l'avoine pour leur cheval. Par contre, les gestionnaires des nobles, les intendants, à qui le prince concédait à son tour une partie de ses terres, étaient assez riches pour avoir leur propre cheval, même si, par ailleurs, ils n'avaient que peu de pouvoir. Lorsque leur seigneur était appelé à la guerre par le roi, ils devaient l'accompagner avec leurs chevaux. Eux aussi étaient donc des chevaliers. Seuls les paysans et les serviteurs pauvres, tels les valets, qui, eux, devaient se battre à pied, n'en étaient pas.

Cet état de chose commença sous l'empereur Henri IV, c'est-à-dire après l'an 1000, et demeura ainsi au cours des siècles suivants, non seulement en Allemagne, mais aussi et surtout en France.

Au début, cependant, ces cavaliers ne ressemblaient pas encore aux chevaliers tels que nous nous les représentons. Cela ne se mit en place que lentement. Peu à peu, princes et nobles se firent construire ces énormes châteaux forts, imposants et fiers, que nous pouvons voir aujourd'hui encore dans nos régions montagneuses. Ils y régnaient en maître, et gare à ceux qui venaient les importuner! Ces châteaux se dressaient généralement au-dessus de falaises dentelées, aux parois abruptes, que l'on ne pouvait escalader que par un seul versant en empruntant un étroit sentier équestre.

Avant d'arriver à la grande porte du château, il y avait généralement un large fossé, parfois rempli d'eau. Au-dessus se trouvait un pont-levis, que l'on pouvait relever à tout moment en tirant sur des chaînes. Le château était alors fermé et plus personne ne pouvait y pénétrer. Car, de l'autre côté du fossé, s'élevaient d'épaisses murailles, solidement construites, avec des meurtrières d'où l'on pouvait envoyer des flèches, et des ouvertures d'où l'on pouvait déverser de la poix bouillante sur les ennemis. Ces murailles avaient des créneaux et des mâchicoulis, derrière lesquels on pouvait observer l'ennemi. Après cette première muraille se tenait souvent une seconde, voire une troisième muraille, avant d'atteindre la cour du château. De cette cour, on accédait à des salles, lieux d'habitation du chevalier, de sa famille et de ses hommes. Une grande salle chauffée par un feu de cheminée était réservée aux femmes, moins aguerries que les hommes aux rigueurs du froid.

La vie dans ces châteaux forts était loin d'être confortable. La cuisine était une pièce obscurcie par la suie, où l'on faisait rôtir de la viande à la broche sur une grande flambée de bois. En plus des salles réservées aux valets et aux chevaliers eux-mêmes, il y avait la chapelle, où le chapelain disait la messe, et le donjon, tour imposante située au cœur du château, où l'on entreposait habituellement les vivres et où les chevaliers se réfugiaient lorsque les ennemis réussissaient à venir à bout de la montagne, du fossé, du pont-levis, de la poix bouillante et de la triple enceinte de murailles... Les assaillants arrivaient alors au pied de cette tour qui les défiait par sa hauteur, d'où les chevaliers pouvaient se défendre jusqu'à l'arrivée des renforts.

Il est encore une chose que nous ne devons pas oublier. Les oubliettes ! C'était une sorte de cave profonde, étroite, obscure et glaciale, dans laquelle le chevalier jetait les ennemis capturés, condamnés à mourir à petit feu si aucune rançon n'était versée en échange de leur libération.

Tu as certainement déjà vu un château fort comme celui-là. Mais la prochaine fois que tu en verras un, ne pense pas seulement aux chevaliers dans leur cotte de mailles l'encerclant et cherchant à le prendre d'assaut. Prends aussi le temps d'observer ses murailles et ses tours et pense aux hommes qui les ont élevées. Rends-toi compte. Des murailles surplombant des précipices, des tours haut perchées sur la pointe de rochers ! Tout cela avait été construit par les paysans – les serfs, ces hommes privés de liberté dont on ne demandait pas l'avis. Il leur fallait casser des pierres et les monter au sommet de la falaise, puis les hisser à nouveau pour les assembler les unes sur les autres. Et quand ils n'en avaient plus la force, leurs femmes et leurs enfants leur venaient en aide. Car les chevaliers pouvaient tout exiger d'eux. Il faut bien reconnaître qu'il était plus agréable d'être chevalier que serf !

Les fils des serfs devenaient à leur tour des serfs et les fils des chevaliers devenaient des chevaliers. Cela ne différait pas beaucoup de ce qui se passait dans l'Inde ancienne avec ses différentes castes.

Dès l'âge de sept ans, le fils d'un chevalier était envoyé dans un autre château pour y apprendre à connaître la vie. On lui donnait le nom de damoiseau ou de page. Il était au service des châtelaines, devant tenir leur traîne ou leur faire la lecture, car les femmes, souvent, ne savaient ni lire, ni écrire. Or, les pages avaient généralement appris à lire et à écrire. À quatorze ans, le damoiseau était élevé au rang d'écuyer. Il n'était plus tenu de rester assis au coin du feu. Il avait désormais le droit d'accompagner le chevalier à la chasse ou à la guerre, de porter son bouclier et son épée, de lui tendre au combat une seconde lance quand la première se brisait. Mais il lui devait obéissance et fidélité. S'il faisait preuve de courage et de dévouement, il était lui-même adoubé chevalier, à l'âge de vingt et un ans. La cérémonie de l'adoubement était d'une grande solennité. Avant son déroulement, l'écuyer devait jeûner pendant plusieurs jours et prier dans la chapelle du château, où il recevait la communion des mains du chapelain. Le jour de la cérémonie, il devait s'agenouiller entre deux témoins, vêtu de son armure, mais sans son heaume, son épée et son bouclier. Son seigneur le nommait alors chevalier en frappant du plat de son épée ses épaules et sa nuque, puis il prononçait ces mots :

> « Pour l'honneur de Dieu et de Marie
> Ce coup et pas un de plus.
> Sois vaillant, honnête et loyal,
> Mieux vaut être chevalier que valet. »

À ce moment-là seulement, l'écuyer avait le droit de se relever. Il n'était plus un écuyer, mais un chevalier qui pourrait à son tour adouber d'autres chevaliers, qui porterait désormais ses propres armoiries sur son bouclier, un lion, une panthère ou une fleur, et qui, le plus souvent, se choisirait une belle devise pour guider sa vie. On lui remettait solennellement l'épée et le heaume, on lui mettait aux pieds des éperons dorés, on accrochait à son bras son bouclier et, ainsi équipé, il partait sur son cheval, son panache flamboyant volant au vent, tenant sa lance, vêtu de son long manteau de pourpre recouvrant sa cotte de mailles, accompagné d'un écuyer, témoin de sa dignité de chevalier.

À la solennité de cette cérémonie, tu comprends qu'un chevalier était bien plus qu'un simple guerrier allant à pied. Il devenait en quelque sorte membre d'une congrégation ou d'un ordre religieux, au même titre qu'un moine. En effet, pour être un bon chevalier, il ne suffisait pas d'être vaillant. Comme le moine qui servait Dieu par ses prières et ses bonnes actions, le chevalier devait servir Dieu par sa force. Il devait protéger les faibles et les sans-défense, les femmes, les pauvres, les veuves et les orphelins. Il devait tirer son épée pour la défense de l'équité et servir Dieu dans ses moindres actes. Il devait une obéissance absolue à son seigneur, son suzerain. Il devait être prêt à tout pour lui. Il n'avait pas le droit d'être brutal, ni d'être lâche. Lorsqu'il combattait, il ne devait jamais s'associer à un deuxième combattant pour attaquer un ennemi isolé, mais le combattre seul à seul. Il n'avait pas le droit d'humilier les vaincus. Aujourd'hui encore, on dit de quelqu'un qui respecte ces principes qu'il est « chevaleresque », parce qu'il agit selon l'idéal des chevaliers.

Quand un chevalier aimait une dame, il partait au combat pour lui faire honneur et cherchait à surmonter les aventures les plus audacieuses pour que sa renommée retombe sur la dame de son cœur. Il ne s'approchait d'elle qu'avec respect et faisait tout ce qu'elle lui demandait. Cela faisait également partie du caractère chevaleresque. Et si, aujourd'hui, cela te semble naturel de laisser le passage à une femme ou de te pencher pour ramasser quelque chose qu'elle a fait tomber, dis-toi que survit en toi un peu de l'idéal des chevaliers de ce temps-là, selon lequel un homme digne de ce nom se doit de protéger les faibles et de respecter les femmes.

En temps de paix, le chevalier faisait aussi la preuve de son courage et de son habileté au cours de jeux auxquels on donnait le nom de « tournois ». En ces occasions, des chevaliers, venus de tout le royaume, se rassemblaient pour mesurer leur force. Montés sur leur cheval, deux chevaliers avançaient l'un vers l'autre, équipés de leur cuirasse et d'une lance dont la pointe était émoussée, et le vainqueur était celui qui parvenait à désarçonner l'adversaire. L'épouse du seigneur le récompensait en lui faisant un présent, généralement une couronne de fleurs. Pour plaire

aux dames, le chevalier ne devait pas uniquement briller par ses faits d'armes. Il devait aussi se comporter avec modération et noblesse, ne pas s'emporter ni proférer de jurons, ce qui est souvent le propre des guerriers. Une chose encore : il devait maîtriser les arts des temps de paix, tels le jeu d'échecs et la poésie.

Il est intéressant de remarquer que les chevaliers furent souvent de grands poètes. Ils chantaient les louanges de leur bien-aimée, leur beauté et leur vertu. Ils aimaient aussi évoquer les exploits d'autres chevaliers des temps plus anciens. De longues épopées en vers contaient l'histoire de Parsifal et des preux chevaliers, gardiens du saint Graal (la coupe dans laquelle le Christ avait bu pendant la Cène), celle du roi Arthur et de Lohengrin, ou l'histoire malheureuse de Tristan et Iseut. Ils contaient même l'histoire d'Alexandre le Grand et celle de la guerre de Troie.

Ménestrels et troubadours parcouraient le pays, allant de château en château chanter inlassablement les vieilles légendes de Siegfried, le tueur de dragons, et de Théodoric, devenu Dietrich de Berne, le roi des Goths. Ces chants, tels qu'ils existaient en Autriche au bord du Danube et tels que nous les connaissons aujourd'hui, remontent à cette époque de la chevalerie, car tous ceux qui furent retranscrits sous Charlemagne ont disparu. Et, quand tu lis le *Chant des Nibelungen* (nom donné à la légende de Siegfried), tu remarqueras que tous les anciens paysans-guerriers germains se comportaient comme de véritables chevaliers et que même le redoutable chef des Huns, Attila (le roi Etzel), qui célèbre avec faste son mariage à Vienne avec Kriemhild, la veuve de Siegfried, est montré sous des traits nobles et chevaleresques.

Tu te souviens que le premier devoir des chevaliers était de se battre pour Dieu et la chrétienté. Ils trouvèrent une grande occasion de le faire. Le tombeau du Christ, à Jérusalem, était, comme toute la Palestine, entre les mains des Arabes, ces « infidèles ». Le jour où un prédicateur français le rappela avec véhémence aux chevaliers chrétiens et où le pape, devenu le grand maître de la chrétienté après sa victoire sur les rois allemands, pria ces mêmes chevaliers de l'aider à libérer le tombeau, des dizaines de milliers s'écrièrent avec enthousiasme : « Dieu le veut ! Dieu le veut ! »

Sous la conduite d'un duc français, Godefroy de Bouillon, les chevaliers partirent pour la Palestine en 1096, passant par la vallée du Danube, Constantinople et l'Asie Mineure. Ils portaient, comme ceux qui les accompagnaient, une croix en étoffe rouge attachée sur l'épaule. On les appela « les croisés ». Ils voulaient en effet libérer le pays où le Christ avait été crucifié. Quand, après d'incroyables épreuves et de nombreux combats, ils arrivèrent enfin devant Jérusalem, j'imagine qu'ils furent terriblement émus de voir de leurs propres yeux la Ville sainte tant contée par la Bible, et ils durent verser des larmes en baisant la terre qu'ils venaient de fouler. Puis ils assiégèrent la ville, vaillamment défendue par des troupes arabes, dont ils finirent par s'emparer.

Mais, une fois maîtres de Jérusalem, ils ne se comportèrent plus comme des chevaliers, ni même comme des chrétiens. Ils massacrèrent tous les musulmans et se livrèrent à des actes d'une incroyable barbarie. Ils firent ensuite pénitence et, pieds nus, chantant des psaumes, ils se rendirent sur le tombeau du Christ.

Les croisés fondèrent le royaume chrétien de Jérusalem et le confièrent à Godefroy de Bouillon. Mais ce petit royaume, sans véritable défense, loin de l'Europe et environné d'États musulmans, fut sans cesse l'objet d'agressions armées arabes, entraînant chaque fois des prédicateurs français et allemands à exhorter les chevaliers à de nouvelles croisades. Toutes ne furent pas couronnées de succès.

Les croisades exercèrent cependant un bienfait que les chevaliers n'avaient pas forcément recherché. Dans cet Orient lointain, les chrétiens découvrirent la culture arabe, leurs édifices, leur sens de la beauté et leur érudition. À peine cent ans après la première croisade, on se passionna, en Italie, en France et en Allemagne, pour l'étude et la lecture des fameux écrits du maître d'Alexandre le Grand, Aristote, traduits alors de l'arabe en latin. On s'interrogea beaucoup sur les rapprochements possibles entre l'enseignement d'Aristote et celui de l'Église, et on écrivit en latin toutes ses réflexions, souvent difficiles, dans d'énormes livres. Tout ce que les Arabes avaient appris ou découvert au cours de leurs conquêtes à travers le monde, les croisés le rapportèrent en France et en Allemagne. Dans de nombreux domaines, l'exemple de ceux qu'ils considéraient comme des ennemis fit de ces guerriers barbares de l'Europe de véritables chevaliers « chevaleresques ».

Empereur au temps de la chevalerie

En cette époque de contes de fées, riche en couleurs et en aventures, régnait en Allemagne une nouvelle famille de chevaliers, les Hohenstaufen, du nom de leur château. Un de leurs descendants fut l'empereur Frédéric Ier. Comme il portait une longue barbe d'un rouge flamboyant, les Italiens le surnommèrent Barberousse. Tu vas certainement te demander pourquoi l'Histoire a retenu ce surnom italien, alors que Frédéric Ier était allemand. C'est très simple. L'empereur résidait très souvent en Italie et c'est dans ce pays qu'il s'illustra le plus. La raison de son attrait pour l'Italie ne s'expliquait pas uniquement par la présence du pape, qui avait le pouvoir de remettre la couronne impériale romaine aux rois allemands. Frédéric Ier voulait aussi régner sur l'Italie, car il avait besoin d'argent. Je devine déjà ta question : il ne pouvait donc pas trouver de l'argent en Allemagne ? Eh non ! En ce temps-là, il n'y avait quasiment pas d'argent en Allemagne.

T'es-tu parfois demandé pourquoi on a besoin d'argent ? Je sais que tu vas répondre : pour vivre, évidemment ! Mais c'est inexact. As-tu déjà mordu dans une pièce de monnaie ? Tu comprends, maintenant. Pour vivre, nous nous nourrissons de pain et d'autres denrées alimentaires. Or, celui qui cultive le blé pour faire du pain n'a pas besoin d'argent, pas plus que Robinson sur son île déserte. Ceux qui recevaient gratuitement du pain n'en avaient également pas besoin. La situation en Allemagne était en effet la suivante : les serfs cultivaient leurs champs et donnaient un dixième de leur récolte (la dîme) aux chevaliers et aux monastères, dont ils étaient la propriété.

Mais, vas-tu me dire, comment faisaient les serfs pour se procurer charrues, vêtements et harnais pour l'attelage de leurs bêtes de trait ? Eh bien, ils procédaient généralement par des échanges. Quand, par exemple, un paysan avait un bœuf mais préférait avoir six moutons pour se confectionner un vêtement avec leur laine, il faisait un échange avec un voisin. Et quand il abattait un bœuf et qu'au cours des longues soirées d'hiver il sculptait ses deux cornes pour en faire de superbes hanaps, il pouvait échanger l'un d'eux contre du chanvre cultivé par son voisin pour que sa femme puisse se tisser un manteau. C'est ce qu'on appelle le « troc ». Autrefois donc, en Allemagne, on se passait très bien d'argent, car la plupart des gens étaient soit paysans, soit seigneurs. Quant aux monastères, ils pouvaient aussi se passer d'argent. Ils possédaient beaucoup de terres, que des gens pieux leur avaient offertes ou léguées en héritage.

En dehors des grandes forêts et des petits lopins de terre, de quelques villages, châteaux et monastères, il n'y avait quasiment rien d'autre dans le vaste Empire allemand. Il n'existait que peu de villes. Or, ce n'était que dans les villes que l'on avait besoin d'argent. On n'imagine tout de même pas des cordonniers, des tisserands, des copistes apaiser leur faim et leur soif avec leurs cuirs, leurs étoffes ou leur encre ! Ils avaient besoin de pain. Tu te vois aller chez le cordonnier et lui donner du pain en échange d'une paire de souliers pour qu'il puisse vivre ? Et où prendras-tu le pain si tu n'es pas paysan ? Tu vas me répondre : chez le boulanger, évidemment ! Mais que te donnera le boulanger en échange ? – Je pourrais lui proposer de l'aider. – Admettons. Mais s'il n'a pas besoin de ton aide ? Ou supposons que tu aides déjà la marchande de fruits ! Comment fais-tu ? Tu vois, ce serait incroyablement compliqué si, dans les villes, on ne voulait vivre que du troc.

C'est pourquoi les gens se mirent d'accord pour utiliser en guise de troc quelque chose que tout le monde souhaitait avoir et donc accepterait, et qu'il était facile de fragmenter et de porter sur soi, où que l'on aille. Une chose qui garderait aussi sa valeur quand on la mettait de côté.

Ce qui correspondait le mieux à l'objectif recherché était le métal rare – l'or ou l'argent. En ce temps-là, les valeurs monétaires furent uniquement en métal et les gens vraiment riches portèrent des bourses accrochées à leur ceinture, remplies de pièces d'or. Désormais, tu pouvais donner de l'argent au cordonnier en échange d'une paire de chaussures. Avec cet argent, il achetait du pain chez le boulanger, qui, à son tour, le donnait au paysan en échange de son blé et de sa farine, lequel, pour finir, pouvait s'acheter une nouvelle charrue, qu'il n'aurait pu échanger contre le jardin du voisin.

Comme je viens de le dire, l'Allemagne au temps de la chevalerie avait si peu de villes que les gens pouvaient se passer d'argent. En revanche, l'argent était connu des Italiens, car il circulait déjà au temps des Romains. En Italie, il y avait toujours eu de grandes villes avec beaucoup de commerçants, qui, en plus de l'argent qu'ils portaient sur eux, en entreposaient dans d'énormes coffres en bois.

Certaines de ces villes italiennes étaient au bord de la mer, comme Venise, qui se trouvait même en pleine mer, construite sur un ensemble d'îlots où les habitants, du temps des Huns, avaient trouvé refuge. Il y avait d'autres villes portuaires d'une grande importance, telles que Gênes ou Pise, et les navires des « bourgeois » (nom donné aux habitants des villes, ou bourgs) faisaient voile très loin de par le monde et rapportaient de belles étoffes des pays du Soleil levant, ainsi que des épices rares et des armes d'une grande valeur. Débarqués dans les ports, ces produits étaient revendus à l'intérieur des terres, dans des villes comme Florence, Vérone et Milan, où, avec ces étoffes, on confectionnait des vêtements, des drapeaux et des tentes. Ces produits étaient à leur tour revendus en France, notamment à Paris, qui comptait alors près de 100 000 habitants, en Angleterre ou en Allemagne. En fait, peu de ces produits étaient vendus en Allemagne, car les Allemands n'avaient que trop peu d'argent pour les acquérir.

Les habitants des villes, les bourgeois, devenaient de plus en plus riches. Or personne ne pouvait leur donner des ordres, puisqu'ils n'étaient pas des paysans et n'appartenaient donc à aucun fief. Mais comme personne ne leur octroyait de terres, ils n'étaient également pas de vrais seigneurs. Comme dans l'Antiquité, ils gouvernaient leur ville et rendaient la justice eux-mêmes, si bien qu'ils devinrent très vite aussi libres et indépendants que les moines ou les chevaliers. C'est pourquoi on les appela le « tiers état », puisque la catégorie des paysans ne comptait absolument pas.

Cela nous ramène à l'empereur Frédéric Barberousse, qui avait besoin d'argent. En tant qu'empereur du Saint Empire romain germanique, il voulait régner aussi en véritable souverain sur l'Italie, ce qui impliquait que les « bourgeois » italiens devaient lui verser des impôts. Or ces derniers s'y refusaient. Ils s'étaient habitués à être libres et voulaient le rester. Barberousse traversa donc les Alpes avec une armée et, en 1158, il convoqua les plus célèbres juristes, les sommant de déclarer solennellement et officiellement aux Italiens qu'étant empereur de l'Empire romain germanique, il était à ce titre le successeur des empereurs romains et bénéficiait donc des mêmes droits que ceux qui avaient été les leurs mille ans plus tôt.

Mais les citoyens italiens n'en eurent cure et ne voulurent rien payer. L'empereur dut engager son armée contre eux, en particulier contre la ville de Milan, principal foyer de la rébellion. On raconte que l'insoumission des Milanais l'avait mis dans une telle fureur qu'il s'était juré ne pas remettre la couronne impériale sur sa tête tant qu'il ne se serait pas emparé de la ville. Il ne faillit pas à sa parole. Il attendit que la ville tombe et soit totalement détruite pour donner un festin où il apparut avec son épouse, l'un et l'autre portant à nouveau la couronne.

Malgré tous ses exploits guerriers, il eut à peine tourné le dos à l'Italie pour revenir dans sa patrie que le vent de la révolte se remit à souffler. Les Milanais reconstruisirent leur ville et ne voulurent toujours pas entendre parler d'un souverain allemand. Barberousse dut revenir six fois en Italie, mais il retira de ces campagnes plus de renommée que de succès.

Il passait pour être le parfait exemple du chevalier. Il débordait de vitalité, et pas seulement de vitalité physique. Il était aussi d'une grande libéralité et avait l'art de donner des fêtes. Aujourd'hui, nous ne savons plus ce qu'est vraiment une fête. En ce temps-là, la vie quotidienne était moins mouvementée et plus monotone que de nos jours. Mais une fête était d'une profusion de prodigalités et de couleurs indescriptible. On se serait cru dans un conte. Par exemple, pour la célébration de l'adoubement de ses fils, en 1181, Frédéric Barberousse donna une fête où il invita 40 000 chevaliers, accompagnés de leurs hommes et de leurs valets. Ils logeaient sous des tentes chamarrées et lui-même et ses fils logeaient dans la plus grande, une tente en soie, placée au milieu du camp. Partout brûlaient des feux sur lesquels on faisait griller à la broche des bœufs entiers, des cochons et un nombre incroyable de poulets. Il y avait des gens en costumes régionaux venus de tous les horizons, des jongleurs et des saltimbanques, mais aussi des artistes ambulants qui chantaient pendant les repas les plus belles légendes anciennes. Ce devait être extraordinaire ! L'empereur lui-même démontrait sa force en prenant part aux tournois avec ses fils, sous le regard de tous les nobles de l'Empire. Des fêtes comme celle-là duraient plusieurs jours, et leur souvenir se perpétuait longtemps dans de nouvelles chansons.

En vrai chevalier, Frédéric Barberousse partit lui aussi en croisade. Ce fut la troisième croisade, à laquelle participèrent aussi le roi anglais Richard Cœur de Lion et le roi français Philippe-Auguste. Elle eut lieu en 1189. Les deux rois empruntèrent les voies maritimes, Barberousse passa par les terres. Malheureusement, il se noya au cours d'une baignade dans un fleuve d'Asie Mineure.

Le petit-fils de Frédéric Barberousse, Frédéric II de Hohenstaufen, fut un homme plus étonnant encore. Il avait été élevé en Sicile. Lorsqu'il était enfant et ne pouvait donc prétendre au pouvoir, la situation en Allemagne était troublée par les rivalités entre de puissantes familles qui se disputaient le titre de nouveau souverain. Les unes étaient pour un certain Philippe, dernier fils de Frédéric Barberousse, les autres pour un dénommé Otton, de la famille des Welf. Comme les gens n'arrivaient pas à s'entendre, ils saisirent cette occasion pour se chamailler à nouveau. Il suffisait que l'un fût pour Philippe pour que le voisin fût automatiquement pour Otton. Ces disputes entre ces deux clans (qui, en Italie, prendront les noms de « Guelfes » et de « Gibelins ») perdureront de très nombreuses années, alors qu'il n'y avait plus de Philippe ni d'Otton depuis longtemps.

Entre-temps, en Sicile, Philippe avait grandi. Il avait même beaucoup grandi. Non seulement physiquement, mais aussi intellectuellement. Son tuteur était un des hommes les plus importants de l'époque, le pape Innocent III. Ce que Grégoire VII, le grand adversaire du roi allemand Henri IV, avait vainement souhaité obtenir (on se souvient de la querelle des investitures), Innocent III y était parvenu. Il était réellement devenu le maître de toute la chrétienté. Doté d'une intelligence et d'une culture exceptionnelles, il sut imposer son pouvoir non seulement sur tous les chrétiens, mais aussi sur tous les princes d'Europe, pouvoir qui s'étendit jusqu'en Angleterre. Et le jour où le roi anglais Jean décida de ne plus lui obéir, il l'excommunia et interdit aux prêtres de lui servir la messe. Les nobles anglais, comtes et chevaliers, en voulurent tellement à leur roi qu'ils lui retirèrent presque tout pouvoir (d'où le nom de Jean sans Terre qui lui fut donné). En 1215, celui-ci dut promettre solennellement qu'il ne ferait rien qui irait à l'encontre de leur volonté. Il s'engagea par écrit, dans un texte appelé la Grande Charte (en latin, *Magna Charta*), à leur concéder pour toujours un grand nombre de droits, ces mêmes droits dont les citoyens anglais jouissent encore aujourd'hui. Mais, à compter de ce jour, l'Angleterre eut pour obligation de payer des redevances au pape Innocent III. C'est dire quel était son pouvoir.

Le jeune Frédéric II était lui aussi très intelligent, et, autre atout non négligeable, extrêmement avenant. Pour devenir roi allemand, il quitta la Sicile et se rendit à Constance. Pratiquement sans escorte, lors d'une équipée parsemée d'embûches, il traversa l'Italie à cheval, puis passa les montagnes suisses. C'est alors que son adversaire, Otton de Welf, accourut à la tête d'une armée pour lui barrer la route. Pour Frédéric, la situation semblait désespérée. Mais, dès que les bourgeois de Constance le virent et comprirent quel genre d'homme il était, ils furent tellement subjugués qu'ils se rallièrent à sa cause et s'empressèrent de fermer les portes de la ville de Constance derrière lui. Otton, arrivé exactement une heure après Frédéric, n'eut plus qu'à se replier avec son armée.

Frédéric, ayant su de la même façon gagner à lui tous les princes allemands, devint d'un seul coup un puissant monarque. Tous les seigneurs d'Allemagne et d'Italie devinrent ses vassaux, situation qui, une nouvelle fois, engendra un conflit entre le nouvel empereur allemand et le pape, exactement comme jadis entre Henri IV et Grégoire VII. Mais Frédéric II n'avait rien d'un Henri IV. Il n'avait aucunement l'intention d'aller à Canossa et de s'abaisser devant le pape en faisant pénitence. Il était intimement convaincu que Dieu l'avait désigné pour devenir le maître du monde, conviction dont se réclamait aussi le pape Innocent III. Mais il bénéficiait d'un énorme avantage : il avait le même savoir qu'Innocent III, puisque ce dernier avait été son tuteur, et le même savoir que les Allemands, puisqu'il était de leur famille. Enfin, il avait le même savoir que les Arabes de Sicile, puisqu'il avait grandi dans ce pays où, d'ailleurs, il passa ensuite la plus grande partie de sa vie. Mais c'est de l'enseignement acquis en Sicile qu'il tira le plus grand profit.

Tous les peuples avaient déjà régné sur la Sicile : les Phéniciens, les Grecs, les Carthaginois, les Romains, les Arabes, les Normands, les Italiens et les Allemands, auxquels s'ajoutèrent bientôt les Français. Ce qui s'y était passé avait dû ressembler à la Tour de Babel, à la différence que les hommes, en Sicile, n'avaient en fait rien compris. Or, Frédéric avait fini par presque tout comprendre. Il connaissait toutes les langues ainsi que beaucoup de sciences. Il savait composer des poèmes et était un brillant chasseur (il écrivit un livre sur la chasse au faucon, souvent pratiquée en ce temps-là).

Frédéric avait surtout une parfaite connaissance de toutes les religions. Il n'y avait qu'une chose qu'il n'arrivait pas à comprendre : pourquoi les gens passaient-ils leur temps à se quereller ? Il aimait s'entretenir avec les érudits musulmans, tout en demeurant un fervent chrétien. Déjà irrité par les querelles de pouvoir, le pape lui en voulut plus encore lorsqu'il fut informé de sa familiarité avec les Arabes. Mais il y eut plus mécontent qu'Innocent III : son successeur, le pape Grégoire, un homme aussi influent que lui, mais peut-être moins clairvoyant. Grégoire insista pour que Frédéric entreprenne une croisade. Frédéric finit par accepter. Mais il obtint sans combat ce que les anciens croisés avaient obtenu au prix de très nombreuses pertes : que les pèlerins chrétiens aient le droit de se rendre sur le tombeau du Christ sans crainte d'être agressés et que toute la région située autour de Jérusalem leur appartienne. Tu souhaiterais évidemment savoir comment il s'y est pris. C'est très simple. Il négocia avec le calife (ou sultan) alors en place et conclut un pacte avec lui.

Frédéric et le calife furent l'un et l'autre fort satisfaits d'être arrivés à cet accord sans avoir eu à se battre, mais l'évêque de Jérusalem s'offusqua de ne pas avoir été consulté. Il se plaignit alors auprès du pape, accusant l'empereur de trop bien s'entendre avec les Arabes. Le pape finit par croire que l'empereur s'était réellement converti à la religion musulmane et l'excommunia. Mais l'empereur Frédéric II n'en eut cure, tant il était persuadé d'avoir obtenu pour les chrétiens bien plus que tous les autres avant lui. Et, de ses propres mains, il mit la couronne de Jérusalem sur sa tête, puisque, refusant de s'opposer à la volonté du pape, pas un ecclésiastique ne voulut le faire.

Frédéric prit ensuite le bateau pour rentrer chez lui en Sicile, chargé des nombreux cadeaux offerts par le sultan : des léopards pour la chasse et des dromadaires, des pierres précieuses et toutes sortes de choses aussi incroyables les unes que les autres. Une fois revenu en Sicile, il s'entoura de tous ces présents, puis il demanda à de grands artistes de travailler pour lui. Chaque fois qu'il voulait oublier la fatigue du pouvoir, il se réjouissait au spectacle de tant de beautés. Il fut toutefois un vrai souverain. N'étant pas satisfait de la formule de l'octroi, il préféra désigner des fonctionnaires. Plutôt que de recevoir des terres, ces derniers reçurent un salaire mensuel. N'oublie pas que cela se passait en Italie où, tu t'en souviens, il y avait de l'argent.

L'empereur était un homme fort différent de ses contemporains, et personne, pas même le pape, ne savait exactement ce qu'il avait en tête. Dans la lointaine Allemagne, on ne se souciait pas beaucoup de cet étrange empereur aux idées si bizarres. Face à cette incompréhension générale, Frédéric eut une fin de règne difficile. Même son propre fils s'opposa à lui, montant les Allemands contre lui, et son conseiller préféré passa dans le camp du pape, si bien qu'il se retrouva seul. Il avait souhaité mettre en place quantité de projets pleins de bons sens, mais très peu virent le jour, car il n'eut désormais plus le pouvoir de les imposer. Il sombra lentement dans la tristesse et l'amertume jusqu'au jour de sa mort, en 1250.

Le fils de Frédéric mourut au combat encore jeune homme, alors qu'il se battait pour le pouvoir, et son petit-fils Conrad fut fait prisonnier par ses ennemis, puis décapité à Naples, à l'âge de vingt-quatre ans. Telle fut la triste fin de la grande famille de chevaliers et de souverains des Hohenstaufen.

Alors que Frédéric régnait encore sur la Sicile et se querellait avec le pape, un grand malheur s'était abattu sur le monde, contre lequel ni l'un ni l'autre n'avaient pu agir, parce qu'ils étaient divisés. De nouvelles hordes de cavaliers étaient venues d'Asie. Cette fois, il s'agissait des plus puissants qui soient, les Mongols. Même la Grande Muraille de Qin Tsin Huangdi n'avait pu les arrêter. Conduites par leur roi Gengis Khan, elles conquirent tout d'abord la Chine, qu'elles décimèrent et pillèrent avec sauvagerie. Elles firent de même en Perse. Puis elles se tournèrent vers l'Europe, empruntant le même chemin que les Huns, les Avars et les Magyars. Elles se livrèrent à d'horribles massacres en Hongrie et en Pologne. En 1241, elles finirent par atteindre les frontières de l'Allemagne, à Breslau, dont elles s'emparèrent et qu'elles incendièrent.

Ces hordes tuaient tous ceux qu'elles trouvaient sur leur passage. Plus personne ne savait comment leur échapper. L'Empire des Mongols était devenu le plus grand qui ait jamais existé. Imagine un peu. Il allait de Pékin à Breslau ! Or, au fil du temps, leurs troupes ne ressemblèrent plus à des hordes sauvages. Elles étaient devenues des armées de guerriers parfaitement entraînées, conduites par des généraux d'une grande habileté. Face à elles, la chrétienté se montrait impuissante. Elles avaient même réussi à anéantir une grande armée de chevaliers. Alors que le danger était à son paroxysme, leur empereur vint à mourir quelque part en Sibérie, et les guerriers mongols firent demi-tour, rappelés par les intrigues entourant la succession impériale. Mais ils dévastèrent sur leur passage tous les pays qu'ils traversèrent.

Après la mort du dernier Hohenstaufen, ce fut de nouveau le chaos en Allemagne. La situation devint même pire qu'auparavant. Personne n'arrivait à s'entendre sur le choix d'un nouveau roi, si bien qu'il n'y en eut pas. Comme il ne se trouvait ni roi, ni empereur, ni qui que ce soit d'autre pour reprendre en main le pouvoir, il s'ensuivit l'anarchie la plus totale. Les plus forts s'emparaient des biens des plus faibles. On parla alors du « droit du plus fort », car on n'hésitait pas à recourir aux poings pour se battre. Tu remarqueras que le « droit du plus fort » n'est en rien un droit. Il est un « non-droit », autrement dit une parfaite injustice.

La population en était consciente et souhaitait revenir aux temps anciens. Mais ce que l'on souhaite est généralement ce dont on rêve, ce qui signifie bien souvent que l'on finit par confondre rêve et réalité. C'est ainsi que les gens se persuadèrent que l'empereur Frédéric n'était pas mort, mais qu'il était retenu par magie dans une montagne, où il attendait, assis. Il se produisit alors une chose surprenante. Peut-être t'est-il déjà arrivé de rêver de quelqu'un qui t'apparaît tantôt sous les traits d'une personne, tantôt sous les traits d'une autre, et peut-être même sous les traits de l'une et de l'autre à la fois. C'est ce qui advint. Les gens rêvaient tantôt du grand souverain, sage et équitable, assis dans les profondeurs de la montagne de Kyffhäuser (il s'agissait de Frédéric II

L'Empire des guerriers mongols était si puissant qu'après la destruction de Breslau, toute l'Europe fut menacée.

de Sicile), qui, un jour, reviendrait et finirait par faire comprendre ce qu'il voulait, tantôt du souverain à la longue barbe (qui n'était autre que Frédéric Barberousse), devenu si puissant qu'après avoir vaincu tous ses ennemis, il créait un royaume aussi merveilleux et fastueux que la fête donnée autrefois à Mayence.

Plus la situation se détériorait, plus les gens attendaient le miracle ! Ils imaginaient leur souverain assis dans la montagne, accoudé à une table en pierre que sa barbe flamboyante, qui continuait de pousser, avait fini par transpercer, tant il était plongé depuis longtemps dans un profond sommeil. Il ne se réveillerait, disait-on, que tous les cent ans et demanderait alors à son écuyer si les corbeaux continuaient de tourner autour de la montagne. Le jour où l'écuyer lui répondrait : « Non, Sire, je n'en vois point », il se lèverait et trancherait de son épée la table transpercée par sa barbe. Puis il briserait la montagne dans laquelle il était retenu ensorcelé, et il en sortirait sur son cheval, vêtu d'une armure étincelante, accompagné de tous ses hommes. Tu imagines la drôle de tête que feraient les gens d'aujourd'hui ?

Finalement, ce ne fut pas ce miracle qui remit un peu d'ordre dans le monde, mais un chevalier énergique, habile et clairvoyant, dont le château fort se trouvait en Suisse et qui portait le nom de Rodolphe de Habsbourg. En 1273, les princes l'avaient élu roi, espérant qu'en choisissant un chevalier pauvre et sans renommée, ils le manipuleraient à leur guise. Mais c'était ignorer l'habileté et l'intelligence de Rodolphe. Il est vrai qu'au début, ayant peu de terres, il avait peu de pouvoir. Mais il sut habilement accroître ses domaines et, par là même, son pouvoir.

Il partit en guerre contre Ottokar, le roi récalcitrant de Bohême, et, après l'avoir vaincu, il lui confisqua une partie de son royaume, l'Autriche. En tant que roi, il en avait le droit. En 1282, il octroya ces terres à ses propres fils. Ce faisant, il instaura le pouvoir de sa famille, les Habsbourg, du nom de son château en Suisse. Par la suite, cette famille sut accroître sans cesse son pouvoir par l'octroi de nouveaux fiefs à ses membres et par des mariages ou des héritages, si bien que les Habsbourg devinrent l'une des familles princières d'Europe les plus en vue et les plus influentes. Il est vrai qu'ils régnèrent davantage sur leurs fiefs familiaux (donc, en Autriche) que sur l'Empire allemand, bien qu'ayant des titres de rois et d'empereurs allemands. En Allemagne, le pouvoir était entre les mains des autres seigneurs, les ducs, les évêques et les comtes, un pouvoir devenu presque aussi illimité que celui des princes. Mais le vrai temps de la chevalerie avait pris fin avec les Hohenstaufen.

Les villes et les bourgeois

Au cours des cent années écoulées entre la mort de Frédéric Barberousse en 1190 et celle de Rodolphe Ier de Habsbourg en 1291, on n'imagine mal les changements extraordinaires survenus en Europe. Comme je l'ai déjà dit, à l'époque de Barberousse, il y avait des villes puissantes, principalement en Italie, dont les habitants osaient s'opposer à l'empereur et même prendre les armes contre lui, alors qu'en Allemagne, on trouvait essentiellement des chevaliers, des moines et des paysans. Mais, au cours des cent années suivantes, la situation en Allemagne changea énormément. Déjà, les croisades vers l'Orient avaient entraîné les Allemands loin de chez eux et leur avaient permis de nouer des relations commerciales avec des pays lointains. Or, il n'était pas question pour eux de troquer des bœufs contre des moutons ou des hanaps sculptés contre des étoffes. Pour cela, il avait bien fallu qu'eux aussi aient de l'argent. Depuis qu'il y avait de l'argent, il y avait aussi des marchés, où l'on pouvait acheter toutes sortes de marchandises. Ces marchés ne pouvaient être installés n'importe où, mais à des emplacements réservés, protégés par des murailles et des tours de guet, le plus souvent à proximité d'un château fort. Ceux qui venaient s'y fixer pour y faire du commerce devenaient des bourgeois. Ils n'étaient plus inféodés à un seigneur. On disait alors : « L'air de la ville rend libre », car les bourgeois des villes les plus importantes n'étaient soumis à personne, excepté au roi.

Ne t'imagine pas la vie d'une ville du Moyen Âge comme celle d'une ville d'aujourd'hui. La plupart de ces villes étaient extrêmement petites, avec des dédales de ruelles tortueuses et des maisons à pignon plus hautes que larges. Commerçants et artisans y vivaient avec leur famille en étroite promiscuité. Lorsqu'ils se déplaçaient à travers le pays, les commerçants se faisaient généralement accompagner d'hommes armés. C'était nécessaire car, à cette époque, de nombreux chevaliers avaient tellement perdu la notion de « chevalerie » qu'ils étaient devenus de vrais brigands. De leurs châteaux forts, ils surveillaient le passage des commerçants pour les dévaliser. Jusqu'au jour où les habitants des villes en eurent assez. Ayant de l'argent, ces derniers avaient les moyens de s'offrir des soldats. Cela engendra de fréquents conflits avec les chevaliers, conflits dont les bourgeois sortaient souvent vainqueurs.

Les différents artisans – les tailleurs, les cordonniers, les drapiers, les boulangers, les serruriers, les peintres, les menuisiers, les tailleurs de pierre et les maçons – appartenaient chacun à une association d'artisans, que l'on appelait « corporation » ou « guilde ». Ces corporations, par exemple celle des tailleurs, étaient presque aussi fermées et avaient des règles presque aussi strictes que l'avaient été celles des chevaliers. N'importe qui ne pouvait pas devenir maître-tailleur. Pour commencer, il devait être apprenti pendant un certain nombre d'années, puis il accédait au rang de compagnon. Au cours de ces années de compagnonnage, il devenait itinérant afin de découvrir d'autres villes et d'autres modes de travail. Il partait à pied et parcourait, souvent plusieurs années durant, un grand nombre de pays avant de revenir chez lui ou de trouver une ville où l'on avait besoin d'un tailleur. Il est vrai que les besoins des petites villes étaient minimes et la corporation veillait à ce qu'il n'y ait pas plus de maîtres-tailleurs que de travail à exécuter. À l'issue de sa période de compagnonnage, l'artisan devait alors montrer son savoir-faire (confectionner, par exemple, un manteau), puis il était solennellement proclamé « maître » et admis dans la corporation.

Comme dans la chevalerie, les corporations avaient leurs règles, leurs jeux, leurs étendards et leurs belles devises qui, naturellement, n'étaient pas toujours respectées, pas plus que celles des chevaliers. Ces règles exigeaient que l'on s'entraide entre membres d'une même corporation et que l'on ne se fasse jamais de concurrence en tentant de ravir les clients d'autrui. De même, on ne devait pas livrer de mauvaises marchandises à ses propres clients. On se devait de bien traiter ses apprentis et ses compagnons et surtout de contribuer à la bonne réputation du corps de métier et de la ville auxquels on appartenait. À l'image du chevalier, combattant de Dieu, tout membre d'une corporation était pour ainsi dire un artisan de Dieu.

En effet, comme les chevaliers qui s'étaient sacrifiés pour défendre le tombeau du Christ, les bourgeois et les artisans sacrifiaient très souvent tous leurs biens, leur énergie et leur bien-être lorsqu'il s'agissait de construire une église dans leur ville. La nouvelle église ou la nouvelle cathédrale devait être plus grande, plus belle et plus prestigieuse encore que le plus fier des édifices de n'importe quelle ville voisine. Toute la ville partageait cette ambition et chacun se vouait avec enthousiasme à cette tâche. On faisait appel au plus célèbre architecte, chargé de dessiner les plans. Les tailleurs de pierre sculptaient des statues, les peintres exécutaient des œuvres pour l'autel et pour les vitraux aux mille couleurs qui brilleraient de tout leur éclat à l'intérieur de l'église. Personne ne cherchait à savoir qui en était l'instigateur, l'architecte ou le bâtisseur. Seul importait que l'église fût l'œuvre de toute la ville. Elle était, pourrait-on dire, le culte de tous rendu à Dieu. On s'en rend compte en regardant ces églises. Elles n'ont plus rien à voir avec celles, massives, qui ressemblaient à des châteaux forts, comme on les construisait en Allemagne à l'époque de Frédéric Barberousse. Leurs tours majestueuses et leurs flèches graciles s'élancent au-dessus de vastes nefs voûtées, où toute la ville pouvait prendre place pour y écouter les prédicateurs. Car, à cette époque, de nouveaux ordres religieux avaient vu le jour, moins attachés que les précédents à cultiver les terres autour de leur monastère et à retranscrire des livres. Aussi pauvres que des mendiants, ces nouveaux moines sillonnaient le pays pour prêcher au peuple le repentir et lui expliquer la Bible. Toute la ville affluait dans l'église pour les écouter, pleurant sur ses propres péchés et promettant de s'amender et de vivre selon le précepte de l'amour du prochain.

Cependant, comme les croisés qui, au nom de la piété, s'étaient livrés à d'horribles massacres après s'être emparés de Jérusalem, beaucoup de bourgeois de cette époque, plutôt que d'interpréter les prêches comme une invitation à devenir meilleurs et comme un appel à leur propre repentance, y virent une mise en accusation de tous ceux qui ne partageaient pas leur foi et se mirent à les haïr. Plus ils pensaient accroître leur piété, plus ils les maltraitaient. Leurs principales victimes furent les Juifs. Or, chose incroyable, contrairement aux Babyloniens, aux Égyptiens, aux Phéniciens, aux Grecs, aux Romains, aux Gaulois ou aux Goths, le seul peuple à ne pas avoir disparu ou à ne pas s'être fondu avec d'autres peuples depuis l'Antiquité était celui des Juifs. Alors que leur État avait sans cesse été détruit, seuls les Juifs avaient survécu au cours des siècles en dépit de conditions épouvantables, persécutés et chassés d'un pays à l'autre, et cela faisait 2 000 ans qu'ils attendaient leur sauveur, le Messie. Pour te donner un exemple de ces conditions, il leur était interdit de posséder des champs. Ils ne pouvaient donc être des paysans et encore moins des chevaliers. Toute activité artisanale leur était également interdite. Le seul métier qu'ils avaient le droit d'exercer était celui de commerçant. Ce droit s'accompagnait néanmoins de restrictions. C'est ainsi qu'ils ne pouvaient loger que dans certains quartiers de la ville et ne porter que certains vêtements. Malgré cela, certains réussirent, au fil des années, à gagner beaucoup d'argent, si bien que les chevaliers et les bourgeois leur en empruntèrent et s'endettèrent auprès d'eux. Cette situation ne fit qu'accroître la haine de ces derniers envers eux, et, bien souvent, ils n'hésitaient pas à les agresser pour leur dérober leur argent. Or, les Juifs n'avaient ni le pouvoir ni le droit de se défendre, excepté lorsque le roi ou les prêtres prenaient leur parti, ce qui était rarement le cas.

Certaines personnes connurent une situation plus critique encore que celle des Juifs. Après avoir longuement médité sur la Bible, elles doutaient de la validité de tel ou tel dogme. On les appelait des « hérétiques », et les persécutions qui les frappaient étaient effroyables. Celui qui était reconnu hérétique était brûlé vif sur la place publique, exactement comme les chrétiens l'avaient été au temps de Néron. Au nom de l'hérésie, des villes entières pouvaient être détruites et des régions entières dévastées. Des croisades s'organisaient contre les hérétiques, à l'image de celles menées contre les musulmans. Leurs instigateurs étaient ceux-là même qui, pour célébrer la gloire de Dieu et son grand message d'amour, construisaient d'imposantes cathédrales ressemblant au rêve de la magnificence du royaume céleste avec leurs hautes tours et leurs porches couverts d'images, leurs vitraux scintillant de lumière dans la pénombre et leurs milliers de statues.

La France eut des villes et des églises avant l'Allemagne. Elle était, il est vrai, plus riche et son histoire avait été moins mouvementée. Les rois français surent très vite tirer profit de cette situation en s'attachant la nouvelle catégorie sociale des bourgeois, le tiers état. Dès les années 1300, ils n'octroyèrent presque plus de terres aux nobles, préférant les conserver et en confier la gestion à des bourgeois en échange d'un revenu (comme l'avait fait Frédéric II de Sicile avant eux). En conséquence, les rois français possédèrent de plus en plus de terres. Or, tu te souviens qu'autrefois une terre impliquait d'avoir des serfs pour la cultiver, donc des soldats et du pouvoir. Peu avant 1300, les rois français étaient déjà les souverains les plus puissants, car le roi allemand, Rodolphe de Habsbourg, venait tout juste d'asseoir le pouvoir de sa famille par l'octroi de fiefs. Les rois français ne régnaient pas seulement sur la France, mais aussi sur le sud de l'Italie. Leur pouvoir devint bientôt si grand qu'ils réussirent même à contraindre le pape, en 1305, à quitter Rome pour s'installer en France, où il était, pourrait-on dire, sous leur contrôle. Les papes habitèrent dans un grand palais, en Avignon, environnés de superbes œuvres d'art, où, il faut bien le dire, ils étaient plus ou moins prisonniers. C'est pourquoi, en souvenir de la captivité des Juifs à Babylone (qui dura, tu le sais, de 586 à 538 avant J.-C.), on donne à cette époque, qui s'étend de 1305 à 1376, le nom de « captivité babylonienne des papes ».

Mais les rois français voulurent plus encore. Tu te souviens qu'une famille normande régnait en Angleterre depuis que, partie de France,

elle en avait fait la conquête en 1066. Cette famille, de par son nom, était donc française, raison pour laquelle les rois français revendiquèrent également la souveraineté sur l'Angleterre. Or, comme la famille royale française n'avait pas de fils pouvant hériter du trône d'Angleterre, les rois anglais, sous prétexte qu'ils avaient des liens de parenté avec les rois français et étaient leurs vassaux, demandèrent à régner à leur tour. À partir de 1339 commença une guerre épouvantable, qui dura plus de cent ans. Il ne s'agissait plus d'une guerre entre chevaliers aux mœurs distinguées, pour qui combattre était un acte noble, mais d'une guerre où s'affrontaient d'importantes armées composées de bourgeois français et anglais se battant pour l'indépendance de leur pays. Les Anglais gagnèrent de plus en plus de terres et conquirent des territoires de plus en plus importants en France. Ils y arrivèrent d'autant mieux qu'à la fin de cette guerre, le roi français alors au pouvoir était un homme stupide et incapable.

Mais le peuple français ne voulait pas d'une domination étrangère. C'est alors que le miracle se produisit. Une simple bergère de dix-sept ans, Jeanne d'Arc, déclara avoir été choisie par Dieu pour secouer le joug étranger et obtint de pouvoir revêtir la cuirasse et de conduire les Français à la tête d'une armée. C'est ainsi qu'elle chassa les Anglais du pays. Après quoi, elle déclara : « La paix ne reviendra que si les Anglais sont en Angleterre. » Mais les Anglais se vengèrent d'elle d'une manière épouvantable. Ils la firent prisonnière et la condamnèrent à mort pour sorcellerie. Jeanne d'Arc fut brûlée sur le bûcher à Rouen, en 1431. Il n'est pas surprenant qu'on l'ait prise pour une sorcière. Car n'était-ce pas un véritable tour de magie qu'une jeune fille humble, inculte et sans défense, avec son seul courage et son enthousiasme, ait pu, en deux ans, mettre un terme à presque cent ans de luttes et faire couronner son roi ?

Jamais tu n'imagineras assez combien cette époque de la guerre de Cent Ans était colorée, cette époque antérieure à 1400, alors que les villes sortaient de terre, que les chevaliers ne se cantonnaient plus fièrement dans la solitude de leurs châteaux forts, mais préféraient vivre à la cour des rois et des princes fortunés. C'était surtout vrai en Italie, mais aussi en Flandre et au Brabant (la Belgique actuelle). Il y avait alors des villes très riches qui faisaient le commerce d'étoffes précieuses, comme le brocart et la soie, et qui avaient les moyens de s'offrir ce qu'elles voulaient. Les chevaliers et les nobles apparaissaient aux fêtes de la cour dans leurs plus beaux atours, et quand, dans la grande salle ou dans le jardin aux fleurs, ils dansaient avec les dames, au son du violon ou du luth, j'aurais bien aimé y être, moi aussi. Les femmes avaient des toilettes plus somptueuses et plus étonnantes encore. Elles portaient des coiffes pointues exagérément hautes, faisant penser à des pains de sucre, auxquelles étaient fixés de fins rubans, et elles se déplaçaient, parées comme d'adorables poupées, précieuses et raffinées, avec leurs chaussures pointues et leurs longues robes cousues de fils d'or. J'imagine combien elles auraient été malheureuses dans les salles enfumées des vieux châteaux forts ! Elles vivaient dans de spacieux châteaux comptant quantité de pièces en encorbellement, de tourelles et de créneaux, et dont les murs étaient ornés de tapisseries multicolores. En ces lieux, on se devait d'avoir un langage châtié et fleuri, et quand un noble conduisait sa dame vers la table de banquet somptueusement dressée, il lui tenait délicatement la main de deux doigts, écartant les autres autant qu'il le pouvait. Depuis longtemps, la lecture et l'écriture s'étaient généralisées, car elles étaient nécessaires aux commerçants et aux artisans. Beaucoup de chevaliers aussi écrivaient de délicieux poèmes, tournés avec art, qu'ils adressaient à leurs gracieuses dames.

Quant à l'étude des sciences, elle n'était plus réservée à quelques moines dans la quiétude de leur cellule. Peu après 1200, la célèbre université de Paris comptait déjà 20 000 étudiants venus des quatre coins du monde pour s'instruire et débattre sur les pensées d'Aristote et sur leurs concordances ou non avec les récits de la Bible.

Ce mode de vie, tant à la cour qu'en ville, finit par arriver en Allemagne, particulièrement à la cour de l'empereur, alors installée à Prague. En effet, après la mort de Rodolphe de Habsbourg, d'autres familles de rois et d'empereurs avaient été élues. Depuis 1310, c'était la famille des Luxembourg. En fait, de Prague, les Luxembourg ne régnaient presque plus sur l'Allemagne. Le pouvoir était retombé entre les mains des seigneurs qui avaient retrouvé leur indépendance, comme en Bavière, en Souabe, au Würtemberg ou en Autriche. La seule différence était que l'empereur demeurait le plus puissant de tous. Le pays qui appartenait en propre à la famille des Luxembourg était la Bohême. Depuis 1347, son souverain était Charles IV, un homme équitable, mais aimant le faste. À sa cour, on trouvait des chevaliers aussi distingués qu'en France et ses palais avaient des tableaux aussi beaux qu'en Avignon. En 1348, Charles IV fonda à Prague une université, la première de l'Empire allemand.

Charles IV avait un gendre, Rodolphe IV (surnommé « le Fondateur »), dont la cour installée à Vienne était presque aussi fastueuse que la sienne. Tu remarqueras que tous ces souverains ne vivaient désormais plus dans leurs châteaux forts isolés et ne se lançaient plus dans des croisades aventureuses et lointaines. Leur château était au cœur de la ville. À cela, déjà, tu comprends l'importance prise par les villes. Et pourtant, ce n'était que le début.

Une nouvelle ère

T'est-il déjà arrivé d'ouvrir d'anciens cahiers d'école ? N'est-ce pas étonnant de remarquer, en les feuilletant, combien on a changé ! On s'étonne de ce que l'on écrivait alors, des fautes que l'on faisait, mais aussi des bonnes choses. Pourtant, à aucun moment on ne s'est rendu compte que l'on changeait. Il en va de même avec l'histoire du monde.

Que ce serait bien si, soudain, un annonceur public passait à cheval à travers la ville et claironnait : « Écoutez tous, une nouvelle ère commence ! » Dans la réalité, les choses se passent différemment. Les hommes évoluent dans leurs mentalités sans vraiment s'en apercevoir. Puis, soudain, ils en prennent conscience, comme toi quand tu feuillettes tes cahiers de classe. Ils en tirent alors une grande fierté et disent : « Nous sommes l'ère nouvelle. » Et souvent, ils ajoutent : « Qu'ils pouvaient être bêtes, les gens avant nous ! »

C'est un peu ce qui se passa après 1400 dans les villes italiennes. Plus particulièrement dans les grandes villes opulentes du centre de l'Italie, et surtout à Florence. Cette dernière avait aussi ses corporations, et une grande cathédrale y avait été construite. Mais, comme en France et en Allemagne, la caste des chevaliers avait quasiment disparu. Cela faisait bien longtemps que les bourgeois de Florence ne s'en laissaient plus conter par l'empereur allemand. Ils étaient libres et autonomes, comme l'avaient été autrefois les citoyens d'Athènes. Et ces riches bourgeois, commerçants et artisans, en étaient venus peu à peu à ne plus partager les mêmes valeurs que les chevaliers et les artisans du Moyen Âge.

Désormais, il importait peu qu'un homme fût un combattant ou un artisan de Dieu, entièrement voué à son service et à sa glorification. L'essentiel était de devenir un homme « complet », capable, autrement dit, de réfléchir par lui-même et de passer à l'acte sans avoir à demander l'avis d'autrui. Un homme qui, plutôt que d'interroger les livres anciens pour connaître les us et coutumes d'autrefois, savait ouvrir les yeux et agir en conséquence. Les deux mots-clefs étaient : observer et agir. Être noble ou pauvre, chrétien ou hérétique était relégué au second plan. Les valeurs essentielles étaient l'autonomie de pensée, l'ouverture d'esprit, le jugement, la culture et la volonté d'entreprendre. On s'inquiétait peu de connaître le statut social, la profession, l'appartenance religieuse et le pays d'origine d'un homme. La principale question était : quel genre d'homme es-tu ?

Ainsi, vers 1420, les Florentins prirent soudainement conscience d'être différents des hommes du Moyen Âge. Les valeurs auxquelles ils s'intéressaient, les critères de beauté auxquels ils se référaient n'étaient plus ceux de leurs ancêtres. Trouvant leurs cathédrales et leurs sculptures austères et figées et leurs coutumes ennuyeuses, ils recherchèrent quelque chose qui correspondait à ce qu'ils aimaient, quelque chose de libre, de spontané, affranchi de toute contrainte. C'est alors qu'ils découvrirent l'Antiquité, car il s'agissait bien là d'une découverte. Il leur importa peu de savoir que les hommes de cette époque avaient été des païens. La seule chose qu'ils retenaient d'eux était leur ouverture d'esprit, leur curiosité intellectuelle. Avec une totale liberté de pensée, ces hommes avaient débattu sur tout ce qui avait trait à la nature et au monde, en argumentant et contre-argumentant, car tout les intéressait. Ils devinrent désormais les nouveaux modèles, surtout dans le domaine des sciences.

Les Florentins se mirent à rechercher partout les livres latins et s'efforcèrent d'écrire le latin aussi bien que les anciens Romains. Ils apprirent également le grec et goûtèrent les œuvres des Athéniens du temps de Périclès. Très vite, ils s'intéressèrent davantage à Thémistocle et à Alexandre, à César et à Auguste qu'à Charlemagne ou à Barberousse.

C'était comme si toute l'époque écoulée depuis l'Antiquité n'avait été qu'un long sommeil, comme si la ville libre de Florence devait devenir une nouvelle Athènes ou une nouvelle Rome. D'un seul coup, les gens avaient le sentiment d'assister à une renaissance de l'époque très lointaine de la civilisation grecque et romaine. Eux-mêmes avaient l'impression de renaître au contact des œuvres antiques. C'est pourquoi on parla de *Rinascimento*, la « Renaissance ». On traita les Germains de primitifs et on les rendit responsables de la longue période intermédiaire qui les avait séparés de l'Antiquité. C'étaient eux, disait-on, qui avaient détruit l'Empire. Dorénavant, les Florentins voulaient mettre toute leur énergie à ressusciter l'esprit antique.

Ils s'enthousiasmèrent pour tout ce qui provenait de l'époque romaine, les superbes statues, les constructions grandioses, autant de choses qui subsistaient en Italie à l'état de ruines. Avant, on les désignait sous le nom de « ruines de la période païenne » et on s'en méfiait plus qu'on ne les regardait. D'un seul coup, on en découvrait la beauté. Si bien que les Florentins se mirent de nouveau à construire avec des colonnes.

Mais on ne rechercha pas uniquement les choses anciennes. On recommença à regarder la nature d'un œil neuf et sans idées préconçues, exactement comme l'avaient fait les Athéniens 2 000 ans plus tôt. On découvrait la beauté du monde en regardant le ciel et les arbres, les hommes, les fleurs et les animaux. On peignait les choses telles qu'on les voyait, sans plus recourir au style solennel, grandiloquent et religieux qui avait été celui des histoires saintes dans les livres des moines ou sur les vitraux des cathédrales. On s'abandonnait à un style débordant de couleurs, drôle, spontané et libéré de toute contrainte. Ouvrir les yeux et agir en conséquence étaient, en art, les maîtres mots. C'est ce qui explique la présence à Florence, à cette époque, des plus grands peintres et sculpteurs.

Ces artistes ne cherchèrent pas uniquement à exceller dans leur art en restant assis devant leurs œuvres pour décrire ce qu'ils voyaient du monde. Ils voulaient également comprendre ce qu'ils représentaient.

À Florence, il y eut en particulier un peintre pour qui exécuter de bons tableaux n'était pas suffisant, quand bien même il s'agissait de beaux tableaux. D'ailleurs, les siens étaient les plus beaux. Il voulut avoir une parfaite connaissance des choses qu'il peignait. Ce peintre s'appelait Léonard de Vinci. Il était le fils d'une servante de ferme et vécut de 1452 à 1519. Il voulait savoir à quoi ressemblait un homme lorsqu'il pleurait, lorsqu'il riait, comment était fait l'intérieur du corps humain, les muscles, les os, les ligaments. Il demanda à voir les cadavres dans les hôpitaux, qu'il disséqua pour mieux les étudier. C'était, à l'époque, tout à fait inhabituel. Mais il ne s'en tint pas là. Il étudia d'un regard nouveau les plantes et les animaux et s'interrogea sur le vol des oiseaux. Ce qui l'amena à se demander si les hommes ne pourraient pas être capables de voler eux aussi. Léonard de Vinci fut le premier homme à explorer dans ses moindres détails la possibilité de construire une sorte d'oiseau artificiel, autrement dit une machine volante. Il était même persuadé qu'un jour ou l'autre on y parviendrait. S'intéressant à tout ce qui avait trait à la nature, il ne se contenta pas de consulter les écrits d'Aristote ou les livres des Arabes. Chaque fois, il s'assurait que le fruit de ses lectures correspondait à la réalité. Quand il voulait comprendre quelque chose – par exemple, pourquoi l'eau tourbillonne ou pourquoi l'air chaud monte –, il réalisait des expériences. Léonard ne porta que peu de crédit aux écrits savants de ses contemporains et il fut le premier à considérer qu'il était nécessaire de corroborer les observations de la nature par des expérimentations. Sur des feuilles volantes ou dans des cahiers, il faisait des croquis de tout ce qu'il observait, croquis qu'il annotait, accumulant ainsi un nombre incalculable de documents. Quand on parcourt aujourd'hui ses innombrables croquis, on s'étonne à tout instant qu'un seul individu ait pu étudier et analyser tant de choses, des choses dont on ne savait rien encore ou dont on cherchait seulement à s'informer.

Peu de contemporains de Léonard pressentirent l'importance des découvertes et des idées novatrices de ce grand peintre. Il était gaucher et avait une écriture minuscule, difficile à déchiffrer. Lui-même ne s'en

plaignait sans doute pas, car, en ce temps-là, avoir des idées qui n'étaient pas traditionnelles n'était pas sans danger. Par exemple, dans ses notes, on peut lire la phrase : « Le soleil ne bouge pas. » Rien de plus. Pourtant, nous comprenons que Léonard savait déjà que la terre tourne autour du soleil et non pas que le soleil fait chaque jour le tour de la terre, comme on le croyait depuis des milliers d'années. On peut imaginer que Léonard se limita à cette phrase parce qu'il savait que rien de tel n'était écrit dans la Bible et que beaucoup de gens croyaient qu'il fallait s'en tenir, 2 000 ans plus tard, aux conceptions des Juifs sur la nature, au moment où la Bible avait été écrite.

La peur d'être taxé d'hérétique n'est pas la seule raison qui encouragea Léonard à garder pour lui toutes ses merveilleuses inventions. Il connaissait parfaitement les hommes et savait que ses inventions ne les intéressaient que dans la mesure où elles leur permettaient de se détruire les uns les autres. C'est d'ailleurs pourquoi il écrivit ce qui suit : « Je sais comment on peut rester longtemps sous l'eau sans se nourrir. Mais je ne le publie pas et ne l'explique à quiconque. Car les hommes sont mauvais et ils recourraient à ce moyen pour tuer, même au fond de la mer. Ils creuseraient des trous dans la coque des bateaux pour les faire sombrer corps et biens. » Malheureusement, tous les inventeurs qui succédèrent à Léonard ne furent pas d'aussi grands hommes et, depuis longtemps, l'humanité a appris ce qu'il ne voulait pas leur montrer.

À l'époque de Léonard de Vinci vivait à Florence une famille de lainiers et de banquiers particulièrement riche et puissante, celle des Médicis. Un peu comme Périclès à Athènes, les Médicis eurent, entre 1400 et 1500, une place prépondérante dans l'administration de la ville d'une manière presque ininterrompue. Le plus influent fut Laurent de Médicis, surnommé « le Magnifique », car il sut faire un bel usage de son importante fortune, en protégeant tous les artistes et les savants. Dès qu'il entendait parler d'un jeune homme doué, il le prenait aussitôt chez lui et lui faisait donner une instruction. Les usages pratiqués dans la maison de Laurent te donneront une idée de la manière de penser des hommes en ce temps-là. À table, il n'y avait pas d'étiquette selon laquelle les personnes les plus âgées et les plus nobles devaient occuper les places d'honneur. Le premier arrivé s'asseyait à côté de Laurent de Médicis, quand bien même il n'était qu'un simple apprenti-peintre, et le dernier arrivé devait se contenter du bout de table, quand bien même il était un ambassadeur.

Très vite, cette exaltation nouvelle des Florentins à découvrir le monde, à s'intéresser aux hommes ouverts et cultivés, aux belles choses, aux ruines et aux ouvrages des Romains et des Grecs, se propagea. Car, dès qu'une découverte est faite, d'autres hommes s'empressent de s'en emparer. À la cour du pape, de nouveau installé à Rome, on fit appel à de grands artistes qui, selon les normes nouvelles, construisirent des palais et des églises et les ornèrent de tableaux et de statues. Ce fut surtout lorsque de riches ecclésiastiques de la famille des Médicis devinrent papes que les plus grands artistes de toute l'Italie vinrent à Rome réaliser leurs chefs-d'œuvre. Certes, la façon très nouvelle de voir les choses ne s'accordait pas toujours avec l'ancienne piété. Et les papes de cette époque étaient moins des prêtres et des maîtres à penser de la chrétienté que des princes puissants rêvant de conquérir l'Italie et dépensant dans la capitale des sommes colossales pour la réalisation d'œuvres d'art.

Cette idée d'une renaissance de l'Antiquité païenne commença lentement à se propager dans les villes de France et d'Allemagne. Peu à peu, les bourgeois s'intéressèrent à leur tour au renouveau de la pensée et des formes, et ils se mirent à lire les nouveaux ouvrages latins, dont l'acquisition, à partir de 1453, était devenue plus facile et moins onéreuse, car un Allemand venait de faire une invention aussi extraordinaire que celle des Phéniciens avec les lettres de l'alphabet : l'imprimerie. Depuis longtemps en Chine, et depuis quelques décennies en Europe, on savait passer de la couleur noire sur des planches en bois gravées qu'on pressait ensuite sur du papier. Mais la découverte de l'Allemand Gutenberg ne consistait plus à graver des planches entières, mais à découper isolément des petits parallélépipèdes en métal, chacun étant doté, sur une face, d'une lettre de l'alphabet en relief. Il était alors possible d'assembler ces caractères mobiles sous forme de lignes, de les fixer dans un cadre et de multiplier les tirages autant de fois qu'on le voulait. Quand le nombre désiré était atteint, on démontait les caractères et on les remplaçait sur le cadre par de nouveaux assemblages. C'était simple et bon marché. Plus simple et meilleur marché naturellement que lorsqu'on recopiait inlassablement les livres à la main pendant des années et des années de travail, comme l'avaient fait, en leur temps, les esclaves romains et grecs et les moines. Il y eut très vite, en Allemagne et en Italie, un nombre impressionnant d'imprimeries et d'ouvrages imprimés, aussi bien des bibles que d'autres écrits, et, dans les villes et même à la campagne, on se mit à dévorer les livres.

Il y eut une autre découverte qui bouleversa peut-être plus encore le monde : la poudre à canon. Les Chinois la connaissaient vraisemblablement depuis longtemps, mais ils ne l'utilisaient généralement que pour des feux d'artifices et des fusées. Ce n'est qu'à partir des années 1300 qu'elle entra en usage en Europe et que l'on se servit de canons pour tirer sur les châteaux forts et les hommes. Peu après, on équipa les soldats d'énormes arquebuses. Encombrantes, difficiles à manipuler, ces dernières ne permettaient pas de tirer aussi vite qu'avec un arc ou avec une arbalète et des flèches. Un bon archer anglais était capable d'envoyer 180 flèches en un quart d'heure. L'usage de l'arc ne fut abandonné que le jour où un soldat eut l'idée de remplir de poudre sa bombarde et de l'enflammer avec une mèche pour faire partir le boulet. Déjà, au cours de la guerre de Cent Ans, on s'était parfois servi de pièces d'artillerie et d'armes à feu, mais c'est à partir de 1400 que leur utilisation se généralisa.

Ce type d'armes n'était évidemment pas fait pour les chevaliers. Il n'était pas chevaleresque de tirer de loin un boulet sur un adversaire ! Tu te souviens que les chevaliers étaient habitués à s'affronter à cheval, l'un courant vers l'autre pour essayer de le désarçonner. Mais, depuis l'usage des armes à feu, ils avaient dû renoncer à leurs cottes de mailles et les remplacer par des cuirasses de plus en plus lourdes et épaisses pour se protéger des boulets des armées ennemies. Ainsi vêtus de la tête aux pieds, ces hommes emprisonnés dans leur armure avaient du mal à se mouvoir. Évidemment, cela leur donnait un air redoutable, mais ces cuirasses étaient abominablement chaudes et peu pratiques et, malgré la bravoure des chevaliers, on avait moins de raison de les craindre. En 1476, un célèbre prince-chevalier du duché français de Bourgogne, surnommé Charles le Téméraire en raison de son intrépidité, voulut conquérir la Suisse avec son armée de chevaliers en cuirasse. Mais, près de Murren, les paysans libres et les citoyens de la Suisse, accourus à pied, s'abattirent sur cette armée, paralysée dans ses mouvements. Ils firent tomber les hommes de leur cheval, les assommèrent et leur reprirent les tentes superbes et les tapis précieux qu'ils venaient de piller sur leur route. Tu peux voir toutes ces choses aujourd'hui encore à Berne, la capitale de la Suisse. La Suisse demeura libre et ce fut la fin des chevaliers.

C'est pourquoi on donna le nom de « dernier chevalier » à l'empereur allemand qui régnait vers 1500. Il s'appelait Maximilien et appartenait à la famille des Habsbourg, dont le pouvoir et la fortune n'avaient cessé de croître depuis le roi Rodolphe. Depuis 1438, les Habsbourg étaient très puissants dans leur propre pays, l'Autriche. Leur puissance était devenue telle que tous les empereurs allemands étaient issus de cette famille. Cependant, comme le dernier chevalier Maximilien, la plupart avaient été souvent en conflit avec les nobles et les princes allemands qui disposaient de pouvoirs presque illimités sur leurs fiefs et ne voulaient plus, bien souvent, suivre l'empereur à la guerre lorsqu'il le leur demandait.

Depuis qu'il y avait de l'argent, des villes et de la poudre à canon, l'octroi de terres avec leurs serfs en récompense des services rendus à la guerre était tombé en désuétude, comme d'ailleurs la chevalerie. C'est pourquoi, quand Maximilien se battit contre le roi français pour lui disputer ses possessions en Italie, il fit appel non pas à ses vassaux, mais à des soldats touchant une solde, qui ne faisaient la guerre que pour gagner de l'argent. On appelait ces soldats des « lansquenets ». Hommes grossiers et cruels, affublés de tenues extravagantes, leur plus grand plaisir était de piller. Ils ne se battaient pas pour leur patrie, mais pour de l'argent, et ils allaient vers celui qui les payait le mieux. L'empereur avait donc besoin de beaucoup d'argent. Comme il n'en possédait pas, il devait l'emprunter auprès de riches marchands des villes. Pour ce faire, il lui fallait oublier les querelles et se montrer aimable envers eux, ce qui irritait les chevaliers, se sentant de plus en plus délaissés.

Maximilien s'accommodait fort mal de toutes ces tracasseries. Il aurait préféré, comme les chevaliers de l'ancien temps, participer à des tournois et décrire ses aventures dans des poèmes en belles rimes, dédiés à la dame de son cœur. Il était un étonnant mélange d'ancien et de nouveau. Car l'art nouveau lui plaisait aussi énormément. D'ailleurs, il demanda au plus grand peintre allemand de son temps, Albrecht Dürer, qui avait beaucoup appris des Italiens et plus encore par lui-même, de réaliser pour sa gloire des peintures et des gravures. C'est ainsi que le premier artiste allemand de la nouvelle école nous a dépeint dans ses œuvres ce à quoi ressemblait le dernier chevalier. Ce sont elles qui, au même titre que les œuvres et les constructions des grands artistes italiens, « claironnèrent » aux hommes : « Écoutez tous, une nouvelle ère a commencé ! » Si nous avons donné au Moyen Âge le nom de nuit étoilée, il nous faut donner celui d'aube claire et lumineuse à cette ère nouvelle, partie de Florence.

Un Nouveau Monde

Ce que nous avons appelé jusqu'à présent l'histoire du monde concerne à peine la moitié du monde. La plupart des événements se sont produits essentiellement autour de la Méditerranée : en Égypte, en Mésopotamie, en Palestine, en Asie Mineure, en Grèce, en Italie, en Espagne, en Afrique du Nord, ou non loin d'elle : en Allemagne, en France et en Angleterre. Nous avons parfois jeté un regard vers l'est, vers la Chine, cet empire si bien protégé, vers l'Inde qui, à l'époque dont nous parlons, était gouvernée par une famille royale musulmane. Mais nous ne nous sommes pas intéressés à ce qui se trouve à l'ouest de la vieille Europe, au-delà de l'Angleterre, car jusqu'alors, personne ne s'en était préoccupé. Quelques navigateurs nordiques avaient bien vu, un jour, une lointaine contrée sauvage, mais ils avaient aussitôt rebroussé chemin, car ils n'avaient rien trouvé qu'ils puissent piller. En dehors des Vikings, peu de navigateurs étaient assez intrépides pour s'aventurer aussi loin. D'ailleurs, qui aurait osé se lancer sur un océan inconnu, peut-être infini, partant des côtes d'Angleterre, de France ou d'Espagne ?

Seule une invention pouvait permettre une aventure aussi folle. Or, cette invention, nous la détenions (j'ai failli dire « naturellement ») des Chinois. C'est un simple morceau de métal aimanté qui, librement suspendu, s'oriente invariablement vers le nord. Tu l'auras deviné, il s'agit de la boussole, ou compas. Depuis longtemps, les Chinois l'utilisaient pour se déplacer à travers le désert. Les Arabes, les premiers, avaient eu vent de cet objet magique, dont la connaissance s'était ensuite transmise aux Européens, lors de leurs croisades autour des années 1200. Cependant, peu l'utilisaient. La boussole faisait peur. Elle avait quelque chose de mystérieux. Peu à peu, la curiosité finit par l'emporter sur la peur. Mais pas seulement la curiosité. On se disait qu'il y avait peut-être des trésors insoupçonnés dans les contrées lointaines de l'autre côté de l'océan, des richesses que les hommes pourraient aller chercher. Et pourtant, jamais personne n'avait osé s'aventurer si loin sur la mer. Elle était trop vaste, trop inconnue. Jusqu'où irait-on si on se laissait entraîner aussi loin ?

Un jour, un Italien originaire de Gênes, homme sans fortune et aventurier pétri d'ambition, Christophe Colomb, eut une idée qui tourna vite à l'obsession. Il était convaincu qu'en se dirigeant indéfiniment vers l'ouest, on arriverait forcément à l'est. La terre n'est-elle pas ronde, aussi ronde qu'une boule ? C'est ce qu'affirmaient certains livres de l'Antiquité. Si donc on gardait le cap à l'ouest, une fois la moitié du monde parcourue, on arriverait inévitablement à l'est, à l'autre bout du monde, et on tomberait sur la Chine et sur l'Inde. Ces pays regorgeaient de richesses – or, ivoires, épices rares – et, se disait Colomb, il serait quand même plus facile de s'y rendre à la voile, aidé d'un compas, que de devoir traverser un nombre infini de déserts et de chaînes de montagnes redoutables, comme le fit autrefois Alexandre le Grand ou comme le faisaient les commerçants avec leurs caravanes de chameaux pour rapporter en Europe la soie de Chine et autres trésors. Colomb était persuadé qu'en empruntant cette voie maritime, l'Inde serait atteinte en quelques jours, alors qu'il fallait plusieurs mois par voie de terre. Il parla de son projet à qui voulait l'entendre, mais tous lui riaient au nez, disant : « C'est un fou ! » Colomb ne désarma pas, répétant inlassablement : « Donnez-moi des navires, donnez-moi même un seul navire et je tenterai l'aventure et, de l'Inde, du Pays des merveilles, je vous rapporterai de l'or ! »

Colomb se tourna vers l'Espagne. En 1479, deux royaumes chrétiens espagnols avaient été réunis grâce au mariage de leur souverain, Isabelle de Castille et Ferdinand d'Aragon, lesquels menaient une lutte sans merci contre les Arabes (qui, tu t'en souviens, occupaient l'Espagne depuis plus de 700 ans), afin de libérer non seulement Grenade, leur superbe capitale, mais le pays tout entier. Aussi bien à la cour d'Espagne

qu'à la cour du Portugal, personne ne s'enthousiasma pour les projets de Christophe Colomb. Néanmoins, on accepta de soumettre l'idée à la célèbre université espagnole de Salamanque. La réponse fut sans appel : le projet n'était pas réalisable. Colomb traversa alors sept longues années d'attente désespérée, implorant sans cesse : « Donnez-moi des bateaux ! » Il se résolut finalement à quitter l'Espagne pour tenter sa chance en France. Le hasard voulut qu'il rencontrât en chemin un moine qui n'était autre que le confesseur de la reine Isabelle de Castille. Au récit de son projet, le moine se montra enthousiaste. Il en fit part à la reine qui consentit à rappeler Colomb. Cette seconde fois, Colomb faillit tout gâcher. Ce qu'il lui demandait en retour, si son projet réussissait, n'était pas rien ! Il voulait être anobli, être le représentant du roi (autrement dit vice-roi) dans tous les pays indiens découverts, être nommé amiral, garder pour lui le dixième des impôts prélevés sur les terres conquises, et bien d'autres choses encore. Ayant essuyé un refus de la part de la reine, il lui tourna le dos et fit savoir qu'il se rendait à la cour de France. Comment ? Les pays découverts par Colomb reviendraient alors au roi français ? Pour les Espagnols, une telle chose était impensable. La cour d'Espagne s'empressa de rappeler Christophe Colomb et de lui accorder tout ce qu'il demandait. On lui donna deux voiliers en mauvais état, se disant que, s'ils venaient à sombrer, ce ne serait pas une grande perte. Colomb en affréta un troisième.

Le 3 août de l'an 1492, toutes voiles dehors, le navigateur quitta le port espagnol. Il fit route en direction de l'ouest, sans jamais changer de cap, bien résolu à atteindre les Indes orientales. Il dut faire une longue escale dans une île pour remettre en état l'un de ses voiliers. Puis il continua sa route toujours plus loin, encore plus loin, en direction de l'ouest. Mais toujours pas d'Indes à l'horizon ! Ses hommes commencèrent à s'impatienter, puis à sombrer dans le désespoir. Ils voulaient faire demi-tour. Colomb se garda bien de leur avouer à quelle distance ils se trouvaient déjà de leur patrie. Il préféra leur mentir. Enfin, le 11 octobre 1492, à deux heures du matin, un coup de canon partit de l'un de ses bateaux pour donner le signal : « Terre ! »

Imagine la joie et la fierté de Colomb. Enfin l'Inde ! Et ces gens pacifiques sur la plage étaient donc des Indiens ! Tu sais évidemment que Christophe Colomb se trompait. Il ne se trouvait nullement en Inde, mais sur des îles proches de l'Amérique. Tu comprends mieux pourquoi, aujourd'hui encore, on parle d'Indiens pour désigner les populations indigènes d'Amérique, et les îles portent le nom d'Indes occidentales en souvenir de l'erreur de Colomb. L'Inde (ou les Indes orientales) était encore infiniment loin. La distance à parcourir était largement supérieure à celle qui séparait Colomb de l'Espagne. Pour l'atteindre, il aurait fallu qu'il navigue encore au moins deux mois et il aurait vraisemblablement sombré avant corps et biens. Persuadé, cependant, qu'il était en Inde, Colomb, au nom du roi d'Espagne, prit possession de la terre qu'il venait de découvrir. Même au cours de ses voyages suivants, il s'obstina à dire que le pays dont il avait fait la découverte était l'Inde. Jamais il n'aurait reconnu que ses présomptions, qu'il tenait pour géniales, étaient fausses, alors qu'en fait la terre était bien plus grande qu'il ne l'imaginait et la route vers l'Inde par voie de terre bien plus courte que celle qui traversait tout l'Atlantique, puis l'océan Indien. Il tenait tellement à être vice-roi des Indes, le pays de ses rêves !

Peut-être sais-tu que c'est à partir de cette année 1492, date à laquelle l'incroyable aventurier qu'était Christophe Colomb découvrit par hasard l'Amérique (je dis « par hasard » car l'Amérique se trouvait en fait sur sa route), que l'on désigne les Temps nouveaux. Cette date est moins évidente que celle de 476, attribuée au début du Moyen Âge. L'an 476 correspondait à une réalité, celle de l'écroulement de l'empire romain d'Occident, avec la destitution de son dernier empereur, Romulus Augustulus. Mais, en 1492, personne ne savait, pas même Colomb, que cette traversée aurait des conséquences bien plus importantes que l'or trouvé dans ces contrées inconnues.

À son retour en Espagne, Colomb fut évidemment fêté en héros, mais, au cours de ses voyages ultérieurs, il se rendit tellement antipathique, tant il était ambitieux, fier, cupide et fantasque, que le roi fit arrêter son amiral et vice-roi et le fit rapatrier des Indes occidentales les fers aux pieds. Ces chaînes, Colomb les conserva jusqu'à son dernier jour, même lorsqu'il recouvra la grâce royale, son honneur et ses richesses. Jamais il ne put ni ne voulut oublier un tel affront.

Les premiers bateaux espagnols conduits par Colomb et ses hommes n'avaient accosté que sur des îles peuplées de quelques misérables « Indiens », aux mœurs simples et débonnaires. La seule chose que les aventuriers espagnols voulaient connaître d'eux était la provenance des bijoux en or que certains portaient au nez. Du doigt, les Indiens leur montrèrent l'ouest. C'est ainsi que le continent américain fut enfin découvert. Car la véritable quête des Espagnols était la découverte de l'Eldorado, le « Pays de l'or » ! Ils s'en faisaient une idée fabuleuse et s'attendaient à voir des villes dont les toits seraient en or. Ces aventuriers, ou *conquistadores*, qui partaient d'Espagne à la conquête, pour le roi, de terres inconnues, avec l'intention de se constituer leur propre butin, étaient généralement des rustres. Ils étaient à vrai dire des chefs de bandits extrêmement cruels, dénués de tout scrupule, prêts à tous les mensonges pour duper les populations indigènes, animés d'une cupidité dévorante et toujours prompts à se lancer dans les aventures les plus folles. Aucune ne leur semblait impossible et ils ne reculaient devant rien pour se procurer de l'or. Ils étaient aussi courageux qu'inhumains. Le plus triste est que ces hommes, non seulement se disaient chrétiens, mais prétendaient agir au nom de la chrétienté quand ils commettaient des atrocités sur les païens.

Parmi ces conquérants, il y en eut un, un ancien étudiant en droit du nom de Fernando Cortés, dont la cupidité était sans bornes. Il voulait aller à l'intérieur du pays et piller tous les trésors fabuleux dont il avait entendu parler. En 1519, il quitta la côte à la tête de 150 soldats espagnols, de treize cavaliers et de quelques canons. Les Indiens n'avaient jamais vu d'hommes blancs, ni même de chevaux et d'armes à feu. Les tirs de canons les plongèrent dans une peur panique et ils prirent les soldats espagnols pour de puissants sorciers, voire pour des dieux. Pourtant, ils se défendirent souvent avec courage, attaquant les soldats dans leur marche le jour et profitant de la nuit pour attaquer leur camp. Mais,

La grande traversée maritime de l'aventurier Christophe Colomb est bien courte, comparée à la route qu'il voulait parcourir. On s'en rend compte en regardant le globe terrestre à partir du pôle nord.

dès le début, Cortés se vengea abominablement en brûlant leurs villages et en tuant des milliers d'Indiens.

Peu après, des émissaires d'un puissant roi d'une contrée plus lointaine vinrent à la rencontre de Cortés, chargés de somptueux présents en or et de plumes de toutes les couleurs. Ils lui demandèrent de rebrousser chemin. Mais les présents du roi avaient avivé la curiosité et la cupidité de Cortés. Au prix d'aventures incroyables, il poursuivit sa route et contraignit beaucoup d'Indiens à le suivre, comme l'avaient fait les grands conquérants. Il finit par arriver dans le royaume du puissant roi qui lui avait envoyé des émissaires et des présents. Ce roi s'appelait Montézuma et le nom de son royaume, comme celui de sa capitale, était Mexico. Montézuma attendait respectueusement Cortés et sa petite troupe aux portes de la ville qui s'étendait sur une île au milieu d'un immense lac. Après avoir franchi une digue longue de seize kilomètres, les Espagnols n'en crurent pas leurs yeux lorsqu'ils découvrirent le faste, la beauté et le caractère imposant de cette capitale, aussi grande que les plus grandes villes qu'ils connaissaient. Elle était dotée de rues principales très larges et très droites, d'un grand nombre de canaux et de ponts, de places et de marchés où, chaque jour, des dizaines de milliers de gens affluaient pour acheter ou vendre.

Les lettres de Cortés adressées au roi d'Espagne témoignent de son admiration et de son étonnement. Sur les marchés, écrivait-il, on négocie toutes sortes de choses : des produits comestibles, des bijoux en or, en argent, en étain, en laiton, en os, en coquillage, en carapace de homard et en plumes, ainsi que des pierres de construction taillées ou non, de la chaux, des briques, du bois de construction brut ou débité... Des juges se tiennent en permanence sur ces marchés, prêts à intervenir dès qu'un différend éclate. Certaines rues sont spécialisées dans la vente de toutes sortes d'oiseaux et d'animaux, d'autres dans celle des plantes les plus diverses. Avec force détails, Cortés parlait aussi de la vente de produits comme il n'en avait jamais vus : pigments pour la peinture, faïences, fruits, plantes potagères, galettes de céréales, et il s'étonnait de trouver partout des pharmaciens, des barbiers, des aubergistes. Parlant de l'architecture, il décrivit les temples monumentaux, surmontés de tours, aussi vastes que certaines villes, dont les salles étaient décorées de fresques multicolores représentant des divinités gigantesques et effrayantes auxquelles on sacrifiait des êtres humains. Il se disait fasciné par les maisons d'habitation, grandes et spacieuses, agrémentées de jolis parterres de fleurs, par l'existence de canalisations d'eau, par la présence de veilleurs et de douaniers...

Le palais du roi Montézuma fut pour Cortés un choc peut-être plus grand encore. Jamais, dit-il, l'Espagne n'en avait possédé de semblables. Ce palais s'élevait sur plusieurs étages flanqués de colonnes et de plaques de jade, d'où l'on voyait à perte de vue. Ses salles étaient immenses. Son parc comptait d'innombrables pièces d'eau et un vaste jardin zoologique où vivaient toutes sortes d'animaux enfermés dans des cages. Autour de Montézuma se déployait une cour somptueuse de hauts fonctionnaires qui lui témoignaient le plus grand respect. Lui-même changeait quatre fois par jour de tenue, chaque fois différente et jamais réutilisée. On s'approchait de lui en courbant la tête, et le peuple devait se jeter à terre et ne jamais le regarder en face, quand, dans une chaise à porteurs, il parcourait les rues de la ville de Mexico.

Cortés recourut à la ruse pour faire prisonnier ce roi aussi puissant. Comme paralysé par tant d'irrespect et de désinvolture, Montézuma n'osa rien entreprendre contre les envahisseurs blancs. De plus, il existait à Mexico une vieille légende selon laquelle des Fils du soleil, des divinités à la peau blanche, viendraient un jour de l'est pour prendre possession du pays. En voyant les hommes blancs, Montézuma pensa qu'ils étaient ces fameuses divinités dont parlait la légende. En réalité, ils n'étaient que des êtres diaboliques à la peau blanche. Profitant d'une fête religieuse donnée dans l'un des temples, ils assaillirent la noblesse mexicaine et tuèrent ces malheureux sans défense, ce qui déchaîna la fureur populaire. Cortés contraignit alors Montézuma, du haut de son palais, à appeler son peuple au calme. Mais le peuple resta sourd à ses exhortations. S'emparant de pierres, il les lança contre son propre roi, qui fut mortellement blessé. Un épouvantable carnage s'ensuivit, au cours duquel Cortés rassembla tout son courage pour échapper au massacre. Qu'il ait réussi à s'enfuir de la ville en révolte avec sa poignée d'hommes, puis à atteindre la côte après avoir traversé le pays ennemi, chargé de malades et de blessés, tient véritablement du miracle. Il revint naturellement peu après avec une nouvelle troupe et mit la superbe ville à feu et à sang. Ce n'était que le début. Par la suite, là et dans d'autres contrées d'Amérique, les Espagnols exterminèrent d'horrible façon les peuples indiens dont la civilisation avait atteint un si grand degré de raffinement. Ce chapitre de l'histoire de l'humanité est tellement épouvantable et infamant pour nous, Européens, que je préfère ne pas en dire davantage.

Entre-temps, les Portugais avaient découvert la vraie route maritime des Indes orientales et ils s'y comportèrent avec la même barbarie que les Espagnols envers les Indiens d'Amérique. Indifférents à l'antique sagesse du peuple indien, ils n'avaient qu'un seul objectif : trouver de l'or, de plus en plus d'or. Il y en avait désormais tellement, provenant de l'Inde et d'Amérique, que les bourgeois européens furent de plus en plus riches et les chevaliers et les seigneurs de plus en plus pauvres. Depuis que des navires faisaient voile vers l'ouest et revenaient également par l'ouest, ce furent surtout les villes portuaires des côtes européennes situées à l'ouest qui bénéficièrent d'un prodigieux essor, devenant des villes extrêmement puissantes et influentes.

Après l'Espagne et le Portugal, des pays comme la France, l'Angleterre et la Hollande se lancèrent à leur tour dans cette course à la conquête de pays au-delà des mers. L'Allemagne, en revanche, resta en retrait. Elle avait alors trop à faire avec ses propres problèmes.

Une nouvelle foi

Tu te souviens qu'à partir des années 1500, les papes de Rome s'intéressèrent davantage au faste et au pouvoir qu'à l'exercice de leur ministère et qu'ils firent construire de superbes églises en faisant appel aux meilleurs artisans et artistes. Depuis que deux papes de la famille des Médicis avaient accédé au pouvoir (famille dont on sait qu'elle avait déjà fortement contribué au prestige et à l'épanouissement artistique de Florence), on se mit à construire à Rome des édifices aussi monumentaux que beaux. On décréta que l'ancienne basilique Saint-Pierre, élevée par Constantin le Grand et dans laquelle Charlemagne avait été couronné empereur, n'était pas assez fastueuse. L'idée fut lancée de construire une nouvelle basilique aux proportions phénoménales et d'une beauté encore inégalée. Mais le projet coûtait beaucoup d'argent. Les papes d'alors ne s'inquiétèrent pas de savoir d'où proviendrait l'argent dont ils avaient besoin. Une seule chose leur importait : s'en procurer pour pouvoir réaliser leur fantastique projet. Pour leur être agréables, des prêtres et des moines se mirent alors à collecter de l'argent d'une manière qui ne s'accordait guère avec les dogmes de l'Église. Ils demandèrent aux croyants de verser de l'argent pour le pardon de leurs péchés. On parla alors de la vente des « indulgences ». Il est vrai que l'Église enseignait que seul le pécheur repenti serait absous, mais ces marchands d'indulgences allèrent beaucoup plus loin.

En ce temps-là vivait à Wittenberg, en Allemagne, un moine de l'ordre des Augustins, Martin Luther. Quand, en 1517, un de ces marchands d'indulgences se présenta dans la ville afin de trouver de l'argent pour la nouvelle basilique Saint-Pierre, dont la construction devait être réalisée la même année sous la conduite du peintre le plus célèbre au monde, Raphaël, Luther voulut attirer l'attention sur ces méthodes, contraires à la religion. Il fit une grande affiche sur laquelle il inscrivit quatre-vingt-quinze thèses, qu'il placarda à la porte de l'église. Ces thèses dénonçaient ce type de marchandage de la grâce divine en échange du rachat des péchés. À ses yeux, il n'y avait rien de plus effroyable que de vouloir obtenir le pardon de Dieu en échange d'argent. Il s'était toujours considéré comme un pécheur, vivant, comme tout pécheur, dans la crainte de Dieu. Mais une seule chose pouvait éviter la punition de Dieu : sa grâce infinie. Et cette grâce, pensait-il, pas un homme ne pouvait l'acheter. Car si tel était le cas, il ne s'agirait plus de grâce. Devant Dieu, qui voit tout et sait tout, même un homme bon restait un pécheur, qui méritait d'être puni. Seule sa foi en la grâce généreusement consentie par Dieu pouvait le sauver, et rien d'autre.

La condamnation des indulgences et du mauvais usage qui en était fait suscita d'âpres querelles, renforçant Luther dans ses prises de position et l'amenant à se montrer plus virulent encore, tant dans ses propos que dans ses écrits. En dehors de la foi, tout le reste est superflu, disait-il. Y compris donc l'Église et les prêtres qui, à la messe, intercèdent pour que les croyants aient aussi leur part de la grâce divine. Cette grâce n'a nullement besoin d'intermédiaires. Seule la confiance absolue et la foi de chacun en Dieu peuvent sauver. Avoir la foi, c'est croire aux grands mystères de l'Évangile, c'est croire qu'en communiant, nous mangeons le corps du Christ et nous buvons son sang. Personne ne peut aider quelqu'un à obtenir la grâce de Dieu. Chaque croyant est, pourrait-on dire, son propre prêtre. Les prêtres de l'Église ne sont que des enseignants et des conseillers. C'est pourquoi eux aussi peuvent vivre comme tous les autres hommes et même se marier. Le croyant ne doit pas se fier aux dogmes de l'Église. C'est à lui de rechercher dans la Bible les intentions de Dieu. Car, affirmait Luther, la vérité ne peut se trouver que dans la Bible.

Luther n'était pas le premier à avoir eu de telles pensées. Cent ans avant lui, un prêtre vivant à Prague, du nom de Jan Hus, avait professé semblable doctrine. En 1415, il fut convoqué, à Constance, à une assemblée des hauts dignitaires de l'Église et, malgré le sauf-conduit qui lui avait été donné par l'empereur, il fut brûlé pour hérésie. Ses nombreux adeptes soutinrent de longues guerres, entraînant la désolation de la moitié de la Bohême, avant d'être exterminés impitoyablement.

La même chose aurait pu arriver à Luther et à ses adeptes, mais les temps avaient changé. L'invention de l'imprimerie avait permis la diffusion dans toute l'Allemagne des écrits de Luther, rédigés dans un style haut en couleur, percutant, voire souvent grossier. Beaucoup de gens lui donnèrent raison. Lorsque le pape en fut informé, il menaça Luther de l'excommunier. Mais Luther avait déjà tant de partisans qu'il n'en tint pas compte. Il brûla publiquement la lettre du pape (la « bulle » papale), provoquant cette fois son excommunication. Il déclara alors que lui et ses adeptes étaient sortis définitivement de l'Église, ce qui suscita en Allemagne une violente réaction. Beaucoup se mirent de son côté, d'autant plus que le pape, avec son amour du faste et toutes ses richesses, s'était rendu antipathique. En outre, plus d'un prince allemand se montra satisfait de voir le pouvoir des évêques et des archevêques diminuer, ce qui permettrait ainsi de s'approprier les importants biens fonciers de l'Église. Ils adhérèrent donc à la Réforme, nom donné à la tentative de Luther de réveiller la piété des premiers chrétiens.

En 1519 (un an avant l'excommunication de Luther), l'empereur Maximilien, « le dernier chevalier », mourut, et son petit-fils Charles V, dit Charles Quint, de la famille des Habsbourg, petit-fils également de la reine espagnole Isabelle de Castille, devint le nouvel empereur allemand. Il n'avait que dix-neuf ans et n'était jamais allé en Allemagne. Il n'avait séjourné qu'en Belgique, en Hollande et en Espagne, pays qui relevaient de sa couronne. En tant que roi d'Espagne, il régnait également sur le nouveau continent américain où Cortés et d'autres après lui avaient lancé leurs expéditions de conquêtes, ce qui faisait dire à ses courtisans que, sur son Empire, « jamais le soleil ne se couchait ». En effet, quand il fait nuit en Europe, il fait grand jour en Amérique. Cet Empire immense – comprenant l'Autriche héritée des Habsbourg, les Pays-Bas hérités du duc de Bourgogne Charles le Téméraire, l'Espagne et l'Empire allemand – n'avait comme seul véritable ennemi en Europe que la France. Le royaume de France était incomparablement moins vaste que l'Empire de Charles Quint, mais, sous l'autorité avisée de son roi, François Ier, il était plus unifié, plus solide et plus riche. Les deux rois se battirent pendant plus de trente ans, se disputant l'Italie, le plus riche pays d'Europe. Les papes soutenaient tantôt l'un, tantôt l'autre. Finalement, en 1527, les lansquenets de l'empereur firent le sac de Rome et anéantirent les richesses de l'Italie.

Pourtant, lorsque, en 1519, Charles Quint avait accédé au pouvoir, il était un jeune homme pieux entretenant de bonnes relations avec le pape. Dès son couronnement à Aix-la-Chapelle, il avait manifesté l'intention d'en finir au plus vite avec l'hérétique Luther. Il aurait même souhaité le faire emprisonner, mais le prince de la ville de Luther (Wittenberg), le duc de Saxe, surnommé Nathan le Sage, s'y opposa. Ce dernier devint par la suite le grand protecteur de Luther et fit en sorte qu'il ne soit pas tué.

Charles Quint donna l'ordre de faire comparaître le moine récalcitrant devant le Parlement (appelé aussi « diète »), qui siégeait pour la première fois. Cela se passait à Worms en 1521 (d'où le nom de Diète de Worms retenu par l'Histoire). Tous les princes et les grands de l'Empire s'y réunirent au cours d'une séance solennelle et pleine de faste. Luther se présenta, vêtu d'une simple robe de bure. Il avait déjà fait savoir qu'il serait prêt à se rétracter si, dans la Bible, on lui donnait la preuve que ce qu'il avançait était faux. Comme tu le sais, la seule parole de Dieu que Luther reconnaissait était celle de la Bible. L'assemblée des princes et des nobles ne voulut pas se laisser entraîner dans une querelle de mots avec cet éminent et passionné docteur en théologie. L'empereur exigea de lui qu'il revînt sur ses dires. Luther lui demanda un jour de réflexion. En fait, il était résolu à s'en tenir à ses convictions. D'ailleurs, il écrivit à un ami : « Une chose est sûre. Je ne retirerai pas même une virgule à ce que j'ai dit et je mets ma confiance en Jésus-Christ. » Un jour plus tard, il se présenta de nouveau devant le Parlement réuni et tint un long discours en langue allemande et latine, dans lequel il expliqua sa foi et ajouta qu'il était désolé si, dans son ardeur à se défendre, il avait froissé certains. Quant à se rétracter, cela lui était impossible. Le jeune empereur, qui vraisemblablement n'avait pas compris un mot de son discours, lui fit demander de conclure en donnant une réponse brève et claire. Luther reprit la parole sur un ton enflammé, répétant que seul ce qui était écrit dans la Bible pourrait le contraindre à se rétracter. « Ma conscience, dit-il, est prisonnière de la parole de Dieu et c'est pourquoi je ne peux ni ne veux me rétracter, car il est dangereux d'agir contre sa conscience. Que Dieu m'accorde son aide. Amen. »

Le Parlement édicta alors une loi mettant Luther au ban de l'Empire, ce qui signifiait que plus personne n'était autorisé à lui donner à manger, à l'aider ou à l'héberger. Celui qui enfreindrait la loi serait lui aussi mis au ban de l'Empire, ainsi que toute personne qui achèterait ou posséderait ses écrits. Quiconque le frapperait à mort n'encourrait aucune sanction. Il était désormais un hors-la-loi. C'est alors que son protecteur, Nathan le Sage, le fit enlever en secret et transporter dans son château, la Wartbourg, où il vécut sous un faux nom. Profitant de cette apparente captivité, Luther traduisit la Bible en allemand afin que tous puissent la lire et y réfléchir. Cette entreprise n'était pas des plus faciles, car les Allemands, en ce temps-là, ne parlaient pas tous la même langue. Les Bavarois s'exprimaient en dialecte bavarois, les Saxons en dialecte saxon, et ainsi de suite. Luther s'efforça alors de trouver une langue qui serait compréhensible par tous. On peut vraiment dire que, en traduisant la Bible, Luther créa la langue allemande, laquelle, plus de 400 ans après, correspond sans grands changements à celle d'aujourd'hui.

Luther séjourna dans le château de la Wartbourg jusqu'au jour où il apprit avec mécontentement l'effet produit par ses discours et ses écrits. Ses adeptes, les luthériens, étaient devenus encore plus fanatiques que lui. Ils détruisaient les images saintes dans les églises et professaient qu'il était contraire à l'esprit de l'Église de baptiser les enfants, car, disaient-ils, un être doit avoir l'âge de décider librement s'il veut ou non être baptisé. On leur donna le nom d'« iconoclastes » ou d'« anabaptistes ».

Les doctrines de Luther avaient surtout agi sur les paysans, qui les interprétaient à leur manière. Selon eux, Luther professait que les hommes ne devaient obéir qu'à leur conscience et à personne d'autre, que c'était à chaque individu, en toute autonomie et en toute liberté, de se battre pour obtenir la grâce de Dieu. Les paysans, jusqu'alors asservis, privés de liberté et dépendants de leurs maîtres, comprirent ce manifeste de l'homme libre, soumis à personne, comme le droit d'acquérir leur propre liberté. Des bandes de paysans se constituèrent, armés de fléaux et de faux, et s'acharnèrent sur les propriétaires terriens, les monastères et les villes. Après avoir combattu l'Église, Luther s'en prit cette fois à tous ces iconoclastes, ces anabaptistes, ces paysans. Dans des discours et des écrits, il dénonça violemment le détournement de sa doctrine et contribua à mater et à punir les armées de rebelles. Cette division entre protestants (nom donné aux disciples de Luther) servit énormément la grande Église catholique unifiée.

On peut en effet parler de division, car, à cette époque, Luther n'était pas le seul à émettre et à professer les idées que nous connaissons. Le prêtre Zwingli, à Zurich, avait suivi une voie identique. À Genève, un autre théologien, Calvin, avait répudié l'Église. Cependant, en dépit de leurs affinités, les adeptes des uns et des autres n'arrivaient pas à s'entendre et à se supporter.

C'est alors que la papauté subit une nouvelle perte d'importance. En Angleterre régnait le roi Henri VIII. Il avait épousé une tante de l'empereur Charles Quint. Mais elle ne lui plaisait pas. Il aurait préféré épouser sa dame de cour, Anne Boleyn. L'idée d'un divorce ne pouvait en aucun cas être acceptée par le pape, le chef suprême de l'Église. En 1533, Henri VIII rompit alors avec l'Église romaine et fonda dans son pays sa propre Église qui, elle, lui accorda le divorce. Il continua néanmoins de persécuter les adeptes de Luther, mais l'Angleterre était à tout jamais sortie de l'Église catholique romaine. Puis vint le jour où Henri VIII se lassa d'Anne Boleyn et la fit décapiter. Onze jours plus tard, il se remaria, mais sa troisième femme mourut, échappant au même sort. Il divorça

de la quatrième, épousa une cinquième, qu'il fit également décapiter. La sixième mourut peu de temps après lui.

L'empereur Charles Quint, quant à lui, était las de son immense Empire en proie à des troubles permanents et objet de combats incessants au nom de la religion. Il avait passé sa vie à se battre tantôt contre les princes allemands, adeptes de Luther, tantôt contre les rois de France et d'Angleterre et contre les Turcs qui, dès 1453, partis de l'est, avaient conquis Constantinople, la capitale de l'empire romain d'Orient. Après quoi, ces mêmes Turcs avaient dévasté la Hongrie et étaient arrivés aux portes de Vienne, la capitale autrichienne, qu'ils avaient, mais en vain, assiégée.

Charles Quint finit donc par en avoir assez de son Empire et même du soleil qui jamais ne s'y couchait. Il abdiqua, après avoir remis la couronne du royaume d'Autriche et celle de l'empire d'Allemagne à son frère Ferdinand et donné l'Espagne et les Pays-Bas à son fils Philippe. Et, en 1556, c'est en homme vieilli et brisé qu'il se retira dans le monastère espagnol de San Geronimo de Yuste, où il se consacra à des travaux d'horlogerie. Il voulait arriver à ce que toutes les horloges sonnent l'heure en même temps. N'y étant pas parvenu, il aurait dit : « Et dire que j'ai eu la prétention de vouloir apporter l'entente entre tous les hommes de mon Empire, alors que je suis incapable d'accorder la sonnerie de quelques horloges ! » Il mourut dans la solitude et l'amertume. Quant aux horloges de ce qui avait été son Empire, elles donnèrent de l'heure du temps des informations de plus en plus discordantes.

L'Église militante

Au cours d'un des combats menés entre l'empereur Charles Quint et le roi français François Ier, un jeune noble espagnol fut grièvement blessé. Il s'appelait Ignace de Loyola. Pendant ses longues années d'immobilisation douloureuse, il réfléchit beaucoup à sa vie passée de jeune gentilhomme et se plongea dans la lecture de la Bible et celle de la vie des saints. Ainsi lui vint l'idée de changer de vie. Il voulait rester un combattant, mais un combattant d'une tout autre cause, celle de l'Église catholique, tellement mise en péril par Luther, Zwingli, Calvin et Henri VIII.

Une fois rétabli de ses blessures, il ne partit pas en guerre se mêler à un des nombreux combats qui opposaient luthériens et catholiques. Il alla à l'université. Il n'eut de cesse d'apprendre et de réfléchir pour s'armer pour le combat qu'il voulait mener. Vouloir régner en maître, c'est pouvoir se maîtriser soi-même. Cette pensée était aussi la sienne. Il s'entraîna donc, dans des efforts surhumains, à être maître de lui-même. Un peu comme Bouddha l'avait enseigné, à la différence qu'il s'était fixé un autre objectif. À l'exemple de Bouddha, il voulait lui aussi parvenir à se libérer de tout désir. Mais ce n'était pas pour trouver ici-bas la fin de toute souffrance. C'était pour ne plus obéir à aucune autre volonté et à aucun autre objectif qu'à ceux de l'Église. Après des années d'exercices spirituels, il était arrivé à ne plus penser à quelque chose de précis ou, à d'autres moments au contraire, à se concentrer si fort sur quelque chose qu'il était capable de se le représenter concrètement. Tels étaient les principes pédagogiques qu'il imposait à lui-même et à ses propres amis. Quand tous eurent le sentiment de pouvoir contrôler leurs propres représentations mentales, Ignace de Loyola fonda avec ses amis un ordre, qui se donna le nom de Compagnie de Jésus. C'est l'ordre des jésuites.

Cette petite compagnie d'hommes instruits et distingués offrit son aide au pape dans la défense de l'Église, offre qu'il accepta en 1540. Aussitôt, ils partirent en guerre, avec la prudence et la détermination d'une armée. Ils commencèrent par s'en prendre, eux aussi, aux dérives de l'Église qui avaient provoqué le conflit avec Luther. Au cours d'une grande assemblée des hauts dignitaires de l'Église qui siégea à Trente, dans le sud du Tyrol, de 1545 à 1563 (assemblée à laquelle sera donné le nom de concile de Trente), on décida de changements et d'améliorations devant rehausser le pouvoir et la dignité de l'Église. Les prêtres devaient redevenir des serviteurs de Dieu et non plus uniquement des princes vivant dans le faste. L'Église devait se soucier davantage des pauvres et, surtout, se préoccuper de l'enseignement du peuple. C'est dans ce domaine que les jésuites, hommes cultivés et pédagogues et, de surcroît, serviteurs inconditionnels de l'Église, apportèrent le plus. En tant que professeurs, ils pouvaient inculquer leur mode de pensée au peuple comme aux gens de la haute société, car ils enseignaient aussi à l'université. Enseignants et prédicateurs de la foi, leur influence s'étendit dans des contrées lointaines, mais aussi dans les cours royales, où beaucoup jouaient le rôle de confesseurs. Comme ils étaient des hommes d'une grande intelligence, ayant de l'âme humaine une parfaite connaissance, ils surent profiter de leur influence à la cour pour infléchir les décisions des grands de ce monde.

Tous ces efforts pour réveiller l'ancienne piété des hommes, non en les coupant de l'Église catholique mais en renouvelant l'Église elle-même, afin d'arriver à lutter activement contre la Réforme, portera le nom de Contre-Réforme. En ces temps de guerres religieuses, les hommes étaient devenus austères et rigoristes. Presque aussi austères et rigoristes qu'Ignace de Loyola. Le plaisir qu'avaient pris les bourgeois de Florence au spectacle de leurs dirigeants vivant dans le faste du pouvoir avait disparu. On s'inquiétait à nouveau de savoir si un homme était pieux et s'il voulait servir l'Église. Les nobles ne portaient plus des vêtements

amples et chamarrés. La plupart ressemblaient à des moines dans leurs tenues noires moulant le corps, le cou emprisonné dans une collerette blanche (appelée fraise). Leur visage, terminé par une barbiche en pointe, affichait un regard grave et ténébreux. Tous ces gentilshommes avaient une épée à la ceinture et si quelqu'un portait atteinte à leur honneur, ils le provoquaient en duel.

Ces hommes aux gestes calmes et mesurés et d'une courtoisie très guindée (on serait tenté de dire très « collet monté ») étaient presque tous d'opiniâtres combattants, capables de se montrer impitoyables lorsque leur foi était en cause. L'Allemagne ne fut pas la seule à connaître des guerres entre princes catholiques et protestants. C'est en France, où l'on avait donné aux protestants le nom de « huguenots », que ces guerres furent les plus atroces. En 1572, la reine de France invita tous les nobles huguenots à une noce à la cour, puis, dans la nuit de la Saint-Barthélemy, elle les fit assassiner. Cela donne une idée du caractère implacable et cruel des guerres d'alors.

Le chef catholique le plus intransigeant et le plus impitoyable était le roi d'Espagne, Philippe II, le fils de l'empereur Charles Quint. L'étiquette à sa cour était austère et solennelle. Tout était soumis à des règles strictes : savoir qui devait s'agenouiller devant le roi, qui pouvait garder son chapeau sur la tête en sa présence, dans quel ordre de préséance les convives devaient se rendre à la table des banquets et les nobles à la messe.

Philippe II était, quant à lui, un souverain infatigable qui tenait à contrôler les moindres choses et à rédiger toutes les lettres de sa main. Entouré de ses conseillers, parmi lesquels il y avait beaucoup de religieux, il commençait à travailler tôt le matin et ne finissait que tard le soir. Sa principale raison de vivre était la lutte contre toute forme d'incroyance. Dans son propre pays, il fit brûler sur le bûcher des milliers de gens accusés d'hérésie, parmi lesquels ne se trouvaient pas que des protestants. Il y avait aussi des Juifs, et des musulmans, présents depuis l'époque où l'Espagne avait été dominée par les Arabes. Philippe II se considérait comme le protecteur et le défenseur de l'Église, exactement comme, autrefois, l'empereur allemand. À ce titre, il se joignit à la flotte italienne pour combattre les Turcs, dont la puissance sur mer avait décuplé depuis qu'ils avaient pris Constantinople. Il les battit à Lépante, en 1571, et détruisit leur flotte, mettant ainsi définitivement un terme à leur puissance navale.

La lutte de Philippe II contre les protestants ne se déroula pas aussi bien. S'il réussit à les exterminer dans son propre pays, l'Espagne, il n'en fut pas de même ailleurs. Comme du temps de son père, un autre pays relevait également de sa couronne, les Pays-Bas, autrement dit la Belgique et la Hollande. Or, les protestants étaient particulièrement nombreux parmi les bourgeois des riches villes du Nord. Philippe II leur fit subir les pires choses pour les dégoûter de leur foi, mais ils ne cédèrent pas. Il envoya alors sur place, avec le titre de gouverneur, un noble espagnol, encore plus fanatique et inflexible que lui, le duc d'Albe. Il ressemblait tout à fait au type de guerrier que le roi Philippe affectionnait, avec sa silhouette élancée, son port de tête rigide, son visage pâle et émacié éclairé par un regard d'acier et sa barbiche en pointe. Le duc d'Albe condamna de sang froid grand nombre de bourgeois et de nobles des Pays-Bas à la pendaison. Jusqu'au jour où leur peuple se révolta. Une lutte sans merci éclata, dont l'issue fut la libération, en 1579, des villes protestantes des Pays-Bas du joug espagnol et l'expulsion de leurs troupes. À compter de ce jour, les villes commerçantes, devenues libres et indépendantes, purent développer un esprit d'entreprise qui les conduisit à leur tour à tenter leur chance au-delà des mers, en Inde et en Amérique.

Ce ne fut pas la plus cruelle défaite subie par le roi Philippe II. Il y en eut une autre, encore plus cuisante. En Angleterre régnait alors une femme, la fille du roi Henri VIII, le roi aux nombreux mariages. Cette femme, la reine Élisabeth Ire, était une protestante convaincue, très intelligente, volontaire, déterminée, mais également vaniteuse et cruelle. Ce qui lui importait le plus était de défendre son pays contre les catholiques, encore très nombreux en Angleterre. Elle les pourchassa impitoyablement. Elle fit emprisonner la reine catholique d'Écosse, Marie Stuart, une femme d'une grande beauté et au charme indéniable, puis la fit exécuter. Marie Stuart avait estimé avoir, elle aussi, légitimement le droit de prétendre à la couronne d'Angleterre. Élisabeth prêta aussi main-forte aux bourgeois protestants des Pays-Bas dans leur lutte contre Philippe II. Celui-ci se montra si furieux de cette hostilité envers l'Église catholique qu'il décida de ramener l'Angleterre au catholicisme ou, s'il échouait, de l'anéantir.

Le roi Philippe envoya alors une flotte impressionnante, surnommée l'Invincible Armada, composée de 135 navires. Mais la situation ne différait pas beaucoup de celle des anciennes guerres persiques. Les énormes navires espagnols, lourdement chargés, ne se déplaçaient que lentement, ce qui, lors du combat, les rendait vulnérables. Les Anglais ne donnèrent pas le temps aux Espagnols d'engager une vraie bataille. Ils s'approchèrent prestement avec leurs embarcations légères et beaucoup plus rapides, bombardèrent la flotte et firent demi-tour aussitôt après. Puis ils lancèrent sur la flotte espagnole des navires sans équipage, chargés de matières enflammées. La panique des Espagnols fut telle qu'ils partirent en tous sens. Beaucoup s'égarèrent sur la mer au large de l'Angleterre, où, victimes du mauvais temps, ils firent naufrage. À peine la moitié des navires revinrent à leur port, n'ayant pas même pu accoster en Angleterre. Philippe ne laissa rien voir de son amère déception. On dit même qu'il aurait chaleureusement félicité le commandant général de la flotte, lui disant : « Je t'ai envoyé contre des hommes et non contre des éléments déchaînés. »

Mais les Anglais ne se contentèrent plus de pourchasser les navires espagnols dans leurs zones maritimes. Ils s'en prirent aussi à leurs navires marchands, le long des côtes d'Amérique et de l'Inde. Au bout de quelque temps, les Anglais et les Hollandais avaient expulsé les Espagnols de nombreuses riches villes portuaires de ces pays. En Amérique du Nord, où des colonies espagnoles s'étaient implantées, ils fondèrent des établissements commerciaux (ou comptoirs), exactement comme, en leur temps, les Phéniciens. Et beaucoup d'Anglais fuyant les persécutions des guerres de religion vinrent s'y installer pour y mener une existence plus libre.

Dans les ports et les comptoirs de l'Inde, les véritables maîtres n'étaient pas les États anglais et hollandais, mais des commerçants de ces deux pays qui s'étaient regroupés pour faire du négoce et exporter vers l'Europe les trésors de l'Inde. Ces sociétés commerciales, auxquelles on donna le nom de compagnies des Indes orientales, payaient des mercenaires qui lançaient des expéditions punitives lorsque les Indiens ne se montraient pas assez conciliants ou lorsqu'ils demandaient pour leurs produits un prix trop élevé. Le traitement infligé aux Indiens de l'Inde n'était guère meilleur que celui infligé par les *conquistadores* espagnols aux Indiens d'Amérique. En Inde également, la conquête des régions côtières par les commerçants anglais et hollandais se fit sans grande difficulté, car la désunion régnait entre les princes indiens. Bientôt, la langue parlée en Amérique du Nord et en Inde fut celle d'une petite île au nord-ouest de la France. Cette île, c'est l'Angleterre ! À nouveau, un Empire venait de naître. Et, de même que le latin était devenu langue internationale au temps de l'Empire romain, c'est l'anglais qui joua alors ce rôle.

Une époque horrible

Si je le voulais, je pourrais écrire encore de nombreux chapitres sur les guerres entre catholiques et protestants. Mais je n'y tiens pas. C'était une époque tellement horrible. D'autre part, la situation était devenue si embrouillée que plus personne ne savait vraiment pour qui ou contre qui il se battait. Les empereurs d'Allemagne de la famille des Habsbourg, qui régnaient tantôt depuis Prague, tantôt depuis Vienne et qui, en fait, n'avaient de réel pouvoir qu'en Autriche et sur une partie de la Hongrie, étaient des hommes pieux qui voulaient rétablir la souveraineté de l'Église catholique dans leur Empire. Au début, ils avaient pourtant toléré les services religieux des protestants. Mais un jour, la déclaration des hostilités vint de Bohême.

En 1618, des protestants mécontents jetèrent trois envoyés de l'empereur par la fenêtre du château de Prague. Ils tombèrent sur un tas d'ordures et deux d'entre eux s'en tirèrent sans grand mal. Pourtant, ce fut le déclenchement d'une guerre atroce qui dura trente ans. Trente ans ! Imagine un peu ! Celui qui avait dix ans lorsqu'il apprit la défenestration des trois hommes en avait quarante lorsqu'il connut enfin la paix. En espérant qu'il eut la chance de survivre ! Car, très vite, cela ne ressembla plus à une guerre, mais à une abominable tuerie, à laquelle s'adonnaient des bandes de soldats de toutes nationalités, des soldats mal payés, aux mœurs barbares, dont le seul plaisir était de tuer et de piller. Dans cette armée s'était enrôlée toute la racaille que comptaient les différents pays, composée d'êtres vils et cruels, essentiellement attirés par l'appât du butin. La foi était depuis longtemps oubliée. Des protestants s'engageaient dans les armées catholiques, des catholiques dans les armées protestantes. Tous étaient presque aussi ignobles envers le pays pour lequel ils étaient censés combattre qu'envers leurs ennemis. Quand ils installaient leurs campements, ils allaient chercher de quoi manger, et surtout de quoi boire chez les paysans qui se trouvaient à proximité. Quand un paysan refusait, ils le lui extorquaient ou le tuaient. Dans leur tenue invraisemblable, avec leurs hardes bigarrées et leurs grands plumets, ils caracolaient à travers la campagne et, par pur sadisme, incendiaient, assassinaient, torturaient des hommes sans défense. Rien ne les arrêtait. Les seuls qu'ils suivaient aveuglément étaient leurs généraux, lorsque ces derniers avaient su se faire apprécier d'eux.

L'un de ces généraux, jouissant d'une plus grande estime que d'autres, avait pour nom Wallenstein. Il combattait pour l'empereur. C'était un noble terrien sans fortune, doté d'une énergie et d'une intelligence exceptionnelles. Avec ses armées, il alla jusqu'en Allemagne du Nord pour prendre les villes protestantes. En fin stratège, il était sur le point de mettre un terme à la guerre en faveur de l'empereur et de l'Église catholique. Mais un nouveau pays entra dans le conflit, la Suède, dont le roi protestant, Gustave-Adolphe, était un homme influent et extrêmement pieux. Son ambition était de sauver la religion protestante et de fonder un grand empire protestant contrôlé par la Suède. Les Suédois avaient déjà conquis l'Allemagne du Nord et poursuivaient leur marche vers l'Autriche quand Gustave-Adolphe trouva la mort dans une bataille, en 1632 (donc dans la quatorzième année de la guerre). Des factions de son armée parvinrent néanmoins aux portes de Vienne, où elles firent de terribles ravages.

La France était également entrée en guerre. Tu vas certainement penser qu'étant catholiques, les Français prirent parti pour l'empereur, contre les protestants de l'Allemagne du Nord et de la Suède. Or, il faut savoir que cette longue guerre avait depuis longtemps perdu tout caractère religieux et que tous les pays cherchaient à exploiter le chaos à leur avantage. Comme l'empereur d'Allemagne et les Espagnols représentaient à cette époque les deux plus grandes puissances d'Europe, les Français, conseillés par leur ministre, d'une intelligence exceptionnelle, le cardinal de Richelieu, voulurent profiter de l'occasion pour les affaiblir et, par là même, faire de la France le pays le plus puissant d'Europe. C'est pourquoi les soldats français se battirent en fait contre les soldats de l'empereur.

Entre-temps, le général Wallenstein avait conquis ses titres de gloire. L'armée le vénérait, les soldats se battaient pour lui et pour la réussite de ses objectifs. En revanche, ils n'avaient qu'indifférence envers l'empereur comme envers la religion, ce qui renforça de plus en plus le sentiment de Wallenstein d'être devenu le véritable maître. Sans lui et sans ses soldats, l'empereur n'était rien. Il prit donc les choses en main et commença à négocier avec l'ennemi les conditions d'un traité de paix. L'empereur avait beau lui donner des ordres, il n'en faisait plus aucun cas. Mais, en 1634, au moment où l'empereur se décida à lancer contre lui un mandat d'arrêt, Wallenstein venait d'être assassiné par un ancien ami.

La guerre, pourtant, dura encore quatorze ans, une guerre de plus en plus folle et confuse. Des villages entiers furent incendiés, des villes mises à sac, des femmes et des enfants assassinés, dévalisés, sans que l'on pût en voir la fin. Les soldats volaient le bétail des paysans et saccageaient leurs champs. La famine, les épidémies les plus graves, l'apparition des loups s'ajoutaient aux désastres de la guerre et dévastaient des régions entières de l'Allemagne. Au bout de toutes ces années d'horribles souffrances, et après des délibérations interminables et embrouillées, les émissaires des différents souverains finirent par conclure un accord, et, en 1648, ils signèrent un traité de paix dont les clauses étaient que les choses resteraient plus ou moins dans la même situation qu'avant la guerre de Trente Ans. Les pays convertis au protestantisme le resteraient. Les pays dépendant de l'Empire – l'Autriche, la Hongrie et la Bohême – resteraient catholiques. Après la mort de Gustave-Adolphe, la Suède perdit presque tout pouvoir et elle ne garda de ses conquêtes que quelques territoires dans le nord de l'Allemagne et le long de la mer Baltique. Seuls les émissaires du ministre français Richelieu réussirent

à imposer l'obtention pour la France de quelques places fortes allemandes non loin du Rhin. La France était le vrai vainqueur d'une guerre qui ne la concernait même pas.

L'Allemagne avait été presque entièrement dévastée. À peine la moitié de la population avait survécu et les rescapés vivaient dans une terrible détresse. Beaucoup émigrèrent en Amérique, d'autres essayèrent de s'engager dans des armées étrangères, puisqu'ils ne connaissaient que le métier des armes.

Au malheur et au désespoir de ces années d'épouvante s'ajouta un vent de folie qui s'empara d'un nombre grandissant de gens. Ce fut la peur des pouvoirs occultes et maléfiques – la peur de la magie et de la sorcellerie. Tu te souviens que les gens du Moyen Âge étaient superstitieux et qu'ils croyaient en toutes sortes de fantômes. Mais les conséquences n'étaient pas allées aussi loin.

La situation avait commencé à s'aggraver au temps de ces papes qui aimaient le pouvoir et le faste, ce temps que nous avons appelé la Renaissance et qui avait vu naître la construction de la basilique Saint-Pierre et le commerce des indulgences. Ces papes n'étaient pas des hommes pieux, mais ils n'en étaient que plus superstitieux. Ils craignaient le diable et toutes les formes de magie. Ce furent ces mêmes papes, dont les noms sont passés à la postérité pour avoir favorisé, autour des années 1500, la réalisation des plus belles œuvres d'art, qui donnèrent l'ordre de faire une chasse impitoyable aux magiciens et aux sorcières, et ce, surtout en Allemagne.

Tu dois te demander comment on peut pourchasser quelque chose qui n'existe pas. C'est justement ce qu'il y a d'épouvantable. Quand, dans un village, une femme rencontrait une certaine antipathie ou quand des gens lui trouvaient un air bizarre et dérangeant, on s'empressait de déclarer : « C'est une sorcière ! La responsable de la grêle, c'est elle ! » ou : « C'est de sa faute si le bourgmestre a mal au dos ! » D'ailleurs, les Allemands emploient encore aujourd'hui l'expression « coup de la sorcière » pour désigner un mal de dos. Ladite sorcière était alors arrêtée et soumise à un interrogatoire. On lui demandait si elle avait conclu un pacte avec le diable. Épouvantée, elle répondait évidemment que non. Mais on ne se satisfaisait pas de sa réponse et on la torturait et la martyrisait de la manière la plus impitoyable jusqu'à ce que, à moitié morte de douleur et de désespoir, elle finisse par reconnaître ce qu'on voulait qu'elle dise. C'en était alors fini pour elle, puisqu'elle avait avoué être une sorcière ! Souvent, sous la torture, appelée aussi « la question », on lui demandait également s'il n'y avait pas dans son village d'autres sorcières avec qui elle aurait pratiqué ses sortilèges. Certaines, par faiblesse, donnaient tous les noms qui leur passaient par la tête, à seule fin de mettre un terme au martyre qu'elles enduraient, ce qui entraînait de nouvelles arrestations, de nouvelles tortures pour extorquer un aveu et de nouvelles condamnations au bûcher. La peur du diable et de la sorcellerie devint plus exacerbée encore au cours des terribles années de la guerre de Trente Ans. Dans toutes les régions, qu'elles fussent catholiques ou protestantes, on brûla sur les bûchers des milliers et des milliers de gens, en dépit des adjurations de certains prêtres jésuites. En ce temps-là, les gens vivaient en permanence dans la peur de forces occultes et maléfiques et des œuvres du diable. Seule la peur peut expliquer les atrocités infligées à des milliers d'innocents.

Le plus étonnant est que, à l'époque même où le peuple se montrait aussi superstitieux, il y avait des gens qui n'avaient pas oublié les réflexions de Léonard de Vinci et d'autres illustres personnalités de Florence, des gens qui s'efforçaient toujours d'ouvrir les yeux et de connaître le monde tel qu'il était. Ceux-là trouvèrent la vraie « formule magique » qui leur permettait de connaître ce qui avait été et ce qui allait advenir, qui leur disait comment déterminer la composition d'une étoile se trouvant à des milliards de kilomètres ou à quel moment une éclipse de soleil aurait lieu et de quel endroit on pourrait la voir.

Cette formule magique était le calcul. Ces hommes ne découvraient évidemment pas le calcul, qui était une connaissance acquise depuis longtemps. Mais ils étaient de plus en plus conscients du nombre de choses que l'on pouvait calculer dans la nature, comme l'oscillation d'un pendule long de 98 cm sur 1 mm, qui dure une seconde exactement, et les raisons de ce phénomène. On parlait alors de « lois de la Nature ». Léonard de Vinci en avait déjà acquis la conviction, puisqu'il disait : « La nature n'enfreint pas la loi. » On savait donc avec précision que tout phénomène naturel, une fois observé et calculé mathématiquement, se répéterait invariablement à l'identique et qu'il ne pourrait jamais en aller autrement. C'était une découverte extraordinaire, bien plus « magique » que le pouvoir attribué aux sorcières. Désormais, tout dans la nature – les étoiles et les gouttes d'eau, la chute des pierres, les vibrations des cordes d'un violon – ne relevait plus d'une quelconque intervention mystérieuse et inexplicable qui effrayait les hommes. Celui qui connaissait les bonnes formules mathématiques possédait la formule magique pour toute chose. Il pouvait dire à la corde d'un violon : « Si tu veux faire entendre un la, tu dois osciller 435 fois à la seconde et avoir telle longueur et telle tension. »

L'homme qui comprit le premier l'extraordinaire pouvoir magique du calcul appliqué aux phénomènes de la nature fut un Italien, Galileo Galilei, connu en France sous le nom de Galilée. Il avait consacré de longues années à chercher, à observer et à décrire, quand un jour quelqu'un lui fit remarquer que, dans ses écrits, se trouvait une phrase répondant à un dessin sans commentaires de Léonard de Vinci. Cette phrase disait que le soleil ne bouge pas, mais qu'en revanche la terre tourne autour du soleil, et les planètes avec elle. Or, cette constatation avait été proclamée publiquement en 1453, soit quelques années seulement après la mort de Léonard de Vinci, par Copernic, un savant d'origine polonaise. Il était arrivé à cette conclusion peu de temps avant de mourir, après de nombreuses années de calculs, mais les religieux catholiques aussi bien que protestants avaient taxé ses assertions d'hérétiques et d'anti-chrétiennes. Ils se référaient au passage de l'Ancien Testament dans lequel, au cours d'un combat, Josué prie Dieu de ne pas laisser tomber la nuit avant qu'il n'ait anéanti ses ennemis. Or, dit la Bible, « le soleil s'arrêta, et la lune suspendit sa course, jusqu'à ce que la nation eût tiré vengeance de ses ennemis. » C'était donc bien la preuve qu'habituellement le soleil se déplaçait. Une théorie affirmant l'immobilité du soleil ne pouvait être qu'hérétique, contraire à l'esprit de la Bible. Si bien qu'en 1632, alors qu'il allait avoir 70 ans, et après avoir consacré toute sa vie à la recherche, Galilée comparut devant un tribunal d'ecclésiastiques, ayant pour nom l'Inquisition, et on lui donna le choix entre être brûlé comme hérétique ou abjurer ses théories sur la rotation de la terre autour du soleil. Galilée accepta de signer une déclaration dans laquelle il reconnaissait être un pauvre pécheur pour avoir professé que la terre tournait autour du soleil, ce qui lui permit d'échapper au bûcher, à la différence de bien de ses prédécesseurs. Cependant, après avoir signé, il aurait, dit-on, murmuré à voix basse : « Et pourtant, elle tourne ! »

En dépit de ces idées préconçues, le nombre de gens devenus attentifs aux réflexions et aux méthodes de travail de Galilée, aux résultats de ses recherches et aux perspectives qu'elles ouvraient ne cessa de croître. Et si, aujourd'hui, nous sommes capables, grâce à ces formules mathématiques, de forcer la nature à faire ce que nous voulons, si nous avons des avions, des fusées, la radio et tout ce qui a trait à la technique, nous le devons à des hommes comme Galilée, qui définirent les lois mathématiques de la nature à une époque où c'était presque aussi dangereux que d'être chrétien à celle de Néron.

Un roi malheureux et un roi heureux

L'Angleterre était la seule grande puissance à ne pas avoir pris part à la guerre de Trente Ans. Je m'attends à ce que tu dises : quelle chance ils avaient, ces Anglais ! En fait, ils avaient eu eux aussi leurs années de tourmente, mais elles s'étaient achevées moins tragiquement qu'en Allemagne. Tu te souviens peut-être que le roi anglais Jean sans Terre avait dû officiellement promettre à la noblesse, dans la *Magna Charta*, que ni lui ni ses successeurs n'entreprendraient quoi que ce soit sans avoir préalablement demandé l'accord des nobles et des barons. Pendant près de quatre cents ans, les rois anglais respectèrent leurs engagements. Mais vint un jour un nouveau roi, petit-fils de Marie Stuart, la reine décapitée. Or ce roi, Charles Ier, ne voulut pas respecter la charte. Il n'aimait pas devoir demander l'avis des nobles et des bourgeois élus du Parlement. Il préférait gouverner selon son plaisir, et son plus grand plaisir était de dépenser de l'argent.

Le peuple anglais s'en montra fort mécontent. Vivaient alors en Angleterre beaucoup de protestants extrêmement pieux et intolérants, que l'on désignait sous le nom de « puritains ». Ils condamnaient le luxe et les agréments de l'existence quels qu'ils soient. Un noble sans fortune avait pris la tête de leur combat contre le roi. Oliver Cromwell, tel était son nom, était un homme d'une piété incommensurable, mais aussi un courageux guerrier, énergique et impitoyable. Avec ses troupes, d'une foi aussi fervente que la sienne et rompues à un entraînement rigoureux, il engagea plusieurs batailles contre le roi, qu'il finit par arrêter et qu'il fit comparaître devant une cour martiale. Le roi fut condamné à mort et décapité en 1649 pour ne pas avoir respecté les engagements auxquels les rois étaient tenus et pour avoir fait un mauvais usage de son pouvoir. Cromwell régna alors sur l'Angleterre, se donnant non pas le titre de roi, mais celui de « *lord*-protecteur du pays ». Il ne se contenta pas du titre, il en exerça réellement la fonction. Tout ce qu'Elisabeth avait entrepris – les colonies anglaises en Amérique et les comptoirs en Inde, la constitution d'une flotte opérationnelle et le grand commerce maritime – lui sembla de la plus haute importance. Cromwell usa donc de toute sa perspicacité et de toute son énergie à seule fin de renforcer la puissance de l'Angleterre dans tous les domaines et d'affaiblir autant que possible les proches voisins qu'étaient les Hollandais. Quand, presque aussitôt après sa mort, le pouvoir retomba entre les mains de rois (à partir de 1688, la royauté fut d'origine hollandaise), ce pouvoir s'exerça sans difficulté notoire. L'Angleterre continua sur sa lancée. Par contre, plus un seul roi, et ce, jusqu'à nos jours, n'osa enfreindre les engagements consignés dans la *Magna Charta* en 1215.

Les rois français eurent moins de problèmes. À la différence des Anglais, ils n'étaient pas tenus par un engagement écrit. Ils bénéficiaient, de surcroît, d'un pays prospère et abondamment peuplé qui ne risquait pas de sombrer, même sous les coups des terribles guerres de religion. Et, surtout, la France avait eu pour véritable dirigeant, pendant la guerre de Trente Ans, le cardinal de Richelieu, qui avait fait pour son pays au moins autant que Cromwell pour l'Angleterre, peut-être même davantage. Il avait su imposer ses vues aux chevaliers et aux nobles et avait été suffisamment habile et rusé pour leur retirer peu à peu tout pouvoir. Comme un bon joueur d'échecs, il avait su exploiter toutes les situations et, d'un petit avantage, en retirer immédiatement un plus grand. Il avait fini par s'adjuger tous les pouvoirs et, comme tu t'en es rendu compte, imposer celui de la France sur l'Europe. Par son action, il avait contribué à l'affaiblissement de l'empereur allemand pendant la guerre de Trente Ans. Or, l'Espagne se trouvait alors appauvrie, l'Italie démembrée et l'Angleterre n'était pas encore au faîte de sa puissance, si bien qu'à la mort de Richelieu, la France apparut comme le seul pays véritablement influent.

Un an après la mort du cardinal, en 1643, un nouveau roi français monta sur le trône, Louis XIV. Il n'avait alors que cinq ans et battra le record du monde du règne le plus long. Il régnera en effet jusqu'en 1715, pendant, donc, soixante-douze ans. Il ne gouverna évidemment pas au cours de sa minorité. Mais il décida de gouverner lui-même lorsque mourut celui qui avait été son tuteur, le cardinal Mazarin, qui avait joué à peu près le même rôle que Richelieu. Il ordonna par exemple qu'aucun passeport ne fût attribué à un Français sans son autorisation. Tous les gens de la cour s'esclaffèrent, prenant cette mesure pour une lubie du jeune monarque, persuadés qu'il serait vite lassé. Mais ils se trompaient. Pour Louis XIV, être roi signifiait bien plus que le fait du hasard qui l'avait fait naître roi. C'était comme se voir attribuer le rôle principal dans une pièce de théâtre, auquel il se vouera sa vie entière. Aucun homme avant lui, ni après lui, n'apprit aussi bien ce rôle, ni ne le joua jusqu'à ses derniers jours avec autant de dignité et de pompe, et sans jamais se lasser.

Louis XIV s'accapara tous les pouvoirs exercés jusqu'alors par Richelieu, puis par Mazarin. Les nobles n'eurent plus aucun autre droit que celui de le regarder jouer son rôle. Le spectacle plein de magnificence commençait dès huit heures du matin avec le fameux « lever du roi », quand le roi daignait se lever. Accompagnés du chambellan et du médecin, les princes de la famille royale entraient dans sa chambre à coucher. Après l'avoir salué d'une génuflexion, on lui présentait avec solennité deux perruques bouclées et poudrées, semblables à des crinières ondoyantes. Selon son bon plaisir, il en choisissait une, puis enfilait une somptueuse robe de chambre et s'asseyait à côté de son lit. À ce moment-là seulement, les nobles les plus élevés dans la hiérarchie, les ducs, étaient autorisés à pénétrer dans sa chambre. Puis, tandis qu'on le rasait, entraient à leur tour ses secrétaires, ses officiers et des fonctionnaires. Après quoi on ouvrait les portes de sa chambre et une cohorte de dignitaires, de maréchaux, de gouverneurs, de princes de l'Église et de favoris du roi apparaissaient en grande tenue pour être présents à la cérémonie de l'habillement de Sa Majesté !

Tout était réglé dans les moindres détails. Le plus grand honneur était de pouvoir présenter au roi sa chemise, préalablement chauffée. Cet honneur revenait au frère du roi ou, en son absence, à celui qui occupait après lui le rang le plus élevé. La manche droite tenue par le premier valet de chambre, la gauche par un duc, sa Majesté enfilait alors sa chemise. Selon une étiquette immuable, la cérémonie se poursuivait jusqu'à l'apparition du roi, vêtu de bas de soie multicolores, d'une culotte bouffante en soie s'arrêtant à mi-cuisse, d'un pourpoint en satin de couleur, d'une écharpe bleu ciel, d'une épée au côté et d'un habit brodé, rehaussé d'une collerette en dentelle qu'un haut dignitaire lui présentait sur un plateau d'argent. Puis, le visage souriant, le roi quittait sa chambre, un chapeau à plume sur la tête et une canne à la main, et il faisait son entrée dans la grande salle, sous le regard fasciné et débordant de respect de l'assistance, adressant à chacun un compliment convenu, recueillant les propos flatteurs de ceux qui lui déclaraient qu'il était plus beau que le dieu-soleil Apollon et plus fort que le héros Hercule de la Grèce antique. Ils allaient même jusqu'à dire qu'il était comme le soleil de Dieu dont les rayons et l'éclat maintenaient en vie toute chose. Tu vois qu'on se serait presque cru au temps des pharaons, qui se proclamaient Fils du Soleil. La seule différence était que les Égyptiens de l'Antiquité y croyaient vraiment, alors qu'il ne s'agissait pour Louis XIV que d'une sorte de jeu. Tant lui-même que les autres étaient conscients d'avoir affaire à un numéro parfaitement mis au point et merveilleux à regarder.

Après la messe du matin, le roi entrait dans son antichambre et donnait des ordres pour la journée. Commençaient alors de nombreuses heures de vrai travail auxquelles le roi s'astreignait quotidiennement, tenant à s'occuper de toutes les affaires de l'État. Le reste de la journée était consacré à diverses réjouissances, parties de chasse, bals, représentations de pièces d'auteurs illustres interprétées par des acteurs de renom, pour le plus grand plaisir de la cour et du roi. Le lever du roi n'était pas le seul moment solennel et épuisant de la journée. Une même étiquette réglait les repas ainsi que le coucher du roi, dont le cérémonial était devenu un ballet à la chorégraphie extrêmement complexe. Il s'y glissait les exagérations les plus aberrantes. Par exemple, on devait s'incliner en passant devant la couche royale, comme un catholique à l'église devant l'autel, même lorsqu'elle était vide. Quand le roi jouait aux cartes ou conversait, toute une assemblée de gens se tenait immanquablement à une distance respectueuse autour de lui et buvait ses propos habiles et pleins d'esprit comme s'il s'agissait de révélations.

Les hommes de la cour ne rêvaient que d'une chose, être vêtus comme le roi, savoir comme lui tenir sa canne, mettre son chapeau, s'asseoir ou marcher. Les femmes, quant à elles, n'avaient d'autre souci que celui de lui plaire. Pour attirer ses faveurs, elles portaient des collerettes en dentelles, des robes amples et froufroutantes confectionnées dans les plus belles étoffes et des bijoux superbes. La vie ne se déroulait plus qu'à la cour, dans des châteaux fastueux comme jamais il n'en avait existé, car Louis XIV était habité par une véritable passion, la construction de châteaux. Il fit construire, non loin de Paris, à Versailles, un château dont la superficie atteignait presque celle d'une ville. On y trouve un nombre incroyable de salles croulant sous les ors et les damas, des lustres en cristal, des milliers de miroirs, des meubles galbés, du velours et de la soie, des tableaux grandiloquents dont beaucoup représentent le roi en Apollon recevant les hommages de tous les peuples d'Europe. Plus extraordinaire encore que la réalisation du château est celle du parc. Sa conception est à l'image de la vie de cour, aussi somptueuse, aussi minutieusement élaborée et aussi théâtrale. Pas un arbre n'était libre de pousser à sa guise, pas un buisson ne pouvait garder sa forme naturelle. Toute verdure était rognée, taillée afin de donner des frondaisons rectilignes, des haies de buis curvilignes, de vastes pelouses agrémentées de parterres de fleurs en spirale, d'allées avec ronds-points et, çà et là, des statues, des étangs et des fontaines. Depuis qu'ils vivaient à la cour, les ducs autrefois puissants flânaient dans le parc avec leur épouse, foulant le gravier blanc et discutant dans un langage précieux et châtié de la manière dont l'ambassadeur suédois avait fait récemment sa révérence au roi, ou de sujets aussi futiles que celui-là.

Je ne sais pas si tu réalises le coût d'un tel château et de son train de vie. Le roi avait deux cents domestiques à son seul service, et tout le reste était à l'avenant. Mais Louis XIV eut pour ministres des hommes intelligents, le plus souvent d'humble origine, auxquels il délégua des pouvoirs en raison même de leurs très grands talents. Et ces hommes surent comment trouver de l'argent. Ils s'appliquèrent à développer les échanges commerciaux avec l'étranger et à favoriser le plus possible les industries et l'artisanat français, mais ils accablèrent aussi les paysans d'impôts et de prélèvements de toutes sortes. Tandis qu'à la cour, on se gobergeait des mets les plus raffinés dans de la vaisselle en or et en argent, les paysans vivaient de détritus, au vrai sens du terme, et d'herbes sauvages.

Ce qui, en fait, coûtait le plus d'argent n'était pas la vie de cour. Bien plus dispendieuses encore étaient les guerres que Louis XIV mena sans discontinuer, le plus souvent sans autre mobile que celui d'accroître son pouvoir en prenant des provinces aux États voisins. Doté d'une armée puissante, parfaitement équipée, il attaqua la Hollande et l'Allemagne, à laquelle il ravit, par exemple, la ville de Strasbourg, sans même avoir avancé un prétexte valable. Il se prenait pour le maître de toute l'Europe. Et, dans un certain sens, il l'était réellement. Tous les grands d'Europe cherchaient à l'imiter. Très vite, les princes allemands, même ceux qui ne possédaient qu'un misérable lopin de terre, eurent à leur tour un château aux proportions gigantesques comme à Versailles, avec de l'or et des damas, des allées aux bordures taillées, des gentilshommes à perruque poudrée et des dames vêtues d'amples toilettes, des courtisans et des beaux parleurs.

Tous les grands imitaient donc le « Roi Soleil » en toute chose, à l'exception d'une seule : ils étaient ce à quoi Louis XIV jouait, des rois d'opérette un peu ridicules, se rengorgeant dans des accoutrements éclatants. Louis XIV était bien plus que cela. Pour que tu ne te contentes pas de me croire sur parole, écoute ce qu'il écrivit à peu près en ces termes à son petit-fils quand celui-ci partit en Espagne monter sur le trône : « N'accorde jamais tes faveurs aux hommes qui te flattent le plus, fie-toi plutôt à ceux qui osent te déplaire pour ton bien. Ne néglige jamais tes affaires au profit de ton bon plaisir, trace-toi une règle de vie qui délimite les moments consacrés à la détente et aux loisirs. Consacre toute ton attention aux affaires du pouvoir. Écoute le plus possible avant de prendre une décision. Fais tout ton possible pour apprendre à discerner les êtres supérieurs, afin de pouvoir les utiliser quand tu auras besoin d'eux. Sois aimable envers quiconque, ne dis jamais de choses blessantes. » Ceci résume bien les vrais principes du roi de France Louis XIV, cet étonnant mélange de vanité, de délicatesse, de prodigalité, de grandeur, d'indifférence, de frivolité et d'ardeur au travail.

Ce qui se passait à la même époque à l'est de l'Europe

Tandis que Louis XIV avait sa cour à Paris et à Versailles, un nouveau malheur vint frapper l'Allemagne. Il s'agissait des Turcs. Tu te souviens que, plus de deux cents ans plus tôt (en 1453), ils avaient pris Constantinople, puis avaient créé un grand Empire musulman, l'Empire ottoman, dont faisaient partie l'Égypte, la Palestine, la Mésopotamie, l'Asie Mineure et la Grèce, autrement dit tout l'ancien empire romain d'Orient dont, il est vrai, l'éclat et la magnificence avaient quasiment disparu. Puis ils avaient poussé au-delà du Danube et, en 1526, ils avaient défait l'armée hongroise. Presque tous les nobles hongrois ainsi que le roi étaient morts au combat. Les Turcs avaient conquis la moitié de la Hongrie et avaient tenté de prendre Vienne, mais en vain, et ils avaient dû rebrousser chemin. Comme tu t'en souviens, leur puissance maritime avait été anéantie en 1571 par le roi Philippe II d'Espagne et ses alliés vénitiens. Ils demeuraient cependant un peuple puissant, et un pacha turc – un gouverneur – siégeait à Budapest. Or, beaucoup de Hongrois qui, depuis la mort de leur roi, relevaient de l'autorité de l'empereur, étaient protestants. À ce titre, ils s'engagèrent contre lui dans les guerres de religion. Après la guerre de Trente Ans, la situation ne s'améliora pas et, à plusieurs reprises, les nobles hongrois se soulevèrent, jusqu'au jour où ils demandèrent à leurs voisins turcs de leur venir en aide.

Le sultan – autre nom donné au gouverneur turc – accueillit cette demande avec empressement. Cela faisait longtemps qu'il souhaitait une guerre, car le pouvoir de ses soldats et de ses guerriers lui semblait devenu trop grand et il craignait qu'ils ne finissent par prendre le dessus. Il n'était donc pas mécontent de pouvoir les envoyer au loin. Si ses soldats revenaient vainqueurs, ce serait tant mieux ; s'ils tombaient au combat, il serait au moins débarrassé d'eux. Tu vois quel homme sympathique il était ! En 1683, il leva donc une puissante armée, faisant appel à des hommes des quatre coins de l'Empire. Les pachas de Mésopotamie et d'Égypte vinrent avec leurs soldats, des Tatares et des Arabes. Des Grecs, des Hongrois et des Roumains se joignirent à eux et tous se regroupèrent à Constantinople. De là, ils partirent se battre contre l'Autriche sous la conduite du premier ministre, appelé aussi Grand Vizir, Qara Mustafa. L'armée comptait plus de 200 000 hommes, bien équipés, donnant un spectacle haut en couleur avec leurs costumes traditionnels, leur turban et leurs drapeaux sur lesquels on pouvait voir leur symbole, un croissant de lune.

Les armées de l'empereur se trouvant en Hongrie ne purent résister à un tel assaut. Elles battirent en retraite et laissèrent les Turcs arriver jusqu'à Vienne. Comme toutes les villes de cette époque, Vienne avait des fortifications. On s'empressa de les remettre en état et d'amasser vivres et canons, afin que les 20 000 soldats puissent soutenir le siège de la ville jusqu'à l'arrivée de l'empereur et de ses alliés. En fait, l'empereur et sa cour se replièrent en toute hâte sur Linz, puis sur Passau (en Bavière). Quand les Viennois aperçurent au loin les villages et les faubourgs de la ville embrasés par les Turcs, près de 60 000 personnes prirent la fuite, encombrant les routes de files ininterrompues de chariots et de carrosses.

Les cavaliers turcs arrivèrent enfin aux portes de Vienne. L'immense armée encercla la ville et canonna les remparts pour tenter de les détruire. Conscients des risques encourus, les Viennois se défendirent avec une énergie surhumaine. Un mois s'écoula. Les Turcs canonnaient inlassablement et ouvraient dans les remparts des brèches de plus en plus dangereuses, sans qu'aucune aide n'apparût à l'horizon. Un autre fléau s'abattit sur la ville. Des épidémies de peste et de choléra se déclarèrent, faisant presque davantage de morts que les boulets de canon des Turcs. De plus, la menace d'une pénurie de vivres augmentait. Bien heureux quand, au péril de leur vie, des soldats réussissaient à quitter la ville pour y rapporter quelques bœufs. Dans les derniers temps, il fallait débourser 20 à 30 kreuzers (ancienne monnaie autrichienne) pour l'achat d'un chat, ce qui représentait beaucoup, surtout pour un rôti aussi peu ragoûtant. Alors que les remparts menaçaient de s'écrouler, les troupes impériales accoururent enfin au secours des Viennois. J'imagine leur soupir de soulagement ! Les troupes impériales venues d'Autriche et d'Allemagne ne furent pas les seules à leur venir en aide. Le roi polonais Johann Sobieski, avec qui l'empereur avait précédemment signé un pacte d'alliance contre les Turcs, s'était déclaré prêt, moyennant d'importantes concessions, à prendre part au combat. Entre autres choses, il revendiquait l'honneur du commandement général, honneur que l'empereur lui disputa, tant et si bien que l'on perdit un temps précieux dans des tractations interminables. L'armée de Sobieski finit par atteindre les hauteurs de Vienne et partit à l'assaut des Turcs. Après de durs combats, les Turcs s'enfuirent sans même prendre le temps de démonter leurs tentes et de les emporter. Voilà au moins un butin dont les soldats vainqueurs purent s'emparer ! Le camp turc comptait 40 000 tentes et faisait penser à une petite ville très coquette avec ses ruelles bien droites.

Après leur défaite de Vienne, les Turcs reculèrent de plus en plus. On peut imaginer que s'ils avaient réussi à prendre Vienne, cela aurait été presque aussi grave que si les Arabes musulmans, près de mille ans auparavant, avaient remporté contre Charles Martel les batailles de Tours et de Poitiers.

Les troupes impériales se lancèrent à la poursuite des Turcs, tandis que les hommes de Sobieski rentraient dans leur pays. Le général à la tête des troupes autrichiennes était un Français parfait à tous égards, Eugène de Savoie. Pourtant, Louis XIV n'avait pas voulu de lui dans son armée, le trouvant trop effacé. Or, au cours des années suivantes, le prince Eugène se couvrit de gloire en repoussant les Turcs toujours plus loin, leur reprenant un grand nombre de pays qu'ils avaient conquis. C'est ainsi que le sultan dut abandonner la Hongrie, puis l'Autriche.

La cour impériale, à Vienne, ayant beaucoup gagné en pouvoir et en argent, on se mit à construire en Autriche comme ailleurs de superbes châteaux et quantité de monastères dans un style entièrement nouveau auquel on donna le nom de « style baroque ». Quant aux Turcs, leur puissance ne fit que décliner, car ils se trouvèrent soudainement confrontés à un nouvel ennemi, la Russie.

Jusqu'à présent, nous n'avions pas entendu parler de la Russie. C'était un vaste pays en friche recouvert de forêts, avec d'immenses steppes dans sa partie nord. Les seigneurs régnaient sur leurs paysans miséreux avec une cruauté incroyable et le roi régnait sur les seigneurs avec une cruauté peut-être plus incroyable encore. L'un de ces souverains, vers les années 1580, porta même le nom d'Ivan le Terrible (auquel on ajouta le titre de tsar, dérivé du latin *caesar*). Ce qualificatif était hélas justifié. Comparé à lui, Néron était un exemple de douceur. En ce temps-là, les Russes ne se préoccupaient guère de l'Europe et de ce qui s'y passait. Ils étaient suffisamment occupés à se quereller et à s'entretuer. Bien que chrétiens, ils n'étaient pas assujettis à l'autorité du pape. Leur chef spirituel était un évêque auquel on donnait le nom de « patriarche » de l'empire romain d'Orient, à Constantinople. Ils avaient donc peu de relations avec l'Occident.

En 1689 (six ans après le siège de Vienne par les Turcs), un nouveau souverain monta sur le trône de Russie. Il avait pour nom Pierre, dit Pierre le Grand. Il était ni moins barbare, ni moins cruel que ses prédécesseurs. Il n'était pas moins versé sur l'alcool et ne se délectait pas moins des souffrances dont il accablait son peuple. Mais il s'était mis en tête de faire de son empire un État sur le modèle des États occidentaux, comme la France, l'Angleterre ou l'Empire allemand. Il n'ignorait pas ce dont il avait besoin pour y parvenir : de l'argent, du commerce, des villes. Il voulut donc savoir comment les autres pays y étaient parvenus et il entreprit de longs voyages. En Hollande, il vit les grandes villes portuaires avec leurs immenses navires qui faisaient voile jusqu'en Amérique et en Inde pour faire du commerce. Il décida qu'il aurait les mêmes navires et voulut évidemment savoir comment on les construisait. Sans se donner beaucoup le temps de réfléchir, il s'engagea comme simple apprenti charpentier de marine auprès d'un maître-constructeur de bateaux hollandais. Après avoir appris le métier, il s'en retourna chez lui, accompagné d'un cortège d'ouvriers spécialisés dans la construction navale.

Mais une chose manquait encore, la ville portuaire. Qu'à cela ne tienne ! Il donna l'ordre d'en construire une, qui bien sûr serait au bord de la mer, exactement comme celles qu'il avait vues en Hollande. Mais le bord de mer, au nord de la Russie, n'était que terres marécageuses et inhabitées. Ces terres appartenaient en fait à la Suède, contre laquelle Pierre le Grand était en guerre. Qu'importe ! Il fit déporter en masse des paysans de lointaines régions et les contraignit à assécher les marais et à enfoncer des pieux. 80 000 travailleurs s'échinèrent à la tâche. Bientôt, une vraie ville portuaire sortit de terre. Pierre le Grand lui donna le nom de Saint-Pétersbourg. Il voulut ensuite que les Russes deviennent de vrais Européens. Plus question de porter la grande blouse traditionnelle, la barbe et les cheveux longs. Ils durent dorénavant s'habiller comme des Français ou des Allemands. Et malheur à celui que cela mécontentait ou qui s'insurgeait contre les innovations de Pierre le Grand, car la sanction était immédiate : après avoir été fouetté, il était exécuté. Imagine : le propre fils du roi fut torturé à mort sur ordre de son père. Pierre le Grand n'était pas un personnage sympathique. Cependant, il atteignit ses objectifs. Il fallut certes du temps avant que les Russes ne deviennent des Européens. Ce fut cependant à partir de cette époque que la Russie entra dans le jeu européen pour la conquête du pouvoir.

Cela commença avec Pierre le Grand. Il partit en guerre contre la Suède, laquelle, depuis les conquêtes de Gustave-Adolphe pendant la guerre de Trente Ans, était devenue l'État le plus puissant du nord de l'Europe. Au temps de Pierre le Grand, le souverain suédois n'avait ni la piété ni la perspicacité de Gustave-Adolphe. Parvenu au pouvoir en 1697, le jeune roi Charles XII était un des aventuriers les plus incroyables qui aient jamais existé. Il aurait été digne de figurer dans les romans de

Karl May ou dans des histoires extravagantes du même genre. Tout ce qu'il fit semble relever de la fiction. Il était aussi fantasque que téméraire, et rien que cela en disait long. Il combattit avec son armée contre Pierre le Grand et sortit vainqueur d'un adversaire cinq fois plus fort que lui. Puis il conquit la Pologne et entra en Russie sans même attendre l'aide d'une autre armée suédoise, alors en route vers lui. Il s'enfonça plus avant en Russie, toujours placé à la tête de ses troupes, traversant des fleuves et pataugeant dans des marécages sans jamais rencontrer les cosaques russes. L'automne vint, puis l'hiver, avec le froid glacial de la Russie, sans que Charles XII n'eut l'occasion de faire à l'ennemi la preuve de son courage. Alors que son armée était à moitié morte de faim, de froid et d'épuisement, les Russes surgirent enfin et l'anéantirent. C'était en 1709. Ayant réussi à s'enfuir, Charles XII trouva refuge en Turquie. Il y resta cinq années, au cours desquelles il essaya, mais en vain, de pousser les Turcs à entrer en guerre contre la Russie. Finalement, en 1714, de sa patrie la Suède lui parvinrent des rumeurs selon lesquelles, comme on ne voulait plus entendre parler d'un roi qui courait l'aventure en Turquie, les grands du royaume avaient l'intention d'élire un nouveau roi.

Aussitôt, Charles XII revêtit la tenue d'un officier allemand et, accompagné d'une seule personne, il quitta dare-dare la Turquie pour se rendre à Stralsund, en Allemagne du Nord, alors possession suédoise. Ce furent seize jours de course folle à travers un pays ennemi. Ils chevauchaient le jour, dormaient la nuit dans une malle-poste, exposés à tous les dangers. Le commandant de la forteresse, qu'il fit réveiller, n'en crut pas ses yeux lorsqu'il vit le roi surgir devant lui, alors qu'on le croyait on ne savait où en Turquie. Quand la ville apprit la nouvelle, elle s'enflamma d'enthousiasme pour ce coup à la hussarde, tandis que Charles XII plongeait dans un profond sommeil qui sembla ne jamais prendre fin. Ses pieds étaient si enflés que l'on dut découper ses chaussures pour les lui enlever. Et d'un seul coup, plus personne ne pensa à l'élection d'un autre roi. À peine de retour en Suède, Charles XII se lança dans de nouvelles aventures guerrières. Il se mit à dos l'Angleterre, l'Allemagne, la Norvège et le Danemark. Il voulut tout d'abord entrer en guerre contre le Danemark. Mais, en 1718, alors qu'il faisait le siège d'une ville fortifiée danoise, il trouva la mort. On raconta que ses propres sujets l'auraient tué, tant ils en avaient assez d'être constamment en guerre.

Voilà au moins un ennemi dont Pierre le Grand était débarrassé. Poursuivant son ambition, le tsar accrut le pouvoir de l'Empire, l'élargissant aux quatre points cardinaux, en Europe, en Turquie, en Perse et dans les pays asiatiques.

Des temps véritablement nouveaux

Si tu pouvais parler avec un homme de l'époque de l'occupation turque, tu serais certainement très étonné par son langage, un langage prolixe et maniéré truffé de nombreux mots français et latins, de citations latines dont ni toi, ni moi ne saurions d'où elles sont extraites, de tournures de phrases alambiquées. Étonné, tu le serais aussi par sa manière de faire de grandes courbettes. Tu aurais, je pense, le sentiment que sous cette vénérable perruque il y a une tête qui aime la bonne chère et le bon vin et que ce monsieur en tenue de dentelle, de broderie et de soie – excuse-moi l'expression ! – pue sous son parfum, car il ne se lave pour ainsi dire jamais.

Tu serais par contre vraiment éberlué quand il se mettrait à développer ses opinions, à savoir que l'on doit dresser les enfants à la baguette, marier les jeunes filles à peine sorties de l'enfance à des hommes qu'elles ne connaissent pas ; que le paysan n'est venu au monde que pour travailler et qu'il n'a que le droit de se taire ; que les mendiants et les vagabonds ne sont bons qu'à être fouettés avant d'être enchaînés puis exposés aux railleries sur la place publique ; qu'il faut pendre les voleurs, écarteler publiquement les meurtriers, condamner au bûcher les sorcières et autres magiciens nuisibles qui infestent dangereusement le pays ; qu'il faut faire la chasse aux hérétiques, les persécuter ou les jeter au fond d'un cachot ; que la comète aperçue récemment dans le ciel est le présage de temps de malheurs et qu'il serait bon de porter un brassard rouge pour se prémunir de la peste qui a déjà fait quantité de victimes à Venise ; que monsieur Soundso, un ami anglais, a fait des affaires mirobolantes en vendant des Noirs d'Afrique comme esclaves à l'Amérique, et quelle perspicacité de la part de cet homme vénérable de considérer que les Indiens faits prisonniers en Amérique sont inaptes au travail...

Dis-toi que ces propos ne sortaient pas uniquement de la bouche d'hommes grossiers et stupides. Ils étaient aussi tenus par des hommes de toute condition et de toute nationalité, d'une intelligence et d'une piété indéniables. Ce n'est qu'à partir de 1700 que, lentement, les choses évoluèrent. L'horrible misère générale qu'avaient entraînée les tristes guerres de religion en Europe amenèrent certains à se poser des questions. On se demanda s'il n'était pas plus important de juger un homme sur sa nature profonde, sur sa bonté, son humanisme, plutôt que sur ses convictions religieuses. N'était-il pas préférable que les hommes s'entendent entre eux en dépit de leurs divergences d'opinion et de religion ? Qu'en serait-il si les hommes se respectaient mutuellement et toléraient les convictions d'autrui ? C'était la première fois que l'on évoquait une notion aussi révolutionnaire, la notion de tolérance. Pour ceux qui s'exprimaient ainsi, il ne pouvait exister de divergences d'opinions que dans le domaine de la religion. Tous les hommes dotés de raison étaient unanimes à reconnaître que 2 et 2 font 4. La raison (le « bon sens humain », disait-on aussi) était donc ce qui pouvait et devait réunir tous les hommes. Dans le domaine de la raison, on peut se quereller et tenter de persuader autrui, en faisant appel à des arguments logiques. Mais on se doit de respecter et de tolérer la foi d'autrui, car elle appartient au domaine de l'irrationnel.

Ces hommes attachaient donc de l'importance, non plus seulement à la religion, mais aussi à la raison, cette faculté de porter un jugement clair et réfléchi sur les hommes et la nature. Ils se souvinrent alors des ouvrages des Grecs et des Romains de l'Antiquité et de ceux des Florentins au temps de la Renaissance. Ils trouvèrent plus encore dans les écrits d'hommes audacieux qui, comme Galilée, s'étaient plongés dans la recherche des formules mathématiques de la nature. Dans ce domaine, il n'était pas question de divergence d'opinions religieuses. Il n'était question que d'expérimentation et de preuve tangible. Seule la raison tranchait pour comprendre et expliquer les lois de la nature, le monde astral, etc., cette raison octroyée à tous les hommes, qu'ils soient pauvres ou riches, qu'ils aient la peau blanche, noire, jaune ou rouge.

En conséquence, ajoutait-on, puisque tous les hommes sont dotés de raison, ils sont fondamentalement d'égale valeur. Tu te souviens que c'était déjà l'enseignement du christianisme : tous les hommes sont égaux devant Dieu. Mais ceux qui prêchaient la tolérance et la raison allèrent plus loin encore. Ils ne se contentèrent pas d'affirmer que tous les hommes étaient d'égale valeur. Ils réclamèrent aussi un même traitement pour tous, soulignant que tout homme, en tant que créature de Dieu dotée par lui de raison, a des droits que nul ne peut ni ne doit lui retirer. Tout être a le droit de décider de sa vie et de son activité professionnelle, d'être libre de faire et de suivre ce que sa raison et sa conscience lui dictent. Ces hommes énoncèrent bien d'autres choses encore.

Ils considérèrent, par exemple, que les enfants ne devaient plus être élevés à la baguette et qu'il fallait dorénavant s'appuyer sur la raison pour leur faire comprendre pourquoi telle chose est bonne ou mauvaise. Que les criminels étaient aussi des êtres humains, ayant certes commis une faute, mais que l'on pouvait aider à s'amender. Qu'il est épouvantable de brûler au fer rouge le front ou la joue d'un homme parce qu'un jour il a mal agi et le marquer ainsi à vie afin que tous puissent dire en le voyant : c'est un criminel. Il est une chose, disaient-ils, qui interdit de railler un homme en public : la dignité humaine.

Toutes ces pensées, qui se propagèrent à partir de 1700, surtout en Angleterre, puis en France, inaugurent ce que l'on appellera la philosophie des Lumières, car elles voulaient combattre l'obscurantisme de la superstition par la « clarté » de la raison.

Beaucoup de gens aujourd'hui estiment que cette philosophie des Lumières ne prêcha que des évidences et qu'à cette époque, on avait une vision plutôt simpliste des grands mystères de la nature et du monde. C'est exact. Mais tu dois comprendre que ce qui est évident pour nous aujourd'hui ne l'était absolument pas à cette époque et que les défenseurs de cette philosophie durent faire preuve de beaucoup de courage, de sacrifices et de persévérance pour marteler inlassablement l'esprit de leurs contemporains jusqu'à leur faire admettre des évidences dont nous sommes aujourd'hui les héritiers. Il faut que tu te dises aussi que la raison ne donne pas et ne donnera jamais la clef de tous les mystères. Grâce à elle, cependant, nous avons levé le voile sur plus d'un.

Au cours des deux cents années qui suivirent, les recherches et les découvertes dépassèrent en nombre celles réalisées au cours des deux mille années précédentes. Retiens surtout l'importance, dans la vie, des trois principes fondamentaux de la philosophie des Lumières : la tolérance, la raison et la bienveillance envers autrui. Ils impliquent que l'on s'interdise de torturer un homme soupçonné d'avoir commis un délit jusqu'à ce que, à moitié inconscient, il finisse par avouer ce que nous attendions de lui ; que l'on rejette la croyance en l'existence de sorcières et leur condamnation au bûcher (la dernière condamnation d'une sorcière sera prononcée en Allemagne en 1749 et en Suisse en 1783) ; qu'on lutte contre les maladies non pas en recourant à de vagues méthodes superstitieuses, mais en faisant des recherches scientifiques pour en analyser les causes et, surtout, en inculquant l'hygiène ; qu'on bannisse l'idée qu'il puisse y avoir des serfs et des esclaves ; que l'on s'attache à traiter tous les membres d'un État selon les mêmes lois et à accorder aux femmes les mêmes droits qu'aux hommes. Tout cela fut l'œuvre de citoyens et d'écrivains courageux qui osèrent se battre pour leurs idées. Le mot « oser » n'est pas trop fort. Même si, dans leurs luttes, ces hommes se montrèrent parfois injustes et incompréhensifs envers les Anciens et envers l'héritage du passé, n'oublions pas qu'ils durent livrer un rude combat pour faire triompher leurs idées sur la tolérance, la raison et les sentiments humanitaires envers autrui.

Ce combat aurait duré plus longtemps encore et coûté de bien plus lourds sacrifices si, en Europe, quelques monarques ne s'étaient battus en première ligne pour les idées de la philosophie des Lumières. L'un de ceux-là fut le roi de Prusse, Frédéric le Grand.

Tu te souviens qu'à cette époque, le titre d'empereur dévolu aux Habsbourg depuis plusieurs générations n'avait plus qu'une valeur honorifique. Les Habsbourg n'exerçaient plus de réel pouvoir que sur l'Autriche, la Hongrie et la Bohême. En Allemagne, le pouvoir était entre les mains des princes de Bavière, de Saxe et de nombreux autres États, petits et grands. Les régions qui, depuis la guerre de Trente Ans, se souciaient le moins de l'empereur catholique à Vienne étaient les régions protestantes d'Allemagne du Nord. De tous ces États protestants allemands, le plus puissant était la Prusse. Depuis le règne de son grand souverain Frédéric-Guillaume Ier, de 1640 à 1688, la Prusse s'était agrandie de terres prises à la Suède en Allemagne du Nord. Et, en 1701, le prince prussien s'était proclamé roi de Prusse. C'était un État guerrier, d'une discipline rigoureuse, où les nobles considéraient comme un honneur suprême d'être officiers dans l'armée d'élite du roi.

Monté sur le trône en 1740, Frédéric II, de la famille des Hohenzollern, était le troisième roi de Prusse. La postérité lui donnera le nom de Frédéric le Grand. Il fut incontestablement un des hommes les plus cultivés de son temps. Il s'était lié d'amitié avec un certain nombre de Français (parmi lesquels Voltaire) dont les écrits prônaient les idées de la philosophie des Lumières, et lui-même écrivit, selon ces idées, en s'exprimant en langue française. Car, bien qu'il fût roi de Prusse, il n'avait que mépris pour la langue et les traditions allemandes qui, il est vrai, étaient tombées bien bas depuis les désastres de la guerre de Trente Ans. Par contre, il se sentait tenu de faire de l'État allemand un État modèle et de prouver le bien-fondé des pensées de ses amis français. Comme il se plaisait à le dire, il se considérait comme le premier serviteur de l'État, comme son valet et non comme son propriétaire. À ce titre, il se souciait de tout dans les moindres détails et essayait d'imposer partout les idées nouvelles. Une de ses premières mesures fut la suppression de la torture. De même, il allégea les servitudes les plus lourdes des paysans envers leurs seigneurs. Il s'attacha en permanence à ce que tous les occupants de son royaume, les plus pauvres comme les plus puissants, fussent traités avec équité. En ce temps-là, cela n'avait rien d'évident.

Mais sa plus grande ambition était de faire de la Prusse l'État le plus puissant et d'évincer totalement le pouvoir de l'empereur d'Autriche. Il pensait y parvenir aisément. Depuis 1740, l'Autriche était administrée par une femme, l'impératrice Marie-Thérèse. Quand elle prit le pouvoir, alors qu'elle n'avait que vingt-trois ans, Frédéric pensa que le moment était venu de s'approprier un territoire appartenant à l'empire d'Autriche. Avec son armée, parfaitement entraînée, il attaqua la province de Silésie et l'annexa à la Prusse. Dès lors, et presque toute sa vie durant, il ne cessa de se battre contre l'impératrice d'Autriche. Il attacha toujours autant de prix à son armée, entraînée à la dure, et il en fit la meilleure du monde.

Mais Marie-Thérèse s'avéra être une adversaire bien plus tenace qu'il ne l'avait imaginé de prime abord. Elle n'avait pourtant pas l'âme guerrière. C'était avant tout une femme d'une grande piété et une bonne mère de famille, ayant mis au monde seize enfants. Bien que Frédéric le Grand fût son ennemi juré, elle s'en inspira dans beaucoup de domaines en apportant de nombreuses réformes. Elle abolit, elle aussi, la torture, allégea la vie des paysans et s'intéressa tout particulièrement à la mise en place d'un système d'enseignement de qualité. Elle eut le sentiment d'être une vraie mère pour son pays et n'eut jamais la prétention de tout savoir mieux que quiconque. Elle sut s'entourer de bons conseillers, dont certains furent de taille à se mesurer au grand Frédéric, non seulement sur les champs de bataille, mais aussi dans toutes les cours européennes, qu'ils gagnèrent à leur cause dans les longues guerres qui opposèrent Frédéric de Prusse à l'Autriche. Même la France qui, depuis des siècles, avait saisi la moindre occasion pour combattre l'Empire allemand, prit parti pour l'Autriche, et Marie-Thérèse donna la main de sa fille Marie-Antoinette au futur roi de France, Louis XVI, comme gage de leur nouvelle amitié.

Frédéric finit par être cerné de tous côtés par des pays ennemis : l'Autriche, la France, la Suède et la Russie, devenue un pays vaste et puissant. Sans attendre que ces pays lui déclarent la guerre, il occupa la Saxe, qui lui était, elle aussi, hostile, puis il déclencha une guerre impitoyable contre l'Autriche et ses alliés, avec pour seul soutien celui de l'Angleterre. Ce fut la guerre de Sept Ans. La persévérance de Frédéric finit par l'emporter, en dépit de la suprématie des forces ennemies, et cette longue guerre se conclut à son avantage, puisqu'on lui concéda la Silésie.

À partir de 1765, Marie-Thérèse partagea le pouvoir avec son fils Joseph, qui lui succéda à sa mort sous le nom de Joseph II, empereur d'Autriche. Le nouvel empereur se montra un défenseur de la philosophie des Lumières plus acharné que sa mère et que Frédéric II, et toute son action fut uniquement dictée par ses trois principes fondamentaux, tolérance, raison et sentiments d'humanité envers son prochain. C'est ainsi, par exemple, qu'il abolit la peine de mort et le servage des paysans. Il autorisa également les protestants d'Autriche à exercer leur culte et, bien que fervent catholique, il amputa l'Église d'une partie de ses biens et de ses richesses. Homme malade, Joseph II avait le sentiment qu'il ne régnerait pas longtemps, et il s'empressa d'agir avec une ardeur, une précipitation et une impatience incroyables. Cette avalanche de réformes allait bien trop vite aux yeux de ses sujets, dont elles bouleversaient les habitudes séculaires. Si beaucoup admiraient l'empereur, le peuple préférait sa mère, femme plus pieuse et plus mesurée.

Tandis qu'en Autriche et en Allemagne, les idées des Lumières triomphaient, en Amérique, les citoyens de nombreuses colonies anglaises ne voulaient plus être des sujets britanniques et payer des impôts à l'Angleterre. Un homme prit la tête de leur mouvement pour l'indépendance. Il s'appelait Benjamin Franklin. Modeste bourgeois, spécialisé dans l'étude des sciences de la nature – on lui doit l'invention du paratonnerre –, il était un homme simple et d'une grande droiture. Sous sa conduite et celle d'un autre Américain, George Washington, les colonies et les villes portuaires anglaises d'Amérique se fédérèrent pour donner naissance au premier État libre du Nouveau Monde, les États-Unis.

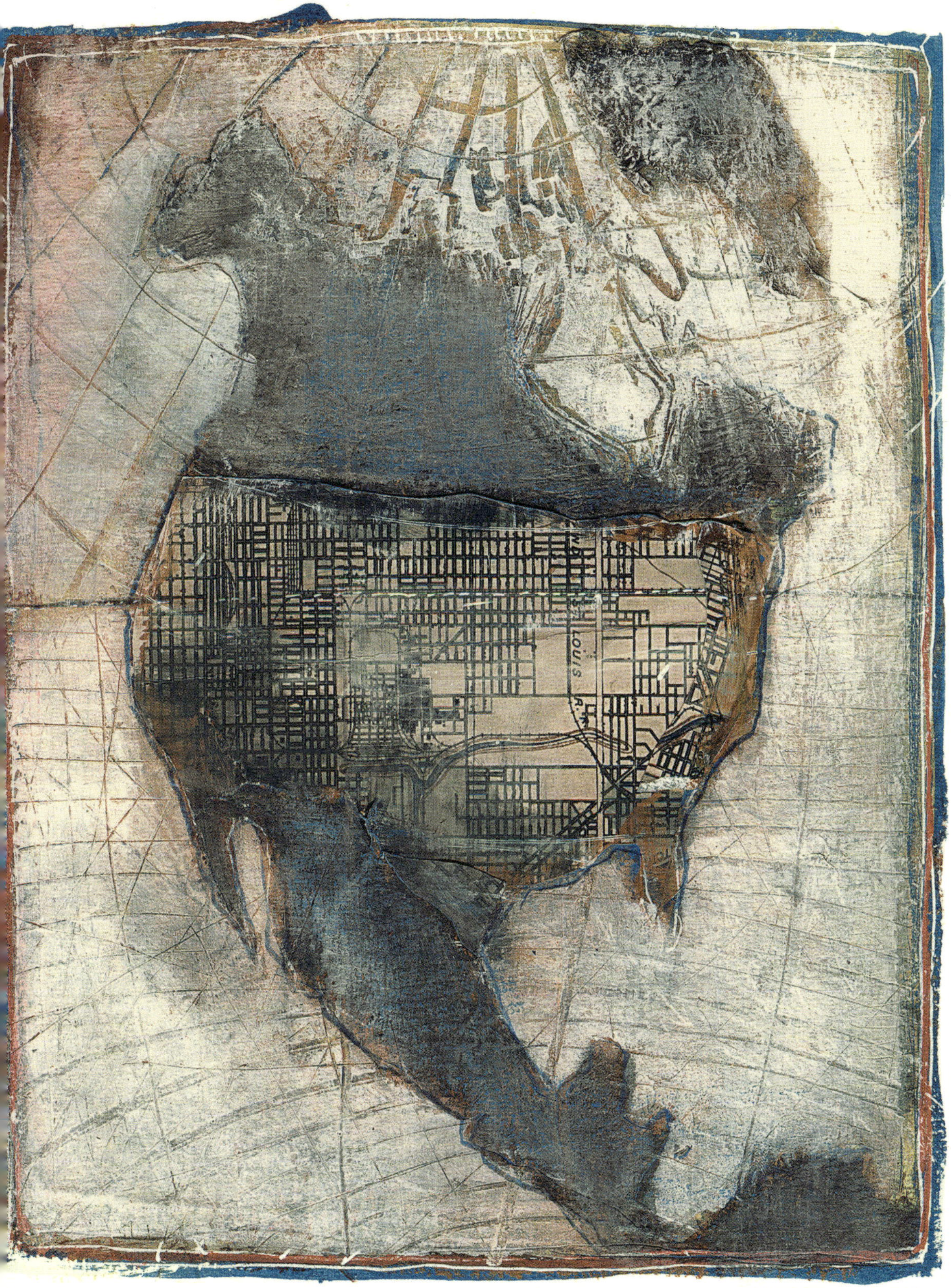

Après des années de guerre, elles expulsèrent les troupes anglaises du continent américain. Puis elles adoptèrent les nouveaux modes de pensée prônés en Europe, se dotant, en 1776, d'une constitution fondée sur la reconnaissance des Droits de l'homme, la Liberté et l'Égalité. Ce qui ne les empêcha pas de continuer à faire travailler des esclaves noirs dans leurs plantations !

Une révolution d'une grande violence

Tous les pays avaient adhéré aux idées de la philosophie des Lumières et les souverains les avaient mises en pratique dans leur manière de gouverner. Même l'impératrice de Russie, Catherine II la Grande, échangeait régulièrement des lettres avec les instigateurs de ces idées nouvelles. Seuls les rois de France faisaient semblant de n'en rien connaître et de ne pas être concernés. Louis XV et Louis XVI, les successeurs du Roi Soleil, étaient des hommes incompétents qui se contentèrent d'imiter leur grand prédécesseur dans les manifestations extérieures du pouvoir. Ils en retinrent évidemment la pompe et le faste, les dépenses folles pour financer les fêtes et les représentations d'opéras, la multiplication de nouveaux châteaux et de parcs immenses avec des haies taillées au cordeau, les somptueuses livrées en soie et en dentelle des cohortes de serviteurs et autres gens de cour... Ils ne s'inquiétaient pas de savoir d'où venait l'argent. Des hommes sans foi ni loi devinrent ministres des finances et recoururent à tous les moyens, y compris les plus vils, pour prélever les sommes d'argent colossales dont ils avaient besoin, condamnant les paysans à travailler comme des forçats et écrasant les bourgeois d'impôts. Pendant ce temps, à la cour du roi, les nobles dilapidaient cet argent au jeu ou dans toutes sortes de fantaisies, au milieu des rires et des plaisanteries, qui n'étaient pas toujours des plus subtiles.

Quand un noble quittait le château du roi pour revenir sur ses terres, le malheur des paysans ne faisait qu'empirer. À l'instar de ce qu'il avait vécu à la cour, le noble organisait avec sa suite des chasses au lièvre ou au renard et les sabots des chevaux piétinaient les terres que les paysans avaient labourées à la sueur de leur front. Malheur au paysan qui osait se plaindre ! Il pouvait s'estimer heureux de ne recevoir que des coups de cravache de la main de son seigneur. Car un noble terrien était également juge sur ses domaines et pouvait punir ses paysans à sa guise. Celui qui avait la faveur du roi pouvait recevoir de ce dernier une feuille sur laquelle étaient écrits ces simples mots : « Monsieur... est condamné à la prison. Signé : Louis XV. » Le noble pouvait alors inscrire lui-même le nom de celui qui, pour une raison ou une autre, lui déplaisait et le faire ainsi disparaître.

Ces nobles évoluaient à la cour, pomponnés et parfumés, précieux et maniérés, froufroutant dans leurs vêtements de soie et de dentelle. Ils étaient las du faste guindé de l'époque de Louis XIV. Ils préféraient les conversations légères et affectées, avaient remplacé les lourdes perruques par des perruques légères et poudrées se terminant, dans la nuque, par une natte. Ils maîtrisaient admirablement l'art de faire des courbettes ou celui de danser, n'étant, en ce domaine, surpassés que par leurs dames. Celles-ci avaient le buste comprimé dans un étroit corset et portaient de larges jupes bouffantes faisant penser à des cloches, appelées crinolines. Tous ces beaux messieurs et ces belles dames déambulaient dans les allées de buis des châteaux royaux, négligeant leurs domaines et laissant leurs paysans mourir de faim. Mais comme cette nature par trop sophistiquée finissait par leur paraître ennuyeuse, ils imaginèrent un nouveau jeu, celui de la « simplicité » et de la « nature », consistant à habiter dans de charmantes bergeries construites dans le parc du château et à se donner des noms de bergers et de bergères empruntés aux légendes grecques. C'était, pour eux, le summum du naturel et de la simplicité.

C'est dans ce milieu bigarré, élégant, précieux et extrêmement raffiné qu'entra la fille de Marie-Thérèse d'Autriche, Marie-Antoinette. Elle était une toute jeune fille de quatorze ans quand elle épousa le futur roi de France. Elle imagina naturellement que ce qu'elle découvrait correspondait à ce qui devait être. Elle se montra la plus endiablée de tous, se lançant à corps perdu dans les bals masqués et autres fêtes, dignes d'un conte de fées, et joua, elle aussi, la comédie, endossant à ravir le rôle de bergère. Elle trouva que la vie à la cour des rois de France était vraiment merveilleuse. Pourtant, son frère aîné, l'empereur Joseph II, ainsi que sa mère, Marie-Thérèse, la mirent souvent en garde, lui conseillant de mener une vie simple et de ne pas irriter davantage un peuple misérable par des dépenses excessives et des frivolités. En 1777, l'empereur Joseph lui écrivit une longue lettre pour la sermonner. « Les choses ne peuvent plus durer ainsi, lui disait-il, et la révolution sera terrible si tu n'y prends garde. »

Or, tout continua comme auparavant pendant encore douze années. La révolution n'en fut que plus terrible. La cour avait dilapidé tout l'argent du pays. Il ne restait plus rien pour financer les gouffres quotidiens d'une telle débauche de luxe. En 1789, le roi Louis XVI se décida à convoquer les états généraux, assemblée où siégeaient les trois ordres, la noblesse, le clergé et la bourgeoisie (appelée, tu t'en souviens, le tiers état), pour leur demander comment trouver de l'argent.

Les propositions et les exigences des représentants de la noblesse, du clergé et du peuple ayant déplu au roi, celui-ci leur fit notifier par son maître de cérémonie l'ordre de quitter la salle des séances. Une voix s'éleva alors, celle d'un homme à l'esprit vif et passionné, du nom de Mirabeau. Apostrophant le maître de cérémonie, il lança : « Allez dire à ceux qui vous envoient que nous sommes ici par la volonté du peuple et que nous ne sortirons que par la force des baïonnettes. »

Personne encore ne s'était adressé au roi de France en ces termes. Interloqués, les ministres du roi se demandèrent comment réagir. Tandis que ces derniers méditaient, les députés des trois ordres délibérèrent sur les moyens de redresser une situation économique catastrophique. Personne n'envisagea une destitution du roi. Leur seul désir était d'introduire en France les mêmes réformes que celles déjà mises en place par d'autres souverains dans leur État. Mais le roi, bien qu'étant un homme faible et indécis, n'était pas habitué à ce qu'on lui dictât ce qu'il avait à faire. Par exemple, il lui semblait si normal de se consacrer à son activité favorite, le bricolage (particulièrement le travail de serrurerie), que jamais personne n'avait osé le contrarier. Le roi fit donc appel aux troupes pour expulser les députés de l'Assemblée. Apprenant ces mesures, le peuple de Paris entra dans une grande colère. Il avait mis son dernier espoir dans les délibérations de cette séance. Affluant de toute part, il se rendit à la prison d'État, la Bastille, où des hommes de la philosophie des Lumières avaient autrefois été incarcérés et où, croyait-on, quantité d'hommes innocents étaient retenus. Le roi n'osa pas immédiatement faire tirer sur son peuple, pour éviter d'accroître leur mécontentement. Le peuple s'empara de la puissante forteresse et massacra les quelques fonctionnaires de la prison. Puis, débordant d'allégresse, il défila dans les rues de Paris, exposant triomphalement à ses côtés les prisonniers libérés. Or, il s'avéra que les prisonniers étaient bien de vrais criminels.

Pendant ce temps, les trois ordres réunis à l'Assemblée venaient de prendre une décision incroyable : imposer les principes de la pensée des Lumières, plus particulièrement celui qui stipulait que, la raison étant commune à tous les hommes, tous les hommes étaient égaux et devaient être traités devant la loi avec équité. Les députés de la noblesse donnèrent l'exemple en renonçant volontairement à tous leurs privilèges, suscitant l'enthousiasme général. On énonça aussi que tout citoyen français pouvait prétendre à n'importe quelle charge, que tous avaient au sein de l'État les mêmes droits et les mêmes devoirs, définissant ainsi ce que l'on appela les Droits de l'homme. On proclama également que le pouvoir était dorénavant entre les mains du peuple, le roi n'étant plus que son représentant.

Essaie d'imaginer ce que signifiait la décision que venait de prendre l'Assemblée : le souverain était au service de son peuple et non plus le peuple au service de son souverain, ce qui signifiait que le souverain ne pouvait plus abuser de son pouvoir. À la lecture de ces déclarations dans la presse, les Parisiens interprétèrent différemment la notion de souveraineté du peuple. Ils s'imaginèrent que, dorénavant, le pouvoir appartenait à tous les gens qui peuplaient les rues et les places publiques, ceux que l'on appelait communément « le peuple ». Et quand le roi, se montrant toujours aussi déraisonnable, engagea des négociations secrètes avec les cours étrangères, leur demandant de l'aider à réprimer son propre peuple, des maraîchères et des petits bourgeois de Paris marchèrent sur Versailles. Ils massacrèrent la garde du château, firent irruption dans les salles somptueusement parées de portes en cristal, de miroirs et de tapisseries, et contraignirent le roi et sa femme, Marie-Antoinette, ses enfants et sa suite à les suivre à Paris. Là, au moins, la famille royale serait sous le contrôle du peuple.

Une nuit, le roi et sa famille tentèrent de fuir à l'étranger. Mais des complications et des maladresses sans nom présidèrent à l'organisation de la fuite. On aurait pu croire au départ pour un de ces bals masqués de la cour. Le roi et sa famille furent reconnus sous leurs déguisements et placés sous bonne garde. L'Assemblée constituante, quant à elle, devenue Assemblée nationale depuis que les trois ordres avaient été dissous, poursuivit sa vague de réformes. Tous les biens de l'Église catholique furent confisqués, ainsi que ceux des nobles qui, par peur de la révolution, avaient fui à l'étranger. Puis l'Assemblée décréta que le peuple devait maintenant élire de nouveaux représentants, chargés de voter les lois.

Ces mesures entraînèrent, en 1791, un afflux de jeunes gens venus des quatre coins de la France pour siéger à l'Assemblée. Mais les rois et souverains d'Europe ne voulurent plus assister sans rien dire au spectacle d'un roi dont le pouvoir était chaque jour davantage rogné, voire aboli. À vrai dire, ils n'étaient pas particulièrement enthousiastes à l'idée de soutenir Louis XVI. D'une part, ils n'avaient pas beaucoup de considération pour le comportement qu'il avait adopté, d'autre part, en tant que puissances étrangères, ils ne voyaient pas d'un mauvais œil l'affaiblissement du pouvoir de la France. Toutefois, la Prusse et l'Autriche envoyèrent quelques troupes pour protéger le roi. Le peuple français entra alors dans une colère noire. Le pays tout entier se souleva contre cette ingérence étrangère qu'il n'avait pas sollicitée. Surtout, il accusa de haute trahison tous les nobles et les partisans du roi, persuadés qu'ils étaient de mèche avec ces défenseurs étrangers de la cause royale. Des hordes populaires se précipitèrent de nuit chez des milliers de nobles ; ils les emprisonnèrent et les exécutèrent. Les débordements des émeutiers ne firent que s'amplifier. Ils n'avaient qu'un seul objectif, faire table rase du passé.

Cela commença par une nouvelle mode vestimentaire. Les partisans de la Révolution se débarrassèrent des perruques, des culottes bouffantes jusqu'aux genoux et des bas de soie. Ils se coiffèrent de bonnets rouges se terminant en pointe et revêtirent des pantalons longs et étroits, comme ceux que nous portons aujourd'hui. C'était à la fois plus pratique et meilleur marché. Ainsi vêtus, ils sillonnaient les rues aux cris de : « À mort, la noblesse ! Liberté, égalité, fraternité ! » À vrai dire, ceux que l'on appelait les Jacobins, le parti le plus virulent, avaient de la fraternité une conception assez particulière. Ils s'en prirent non seulement aux nobles, mais aussi à tous ceux qui ne partageaient pas leurs opinions et les firent décapiter. Pour appliquer cette sentence, on inventa une machine, la guillotine, qui tranchait promptement les têtes. On instaura une nouvelle juridiction, baptisée « tribunal révolutionnaire », qui, jour après jour, condamna à mort des milliers de gens, décapités ensuite par la guillotine sur les places publiques de Paris.

Les meneurs de ces masses populaires fanatisées étaient des gens remarquables. L'un d'eux, Danton, brillant orateur, homme passionné, intrépide et dénué de tout scrupule, haranguait le peuple de sa voix puissante et l'incitait à poursuivre la lutte contre les partisans de la monarchie. Un autre de ces meneurs s'appelait Robespierre. Il était tout le contraire de Danton. Cet avocat, sachant garder la tête froide, d'allure rigide et mesuré, tenait des discours interminables dans lesquels il évoquait sans cesse les héros de l'Antiquité grecque et romaine. Il montait à la tribune de l'Assemblée, toujours vêtu d'une manière très pédante,

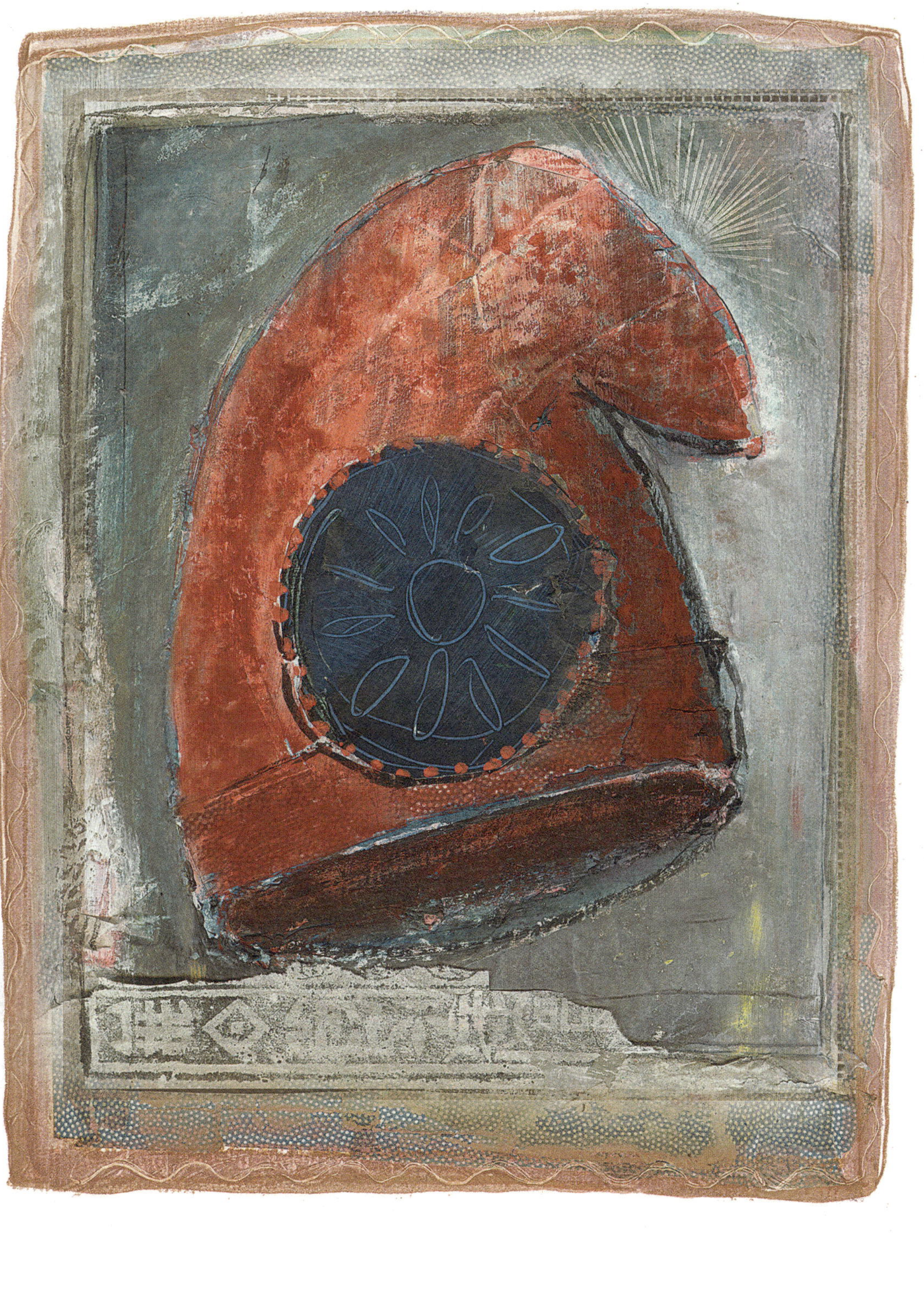

moulinant l'air avec de grands gestes, faisant penser à ces professeurs rébarbatifs et terrifiants. Du haut de la tribune, il parlait de vertu, encore et toujours de vertu. De la vertu de Caton l'Ancien, de la vertu de Thémistocle, de la vertu du cœur humain en général et de la haine qu'il avait du vice. Et puisqu'on se devait de haïr le vice, on se devait de décapiter les ennemis de la France pour assurer le triomphe de la vertu ! Et qui donc étaient les ennemis de la France ? Tous ceux qui ne partageaient pas ses opinions. C'est ainsi que Robespierre, au nom de la vertu du cœur humain, fit décapiter des centaines d'adversaires. Ne crois pas, toutefois, qu'il était hypocrite. Il était vraisemblablement persuadé d'être dans le vrai. D'ailleurs, il était vain de vouloir le corrompre avec des cadeaux ou de chercher à l'émouvoir par des larmes. Cet « Incorruptible », comme on le surnomma, était un homme terrifiant. D'ailleurs, c'était bien la terreur qu'il voulait imposer. Ceux qu'il visait étaient ceux qu'il appelait les ennemis de la raison.

Puis vint le jour où l'on fit aussi comparaître le roi Louis XVI devant le tribunal du peuple, et on le condamna à mort pour avoir fait appel à des étrangers contre son propre peuple. Peu de temps après, on guillotina également Marie-Antoinette. Face à la mort, le roi et la reine firent preuve de plus de dignité et de grandeur qu'ils n'en avaient manifestées au cours de leur vie. Les pays étrangers furent horrifiés par leur exécution et envoyèrent des troupes sur Paris. Mais plus jamais le peuple ne se laisserait reprendre sa liberté. On demanda à tous les hommes du pays de prendre les armes et les armées allemandes furent repoussées, tandis qu'à Paris et surtout dans les villes de province, le règne de la Terreur s'amplifiait.

Robespierre et les députés avaient décrété que le christianisme était la survivance d'une superstition ancienne et avaient promulgué une loi abolissant Dieu. Désormais, on ne vouerait plus un culte à Dieu, mais à la Raison. Pour célébrer ce nouveau culte, on organisa un grand cortège qui défila en musique dans les rues de Paris avec, à sa tête, la jeune fiancée d'un imprimeur, vêtue d'une longue robe blanche et d'un grand manteau bleu, symbole de la « déesse Raison ». Quelque temps plus tard, Robespierre considéra que l'on n'était pas allé assez loin dans le domaine de la vertu. Il fit promulguer une nouvelle loi décrétant l'existence de Dieu et l'immortalité de l'âme et il se présenta lui-même comme le prêtre de « l'Être suprême », nouveau nom donné à Dieu. Désormais, il ne se montra plus qu'une plume au chapeau et un bouquet à la main. Ce devait être d'un comique achevé et j'imagine que plus d'un pouffa de rire.

Puis vint le moment où le pouvoir de Robespierre déclina. Danton en avait assez des exécutions capitales quotidiennes et il demanda que l'on fît preuve de clémence et de compassion. La réplique de Robespierre fut immédiate : « Il n'y a que les criminels qui réclament la clémence envers d'autres criminels. » Et Danton fut lui aussi condamné à la peine capitale. Mais ce fut la dernière victoire remportée par Robespierre. Peu de temps après, alors qu'il tenait un de ces interminables discours, dans lequel il déclarait que l'on n'était qu'au tout début des exécutions, qu'il se trouvait encore en France des ennemis de la liberté, que le vice continuait de triompher et que la patrie était en danger, ce jour-là, et pour la première fois, personne n'applaudit. Il y eut un silence de mort. Quelques jours plus tard, Robespierre fut lui aussi décapité.

Les ennemis de la France avaient été battus ; les nobles, s'ils n'avaient pas volontairement choisi de devenir de simples bourgeois, avaient été décapités ou expulsés de France ; l'égalité devant la loi avait été obtenue ; les biens de l'Église et des nobles avaient été remis aux paysans, affranchis du servage féodal ; n'importe qui en France pouvait exercer le métier de son choix ou accéder à une charge. Le peuple était las de cette guerre civile et voulait retrouver l'ordre et la paix pour jouir enfin de cette extraordinaire victoire. Le tribunal révolutionnaire fut supprimé et, en 1795, un gouvernement de cinq membres fut élu, un « directoire », chargé d'administrer le pays selon ces nouveaux principes.

Entre-temps, les idées de la Révolution française s'étaient propagées au-delà des frontières et avaient suscité un grand enthousiasme dans les pays voisins. Même la Belgique et la Suisse se dotèrent d'une république fondée sur les principes des Droits de l'homme et de l'égalité, et toutes ces républiques furent soutenues militairement par le gouvernement français. Un soldat servait dans l'une de ces armées d'intervention, dont le pouvoir allait bientôt surpasser celui de la Révolution tout entière...

Le dernier conquérant

Ce qui m'a toujours plu dans l'histoire du monde, c'est qu'elle ne relève pas de la fiction et que tous les événements extraordinaires qu'elle relate ont véritablement existé. Qui plus est, ces événements nous plongent dans des aventures cent fois plus folles et surprenantes que celles que l'on pourrait imaginer. Je vais maintenant te raconter une de ces aventures, aussi folle qu'incroyable, mais aussi vraie que toi et moi. Cela se passa il n'y a pas si longtemps. Mon propre grand-père en a été le témoin à l'âge qui est le tien aujourd'hui.

Ainsi commence cette histoire : non loin de l'Italie, se trouve une île montagneuse, ensoleillée et pauvre, qui a pour nom la Corse. Dans cette île vivait un avocat avec sa femme et ses huit enfants. Il avait un nom italien, Buonaparte. Quand, en 1769, son second fils, Napoléon, naquit, l'île venait d'être vendue à la France par les Génois. Ses habitants, les Corses, étaient fort mécontents, ce qui suscita de nombreux conflits avec les autorités françaises. Le jeune Napoléon ayant décidé qu'il voulait devenir officier, son père l'envoya, à l'âge de dix ans, dans une école militaire en France. Le jeune garçon était pauvre. Son père avait du mal à l'aider financièrement, ce qui renforçait son tempérament sombre et mélancolique. Il ne jouait pas avec ses camarades de classe. Il racontera plus tard qu'à l'école il s'était trouvé un coin où il avait pour habitude de s'isoler et de donner libre cours à ses rêveries. Quand ses camarades lui disputaient ce coin, il se défendait de toutes ses forces. « J'avais déjà l'instinct, dira-t-il plus tard, que ma volonté devait l'emporter sur celle des autres et que ce qui me plaisait devait m'appartenir. »

Il accumula beaucoup de connaissances, bénéficiant, de surcroît, d'une mémoire phénoménale. À dix-sept ans, il devint sous-lieutenant dans l'armée française, où on le surnomma « le petit caporal » en raison de sa petite taille. À cette époque, c'est tout juste s'il ne souffrait pas de la faim. Il lisait énormément, était attentif à tout. Quand, trois ans plus tard, en 1789, la Révolution française éclata, la Corse voulut se libérer de la souveraineté de la France. Bonaparte partit en Corse et se battit contre les Français. Mais il finit par revenir à Paris, car, écrivit-il dans une lettre, il n'y a qu'à Paris que l'on peut arriver à faire de grandes choses. Il avait raison. C'est à Paris que tout commença pour lui. Le hasard voulut qu'un compatriote de Bonaparte servît comme officier supérieur dans une armée désignée par les révolutionnaires pour aller mater l'insoumission de la ville de Toulon. Cet homme prit avec lui le jeune lieutenant, alors âgé de vingt-cinq ans, et n'eut pas à le regretter. Bonaparte donna de si bons conseils sur la manière de disposer les canons et sur les cibles à atteindre que la ville ne tarda pas à tomber, ce qui lui valut d'être promu général. En cette période de troubles et d'incertitudes, cet avancement ne pouvait encore augurer d'une longue carrière. Car être le sympathisant d'un parti signifiait être l'adversaire du parti opposé. Quand le gouvernement qui l'avait promu général, autrement dit les amis de Robespierre, fut renversé, Bonaparte fut lui aussi arrêté. Il est vrai qu'il fut vite remis en liberté, mais il fut déchu de son grade de général et renvoyé de l'armée pour avoir pactisé avec les Jacobins. À ce moment de sa vie, dénué de toute ressource, tout espoir en un avenir meilleur lui semblait interdit. Le hasard voulut encore une fois qu'une de ses relations le recommandât à Paris aux cinq membres du Directoire, qui lui confièrent la mission de réprimer une manifestation violente de jeunes nobles. Sans hésiter un instant, Bonaparte fit tirer sur les insurgés et dispersa les manifestants. En guise de reconnaissance, on le nomma de nouveau général et on lui confia le commandement d'une petite armée qui devait partir pour l'Italie afin d'y propager, comme dans d'autres pays, les idées de la Révolution française.

L'issue de la mission semblait des plus incertaines. L'armée confiée à Bonaparte manquait de tout. À cette époque, la France vivait dans une grande pauvreté et un profond désordre. Avant de partir en campagne, le général Bonaparte (dont le nom de famille avait donc été francisé) harangua ses soldats avec ces simples mots : « Soldats ! Vous êtes mal nourris et presque nus. Le gouvernement vous doit beaucoup, mais ne peut rien pour vous. Votre patience, votre courage vous honorent, mais ne vous procurent ni avantage, ni gloire. Je vais vous conduire dans les plus fertiles plaines du monde : vous y trouverez de grandes villes, de riches provinces ; vous y trouverez honneur, gloire, richesses. Soldats d'Italie ! manqueriez-vous de courage et de constance ? » Bonaparte savait si bien trouver les paroles pour enflammer l'esprit de ses soldats et les lancer à l'attaque de puissances ennemies supérieures à la sienne qu'il alla partout de victoire en victoire. Quelques semaines seulement après le début de la campagne d'Italie, pour stimuler leur flamme guerrière, il leur lança : « Soldats ! Vous avez en quinze jours remporté six victoires, pris vingt et un drapeaux, cinquante-cinq pièces de canons, conquis la plus riche partie du Piémont. Dénués de tout, vous avez suppléé à tout. Vous avez gagné des batailles sans canons, passé des rivières sans pont, fait des marches forcées sans souliers, bivouaqué sans eau-de-vie et souvent sans pain. Je suis persuadé que tous veulent, en rentrant dans leur village, pouvoir dire avec fierté : j'étais de l'armée conquérante d'Italie ! »

Ces paroles ne furent pas vaines. En peu de temps, l'armée fit la conquête de l'Italie du Nord et Bonaparte y institua une république sur le modèle de la France et de la Belgique. Ajoutons que, pendant la campagne d'Italie, chaque fois que Bonaparte tombait sur des objets d'art et des manuscrits précieux qui lui plaisaient, il les envoyait par convois entiers à Paris, ce qui avait accru son prestige. Après l'Italie, il poussa son armée plus au nord, en direction de l'Autriche. Il en voulait à l'empereur de s'être battu contre lui en Italie. Les émissaires de l'empereur vinrent de Vienne à sa rencontre, qui eut lieu dans la ville de Leoben, en Styrie. Dans la salle des délibérations, on avait prévu un fauteuil surélevé pour le ministre plénipotentiaire de l'empereur. Bonaparte dit alors : « Enlevez-moi ce siège, je ne peux voir un trône sans qu'il me vienne l'envie de m'y asseoir. » Il obligea l'empereur à céder à la France toutes les régions d'Allemagne qui se trouvaient à l'ouest du Rhin. Puis il revint à Paris. Mais, à Paris, il n'avait pas de quoi s'occuper. Il proposa alors au gouvernement une entreprise des plus téméraires. Les plus grands ennemis de la France étaient, à cette époque, les Anglais. Or l'Angleterre était devenue puissante grâce à ses possessions en Amérique, en Afrique, en Inde et en Australie. La faiblesse de l'armée française ne permettait pas d'envisager une attaque directe contre l'Angleterre et, de plus, sa flotte ne comptait pas assez de bateaux. Par contre, attaquer une possession anglaise était dans le domaine du possible.

Ainsi, Bonaparte obtint d'être envoyé avec son armée en Égypte, alors sous domination anglaise. Comme Alexandre le Grand, il rêvait de faire la conquête de l'Orient. Il se fit également accompagner par des savants, chargés d'étudier les vestiges du passé. Arrivé en Égypte, il s'adressa aux musulmans égyptiens en se faisant passer pour un prophète, tel Mahomet. Il leur déclara d'un ton solennel qu'il lisait dans leur cœur leurs « sentiments les plus secrets », que sa venue avait déjà été prédite « depuis que le monde existe » et que, d'ailleurs, elle figurait aussi « dans le saint livre du Coran, dans plus de vingt passages ! » Et il ajouta qu'ils auraient beau vouloir déployer tous leurs efforts, ils ne pouvaient rien contre lui, car il était également écrit que tout ce qu'il entreprendrait réussirait.

Il est vrai qu'au début, les événements semblèrent lui donner raison. En 1798, il remporta contre les armées ennemies une grande bataille au pied des pyramides, ainsi que quelques autres, car il était, sur terre, un stratège hors du commun. Mais, sur mer, les Anglais lui étaient largement supérieurs, et le célèbre amiral Nelson faillit détruire totalement la flotte française dans le port d'Aboukir, sur la côte égyptienne. Une épidémie de peste s'étant déclarée dans son armée et ayant reçu de Paris la nouvelle que le gouvernement était déchiré par des divisions, Bonaparte pensa que l'occasion de jouer un grand rôle en France était arrivé. Sans en avoir reçu l'ordre, il abandonna ses soldats et s'embarqua secrètement pour la France. Quand il débarqua à Fréjus, en général auréolé de gloire, ce fut l'allégresse. Tous mettaient leur espoir en lui. Un homme aussi efficace en pays ennemi le serait tout autant pour remettre de l'ordre dans son propre pays. La confiance dont il jouissait lui donna l'audace, en 1799, de pointer ses canons sur le siège du gouvernement de Paris, de faire expulser les élus du peuple de la salle des délibérations par ses grenadiers et de s'octroyer le pouvoir suprême. Prenant modèle sur les Romains de l'ancien Empire, il se proclama « consul ».

En tant que consul, il mena une vie somptueuse dans l'ancienne résidence des rois de France et fit revenir beaucoup de nobles condamnés à l'exil. Il s'attela surtout à remettre de l'ordre en France, c'est-à-dire à ce que tout se passât, partout et à tout moment, selon sa volonté. En ce sens, il atteignit son objectif. Il fit établir un recueil des lois qui réglaient la société nouvelle, auquel il donna son nom, le code Napoléon. Au cours d'une nouvelle campagne en Italie, il vainquit une nouvelle fois l'Autriche. Il était idolâtré par ses soldats et tous les Français n'avaient que vénération pour lui, car il avait apporté à son pays gloire et conquêtes. On le nomma consul à vie. Mais l'ambition de Bonaparte ne s'arrêta pas là. Il voulait être davantage encore. Et, en 1804, il se proclama empereur. Empereur des Français ! Le pape en personne fit le voyage à Paris pour célébrer son sacre. Peu de temps après, Napoléon Ier se fit également proclamer roi d'Italie. Les autres pays commencèrent à trembler devant la puissance de ce nouveau-venu sur la scène politique, et l'Angleterre, l'Autriche, la Russie et la Suède signèrent contre lui un pacte d'alliance. Napoléon ne se laissa pas impressionner. Il ne redoutait pas les armées ennemies, quand bien même elles étaient importantes. Il alla même à leur rencontre et, au cours de l'hiver 1805, à Austerlitz, en Moravie, il remporta une victoire écrasante sur les troupes alliées ennemies. À ce moment-là, Napoléon fut le maître de presque toute l'Europe. Il offrit à chaque membre de sa famille ce que l'on pourrait appeler un petit souvenir. En d'autres termes, il offrit à chacun un royaume. Son gendre reçut l'Italie, son frère aîné Naples, son frère cadet la Hollande, son beau-frère une partie de l'Allemagne et ses sœurs reçurent des duchés italiens. C'était un bien bel itinéraire pour la famille de l'avocat corse qui, à peine vingt ans plus tôt, dans son île lointaine, s'attablait devant un maigre repas !

Même en Allemagne, Napoléon eut tous les pouvoirs, car les princes allemands qui, depuis longtemps, avaient rejeté l'autorité de l'empereur autrichien, devinrent ses alliés. Puis l'empereur François, à Vienne, abdiqua de son titre d'empereur d'Allemagne, mettant ainsi un terme au Saint Empire romain germanique, qui avait commencé avec le couronnement de Charlemagne à Rome. On était en 1806. Désormais, François de Habsbourg n'avait plus que le titre d'empereur d'Autriche.

Puis Napoléon lança une campagne contre les Hohenzollern et, en quelques jours, il anéantit les armées prussiennes. Il entra dans Berlin en 1806 et, de là, il édicta ses lois à l'Europe. Une de ses mesures les plus importantes fut d'interdire à tous les pays européens de vendre ou d'acheter des produits à l'Angleterre, pays ennemi de la France. Autrement dit, il décréta le « blocus continental » de l'Angleterre. Comme il n'avait pas de flotte pour vaincre militairement ce puissant pays, il espérait l'anéantir de cette manière. Devant le refus des autres États de le suivre, il lança une nouvelle campagne en Allemagne et se battit contre les Russes, alliés à la Prusse. Et, en 1807, il put offrir à son plus jeune frère une partie de l'Allemagne, avec le titre de roi.

Puis vint le tour de l'Espagne. Il en fit la conquête et donna la couronne à son frère Joseph, précédemment roi de Naples, et attribua le royaume de Naples à l'un de ses beaux-frères. Or, il arrive un moment où les peuples n'acceptent plus d'être indéfiniment traités comme de simples cadeaux de famille. Les Espagnols furent les premiers, à partir de 1808, à ne plus vouloir rester sous la souveraineté des Français. Il n'y eut pas à proprement parler de combats, mais une insurrection permanente impossible à réprimer, tant le peuple était las des exactions perpétrées par les soldats français. Après l'Espagne vint l'Autriche, dont l'empereur ne voulait plus se soumettre aux injonctions de Napoléon. En 1809,

Sur cette carte, on voit clairement la puissance de Napoléon, ce petit homme originaire de Corse, qui avait réparti les membres de sa famille dans toute l'Europe, comme un joueur d'échecs place ses pièces sur un échiquier.

une nouvelle guerre éclata. Napoléon lança ses troupes sur Vienne. Pour la première fois de sa vie, il fut battu près de Vienne, à Aspern, par un vaillant général, l'archiduc Charles. Mais, quelques jours plus tard, à Wagram, il anéantit l'armée autrichienne. Il entra dans Vienne, s'installa dans le palais impérial de Schönbrunn et contraignit l'empereur François à lui accorder la main de sa fille Marie-Louise. Ce ne fut pas une décision facile à prendre pour la famille impériale des Habsbourg, qui régnait depuis plus de cinq cents ans à Vienne. Napoléon n'était pas issu d'une famille princière. Il n'était en fait qu'un petit lieutenant, devenu par ses seuls mérites le maître et le donneur d'ordres de toute l'Europe.

En 1810, Marie-Louise eut un fils, auquel Napoléon donna le titre de « roi de Rome ». L'Empire napoléonien était maintenant bien plus grand que ne l'avait été celui de Charlemagne, si l'on considère que tous les royaumes de ses frères et sœurs et de ses généraux ne tenaient que par son nom. Il ne se privait d'ailleurs pas de leur adresser des lettres d'injures quand leur façon de faire lui déplaisait. Il écrivit, par exemple, à son frère, le roi de Westphalie : « J'ai vu de vous un ordre du jour qui vous rend la risée de l'Allemagne et de la France. N'avez-vous donc aucun ami autour de vous qui vous dise la vérité ? Vous êtes roi et frère d'empereur : qualités ridicules à la guerre ! Il faut être soldat, et puis soldat, et encore soldat, il ne faut ni ministre, ni corps diplomatique, ni pompe, il faut bivouaquer à l'avant-garde, être nuit et jour à cheval, marcher à l'avant-garde pour avoir des nouvelles, ou bien rester dans son sérail. Vous faites la guerre comme un satrape. » La lettre se terminait ainsi : « Et, pardieu ! ayez assez d'esprit pour écrire et parler convenablement ! » Tu vois comment l'empereur traitait ses frères, les rois de l'Europe ! Mais il traitait les peuples plus durement encore. Ce que ces derniers pouvaient penser ou ressentir le laissait totalement indifférent. Une seule chose lui importait, qu'ils lui fournissent de l'argent et surtout des soldats. Mais les peuples se montrèrent de moins en moins conciliants. Après les soulèvements des Espagnols vinrent ceux des paysans du Tyrol, région que Napoléon avait prise à l'empereur d'Autriche et offerte au royaume de Bavière.

Les Tyroliens entrèrent en lutte contre les soldats français et bavarois jusqu'à ce que Napoléon fît arrêter leur chef, Andreas Hofer, qu'il fit fusiller.

Même en Allemagne, toute la population fut frappée d'indignation par tant de violence et d'arbitraire. Et, pour la première fois dans leur histoire, les principautés allemandes, dont la plupart étaient sous autorité française, prirent conscience d'avoir une destinée commune. Le sang qui coulait dans leurs veines était allemand et non français. Peu importait de savoir quelles relations le roi de Prusse entretenait avec le roi de Saxe ou si le roi de Bavière s'était allié avec le frère de Napoléon. Unis dans l'adversité, une même volonté les anima : se libérer de cette tutelle étrangère. Pour la première fois dans l'Histoire, tous les Allemands, étudiants et poètes, paysans et nobles, se liguèrent unanimement contre la volonté de leurs princes pour conquérir leur liberté. Mais ce ne fut pas chose facile. Napoléon était puissant. Le plus grand poète allemand, Goethe, ne s'était-il pas écrié : « Contentez-vous de secouer vos chaînes. L'homme [Napoléon] est trop grand pour vous ! » Il est vrai que, pendant longtemps, l'héroïsme et l'enthousiasme opposés à la violence de Napoléon furent désespérément vains. Mais Napoléon était d'une ambition incommensurable, et c'est cette ambition qui finit par entraîner sa chute. Homme insatiable, il lui fallait accroître toujours plus son pouvoir. Ce qu'il avait acquis jusqu'à présent n'était à ses yeux qu'un début. Vint donc le tour de la Russie. Le prétexte invoqué fut que les Russes n'avaient pas respecté son interdiction de faire du commerce avec les Anglais. Cela méritait bien une punition !

Napoléon rassembla 600 000 hommes, recrutés dans tous les pays de l'Empire, chiffre encore jamais atteint pour une armée dans l'histoire du monde. Avec cette armée gigantesque, il partit en campagne contre la Russie, en 1812. Il s'enfonça de plus en plus à l'intérieur du pays, sans jamais avoir à livrer bataille. Au fur et à mesure de son avancée, les Russes reculaient, comme ils l'avaient déjà fait devant les troupes de Charles XII de Suède. Arrivé aux portes de Moscou, Napoléon se heurta enfin à la puissante armée russe et il remporta la bataille. J'ai failli dire

« naturellement » car, pour Napoléon, l'art du combat semblait aussi évident que celui de résoudre des énigmes pour un esprit habitué à cette gymnastique. Après avoir étudié la disposition des troupes ennemies, il comprit aussitôt où envoyer les siennes pour les encercler et les vaincre. Puis il entra dans Moscou, mais il trouva une ville presque vide. La plupart de ses habitants s'étaient enfuis. On se trouvait à la fin de l'automne. Napoléon s'installa au Kremlin, le vieux château impérial, attendant de pouvoir dicter ses conditions. Un jour, la nouvelle lui parvint que les faubourgs de Moscou étaient la proie des flammes. À cette époque, beaucoup de maisons étaient en bois. L'incendie, en se propageant, avait déjà ravagé les trois quarts de la ville. Le feu avait vraisemblablement été mis par les Russes eux-mêmes pour mettre les Français en difficulté ; tous les efforts pour l'éteindre furent vains.

Les Russes avaient vu juste. Comment l'ennemi pourrait-il loger 600 000 hommes et trouver du ravitaillement, si Moscou était entièrement détruit ? Napoléon dut se résoudre à battre en retraite. Mais le temps s'était écoulé, l'hiver s'était installé et il faisait un froid épouvantable. De surcroît, en entrant en Russie, l'armée napoléonienne avait pillé ou détruit sur son passage tous les moyens de subsistance, si bien que le chemin du retour à travers l'immensité gelée et dépeuplée de la vaste plaine de Russie se transforma en cauchemar. Le nombre de soldats mourant de froid et de faim, abandonnés sur le bord de la route, grandissait de jour en jour ; des milliers de chevaux avaient péri. C'est alors que surgirent les cavaliers russes, les cosaques. Ils attaquèrent l'armée de Napoléon sur l'arrière et sur les flancs. Les soldats français se défendirent avec la force du désespoir. Ils réussirent même à traverser un grand fleuve, la Berezina, alors qu'une tempête de neige faisait rage et qu'ils étaient encerclés par les cosaques. Peu à peu, cependant, leurs dernières forces s'épuisèrent, ne laissant place qu'au désespoir. À peine un vingtième des soldats survécurent à cette terrible défaite et parvinrent, épuisés et malades, à la frontière allemande. Sans attendre la fin de la retraite, Napoléon quitta l'armée sous des vêtements d'emprunt pour rentrer en hâte à Paris avec une luge de paysan.

La première chose qu'il fit fut de réclamer de nouvelles troupes, car, comme il était en position de faiblesse, tous les pays s'étaient dressés contre lui. Il réussit encore à lever une puissante armée, constituée cette fois de jeunes soldats. Ce qu'il envoyait contre les peuples insoumis, c'était bien la jeunesse de France. Avec eux, il lança une campagne contre l'Allemagne. Pour mettre fin à la guerre, l'empereur d'Autriche envoya son chancelier, Metternich, afin de négocier avec Napoléon les modalités d'un traité de paix. Les délibérations durèrent une journée entière. S'adressant à Napoléon, Metternich dit : « Si cette jeune armée qu'aujourd'hui vous menez au combat venait à être fauchée, qu'adviendrait-il ensuite ? » À ces mots, Napoléon devint blême de colère, puis son visage s'empourpra et il répondit avec brusquerie : « Vous n'êtes pas un soldat et vous ne pouvez pas savoir ce qui se passe dans le cœur d'un soldat. J'ai grandi sur les champs de bataille et un homme comme moi se moque bien de la vie d'un million de soldats. » Relatant plus tard cette scène, Metternich ajouta que Napoléon, dans sa fureur, en avait jeté son chapeau à l'autre bout de la pièce.

Metternich ne se pencha pas pour ramasser le chapeau. Gardant son calme, il répondit : « Pourquoi est-ce à moi seul, entre ces quatre murs, que vous réservez ces propos ? Ouvrez les portes et faites en sorte qu'ils soient entendus d'un bout à l'autre de la France. » Napoléon rejeta les conditions de paix de l'empereur d'Autriche, expliquant à Metternich qu'il n'avait pas d'autre choix. S'il voulait rester l'empereur des Français, il lui fallait se présenter en vainqueur et donc poursuivre le combat. En 1813, une bataille eut lieu à Leipzig, opposant l'armée de Napoléon aux forces alliées ennemies. Le premier jour, Napoléon résista. Mais le lendemain, abandonné soudainement par les troupes bavaroises qui se battaient à ses côtés, il perdit la bataille et dut battre en retraite. Poursuivi dans sa fuite par une importante armée de Bavarois, il réussit à la mettre en déroute, puis il regagna Paris en hâte.

Napoléon ne s'était pas trompé dans ses pressentiments. Revenu en vaincu, les Français le destituèrent. On lui donna la souveraineté de l'île d'Elbe, où il se retira. Quant aux princes et à l'empereur qui l'avaient acculé à la défaite, ils se réunirent à Vienne pour négocier et se partager l'Europe. Pour eux, les principes de la philosophie des Lumières, et plus particulièrement celui de Liberté, étaient, en Europe, les grands responsables de tous les désordres et de leur lot de victimes, depuis les combats de la Révolution jusqu'à Napoléon. Ils voulurent donc faire table rase de la Révolution. Metternich fut le plus acharné à vouloir revenir à la situation pré-révolutionnaire pour que l'Europe n'eût plus jamais à vivre de tels bouleversements. Il s'attaqua principalement à la liberté d'expression et interdit toute publication qui n'avait pas obtenu l'accord du gouvernement et de l'empereur.

En France, la Révolution avait été totalement effacée. Le frère du roi Louis XVI était monté sur le trône sous le nom de Louis XVIII (celui de Louis XVII avait été octroyé au fils de Louis XVI, mort lui aussi pendant la Révolution). Ce nouveau Louis régna en France avec sa cour comme si les vingt-quatre années de la Révolution et de l'Empire n'avaient jamais existé. Il s'entoura de la même pompe et manifesta envers son peuple la même incompréhension que son malheureux frère. Le mécontentement des Français n'en fit que croître. Quand Napoléon en fut informé, il quitta secrètement l'île d'Elbe (en 1815) et débarqua en France avec une poignée de soldats. Louis XVIII envoya une armée pour lui barrer la route. Mais dès que les soldats virent Napoléon, tous accoururent vers lui. Très vite, les soldats d'autres garnisons vinrent les rejoindre. Après quelques jours de marche, porté en triomphe aux cris de « Vive l'Empereur ! », Napoléon arriva à Paris. La veille, Louis XVIII avait pris la fuite.

À l'annonce de la nouvelle, les princes qui poursuivaient leurs négociations à Vienne furent épouvantés et déclarèrent Napoléon ennemi de l'humanité ! Sous le haut commandement du duc anglais Wellington, une armée se constitua en Belgique, composée essentiellement d'Anglais et d'Allemands. Aussitôt, Napoléon partit leur livrer bataille. La bataille eut lieu près de Waterloo. Elle fut terrible. Au début, Napoléon sembla l'emporter. Mais il se trouva que l'un de ses généraux se méprit sur l'ordre qui lui était donné et il engagea ses troupes dans une mauvaise direction.

Le commandant des troupes prussiennes, le général Blücher, regroupa ses hommes épuisés de fatigue, qui, l'avant-veille, avaient essuyé une défaite et, dans la soirée, aux cris de « Rien ne va plus, mais il faut quand même y aller », il lança à nouveau ses hommes dans la bataille. Ce fut l'ultime défaite de Napoléon. Mis en déroute, il s'enfuit avec son armée. Il fut une nouvelle fois destitué et dut quitter la France.

Napoléon trouva à s'embarquer sur un navire anglais, se livrant ainsi volontairement à ses plus anciens ennemis, les seuls qu'il n'avait jamais vaincus. Il escomptait d'eux un accueil magnanime, déclarant qu'il voulait vivre sous leurs lois comme un simple citoyen. Mais cette magnanimité, lui-même n'en avait jamais fait preuve au cours de sa vie, et les Anglais le considérèrent comme un prisonnier de guerre. Et, pour être sûrs qu'il ne puisse jamais revenir, ils le firent remonter sur le même navire et l'expédièrent loin, très loin, sur une petite île désertique, perdue au milieu de l'océan, l'île de Sainte-Hélène. Napoléon y vécut les six dernières années de sa vie, déchu de tout pouvoir, abandonné de tous, consacrant ses journées à dicter ses souvenirs et à se quereller avec le gouverneur de l'île, qui lui interdisait de se promener sans être sous bonne garde. Ainsi s'acheva l'existence de ce petit homme au teint pâle, doté d'une énergie et d'une lucidité d'esprit comme jamais un souverain n'en avait eues. Quant aux grandes puissances du passé, les vieilles et pieuses maisons princières, elles rétablirent leur pouvoir sur l'Europe, et Metternich, l'homme austère et intransigeant qui ne s'était pas baissé pour ramasser le chapeau de Napoléon, dicta de Vienne les destinées de l'Europe par l'entremise de ses émissaires et s'efforça de faire reculer la Révolution.

L'homme et la machine

Selon leurs vœux, Metternich et les pieux souverains de Russie, d'Autriche, de France et d'Espagne purent remettre en vigueur (nous dirions aussi « restaurer ») les institutions antérieures à la Révolution. On vit réapparaître des cours somptueuses avec des nobles arborant sur leur poitrine d'énormes décorations et investis, de nouveau, de pouvoirs. Les bourgeois étaient écartés de la politique, mais beaucoup s'en accommodaient fort bien. Ils s'occupaient de leur famille, s'intéressaient à la littérature et surtout à la musique. Au cours des cent dernières années, la musique n'était plus seulement cantonnée au rôle d'accompagnement des bals, des chants et des cantiques religieux. Elle était devenue le langage artistique le plus apte à s'adresser aux hommes. Mais cette période de calme et de réjouissances, à laquelle on donne en France le nom de Restauration, n'était que la face apparente des choses. Il était une idée des philosophes des Lumières que plus personne, pas même Metternich, n'avait pu interdire, ne l'ayant d'ailleurs pas envisagé. C'était l'idée héritée de Galilée selon laquelle tout, dans la nature, pouvait être observé sous un angle rationnel et mathématique. Or, c'est justement cette idée de la philosophie des Lumières qui fut à l'origine d'une révolution inimaginable, qui balaya les anciens modes de pensée et de gouvernement avec une violence bien plus grande que celle des Jacobins et leur guillotine.

Grâce à cette maîtrise mathématique de la nature, on apprit à comprendre, mais aussi à exploiter ses énergies, que l'on dompta pour les mettre au service de l'homme et, bien souvent, remplacer son travail.

L'histoire des innombrables inventions qui s'ensuivirent n'est pas aussi simple qu'on pourrait le croire. Cela commençait généralement par une idée que l'on estimait réalisable. On essayait ensuite de la concrétiser, de l'expérimenter. Beaucoup de ces idées étaient abandonnées jusqu'au jour où quelqu'un, à nouveau, s'en emparait. Le véritable inventeur était celui qui avait su faire preuve de suffisamment d'énergie et de persévérance pour mener l'idée à son terme et la rendre exploitable par tous. Les plus grandes découvertes, qui transformèrent notre vie et qui, toutes, remontent à cette époque, furent la machine à vapeur, le bateau à vapeur, la locomotive et le télégraphe.

La machine à vapeur fut découverte en premier. Dès les années 1700, le savant français Papin se livra à des expériences, mais il fallut attendre 1769 pour qu'un simple mécanicien, l'Anglais Watt, fasse breveter une vraie machine à vapeur. Au début, on n'utilisa cette machine que pour actionner les systèmes de pompage dans les mines, mais on envisagea très vite la possibilité de l'appliquer à la propulsion des véhicules ou des navires. En 1788 et en 1802, un Anglais l'expérimenta sur les bateaux et, en 1803, le mécanicien américain Fulton fabriqua une roue actionnée par de la vapeur, ce qui fit dire alors à Napoléon que « cette expérience était capable de changer la face du monde ». En 1807, le premier bateau à vapeur propulsé par une grande roue à aube, ferraillant à grand bruit et crachant des nuages de fumée, fit le voyage de New York à une ville voisine.

À peu près à la même époque, en Angleterre, on essaya d'appliquer la propulsion à vapeur aux véhicules. En 1802, après l'invention des rails de chemin de fer, on réussit à mettre au point une machine en état de marche, mais ce n'est qu'en 1814 que la première vraie locomotive fut construite, par l'Anglais Stephenson. La première ligne de chemin de fer fut ouverte en 1821 entre deux villes anglaises. Dix ans plus tard, la France, l'Allemagne, l'Autriche et la Russie s'équipaient à leur tour. Et, dix ans plus tard, quasiment tous les pays d'Europe étaient équipés de grands réseaux ferroviaires. Les lignes de chemin de fer montaient à l'assaut des montagnes, empruntaient des tunnels, enjambaient des fleuves. Désormais, on voyageait dix fois plus vite que précédemment avec la plus rapide des diligences.

La découverte du télégraphe électrique connut le même processus. En 1753, un chercheur en envisagea la possibilité. Après 1770, plusieurs essais furent tentés et ce n'est qu'en 1837 que le peintre et physicien Morse réussit à envoyer à ses amis un bref télégramme. Il fallut attendre encore plus de dix ans pour que la télégraphie soit introduite dans les différents pays.

D'autres machines changèrent le monde plus encore, celles qui exploitèrent les forces de la nature et remplacèrent la main-d'œuvre humaine. Pense par exemple au filage et au tissage. Autrefois, cette tâche était confiée à des ouvriers. Le jour où l'on eut un plus grand besoin d'étoffes (à peu près à l'époque de Louis XIV), on créa des usines, mais le travail demeura manuel. L'idée d'exploiter les connaissances que l'on avait de la nature ne vint que lentement. Les dates sont identiques à celles des grandes inventions : on expérimenta la première machine à filer en 1740, on l'améliora à partir de 1783, et ce n'est qu'en 1825 qu'elle fut véritablement utilisable. L'époque des métiers à tisser mécaniques commença presque en même temps. Les Anglais furent les premiers à les fabriquer et à les utiliser. Pour faire marcher les usines et les machines, il fallait du charbon et du minerai de fer, ce qui donna aux pays possédant l'un et l'autre une grande avance.

Toutes ces inventions provoquèrent des bouleversements incroyables dans la vie des hommes, qui en étaient tout tourneboulés, car ils ne retrouvaient quasiment plus rien des systèmes anciens. Souviens-toi du cadre rigide, parfaitement structuré, des corporations du Moyen Âge. Ces corporations s'étaient maintenues jusqu'à l'époque de la Révolution et même au-delà. Un compagnon avait certes plus de difficultés à devenir « maître » qu'au Moyen Âge, mais il avait au moins la possibilité et l'espoir d'y parvenir. Or, cet ordre des choses avait été d'un seul coup complètement modifié. Des hommes étaient propriétaires de ces machines.

Pour les utiliser, il n'était pas nécessaire d'avoir suivi un long apprentissage, car elles faisaient presque tout sans que l'homme n'eût à intervenir. De surcroît, quelques heures suffisaient pour exécuter un travail. Le propriétaire d'une machine à tisser n'engageait plus que quelques ouvriers (qui pouvaient être des femmes ou des enfants) et ces ouvriers étaient capables dorénavant de fournir plus de travail que cent maîtres-tisserands du temps jadis. Mais alors, vas-tu dire, qu'advenait-il des tisserands d'une ville qui s'était dotée d'une machine à tisser? La réponse est simple: on n'avait plus besoin d'eux. Tout ce qu'ils avaient appris au cours de longues années d'apprentissage et de compagnonnage était devenu inutile. La machine faisait le même travail plus vite et mieux, et c'était, qui plus est, incomparablement moins coûteux. Évidemment, une machine n'a besoin ni de manger, ni de dormir comme un être humain. Elle n'a pas besoin de se reposer. Tout ce dont cent tisserands auraient eu besoin pour prétendre à une vie heureuse et agréable, le fabricant en faisait l'économie grâce à sa machine. Si quelqu'un en profitait, c'était lui. Mais, vas-tu dire, le fabricant avait quand même besoin d'ouvriers pour faire marcher les machines! Bien sûr que oui, il avait besoin d'eux. Mais en petit nombre et sans qu'ils aient reçu une formation particulière.

Le plus grave était que ces cent tisserands se retrouvaient au chômage, condamnés à mourir de faim puisque désormais une machine faisait le travail à leur place. Or, avant de mourir de faim avec sa famille, un tisserand était évidemment prêt à tout tenter. Il était prêt à travailler pour un salaire, si dérisoire fût-il, du moment qu'il lui donnait la possibilité de vivre, même chichement, et d'exercer une activité quelle qu'elle fût. Le propriétaire d'une machine pouvait alors se permettre de convoquer les cent tisserands à moitié morts de faim et de leur dire: «J'ai besoin de cinq personnes pour surveiller mon usine et le travail de mes machines. Pour quelle somme d'argent accepteriez-vous de le faire?» À supposer que l'un dise: «Je veux tant, afin de pouvoir être aussi heureux qu'avant», un autre renchérissait en disant: «Du moment que je gagne assez pour acheter quotidiennement une miche de pain et un kilo de pommes de terre, ça me suffit. » Le troisième, voyant qu'on lui retirait sa dernière chance de survie, disait : « Moi, je veux bien essayer pour une demi-miche de pain. » Quatre autres ajoutaient aussitôt : « Nous aussi. » « C'est bon, rétorquait le fabricant, je veux bien essayer avec vous. Combien d'heures par jour voulez-vous travailler ? » « Dix heures », disait l'un. « Douze », disait le second, pour être sûr que l'offre d'emploi ne lui passe pas sous le nez. « Moi, je peux travailler seize heures », s'écriait le troisième. Il y allait de sa survie. « C'est bon, disait le fabricant, dans ce cas, je t'engage. Mais que va faire ma machine pendant que tu dormiras ? Elle, elle n'a pas besoin de sommeil ! » Pris de panique, le tisserand s'empressait d'ajouter : « Je peux faire venir mon petit gamin de huit ans. » « Et que lui donnerai-je ? » demandait le fabricant. « Donnez-lui quelques sous pour qu'il puisse s'acheter une tartine de beurre. » Il n'était pas impossible que le fabricant réponde : « Il peut se passer de beurre, ton gamin. » Et c'est ainsi que le marché était conclu. En revanche, les quatre-vingt-quinze autres tisserands étaient toujours condamnés à mourir de faim, à moins qu'ils n'aillent tenter leur chance chez un autre fabricant dans l'espoir d'être engagés.

Ne va pas croire pour autant que tous les fabricants étaient des individus aussi abominables que celui dont je viens de te faire le portrait. Cependant, il faut bien reconnaître que les individus les plus abominables, autrement dit ceux qui payaient le moins, pouvaient vendre aux prix les plus bas et avaient donc toutes les chances de remporter le marché. Les autres fabricants mis en concurrence se voyaient alors contraints de traiter leurs ouvriers de la même manière.

Les gens du peuple étaient au désespoir. À quoi leur servait d'apprendre quelque chose, à quoi bon se donner du mal pour réaliser de beaux ouvrages à la main ? Les machines produisaient la même chose cent fois plus vite, souvent même avec plus de régularité, et cent fois moins cher ! Les tisserands, les forgerons, les fileurs, les menuisiers de cette époque sombrèrent dans une misère chaque jour plus grande, courant d'une usine à l'autre à la recherche d'un emploi pour quelques sous.

Certains s'en prirent aux machines qui leur ravissaient leur travail, ils détruisirent des usines et démolirent les métiers à tisser mécaniques, mais leur révolte fut vaine. En 1812, l'Angleterre instaura la peine de mort contre toute personne qui détruirait une machine. Et de nouvelles machines ne cessaient d'inonder le marché, supérieures aux premières, capables d'exécuter le travail non plus de cent, mais de cinq cents ouvriers, et la misère générale ne fit que croître.

Il se trouva alors des gens qui estimèrent que cela ne pouvait plus durer. Ils trouvaient injuste qu'un homme, sous prétexte qu'il était propriétaire d'une machine, dont il avait peut-être hérité, puisse traiter tous les autres hommes comme même un seigneur n'aurait osé le faire avec ses paysans. Ils considéraient que des biens comme les usines et les machines, dont la propriété conférait à son détenteur un si grand pouvoir sur la destinée d'autres hommes, ne devaient pas appartenir à une seule et même personne, mais à l'ensemble des hommes, patrons et ouvriers. Cette pensée porta le nom de « socialisme ». On imagina plusieurs possibilités pour mettre en place un système qui permettrait, par une organisation socialisante du travail, de mettre fin à la misère et à la famine des ouvriers. On pensa que la solution n'était plus dans l'attribution d'un salaire consenti par le fabricant, mais dans la participation de l'ouvrier aux bénéfices du fabricant.

Parmi ces socialistes, nombreux en France et en Angleterre dans les années 1830, l'un d'eux est particulièrement célèbre. Cet érudit, né à Trèves, en Allemagne, s'appelait Karl Marx. Sa théorie différait un peu de celle des autres. Il professait qu'il ne fallait pas perdre son temps à se demander ce qu'il adviendrait si les machines appartenaient ou non à tous les ouvriers. Les ouvriers devaient, sans plus attendre, se battre pour prendre possession des machines, car il était évident que jamais le fabricant ne céderait son usine de son plein gré. Par contre, il était vain et stupide qu'une poignée d'ouvriers se rebellent contre un métier à tisser mécanique et cherchent à le détruire à partir du moment où il a bel et bien été inventé. La clef de la réussite résidait dans la solidarité entre tous les ouvriers. Si les cent tisserands, plutôt que de chercher chacun pour soi un travail, se concertaient pour pouvoir dire ensuite d'une seule voix : nous ne travaillerons pas plus de dix heures dans l'usine et nous réclamons deux miches de pain et deux kilos de pommes de terre pour chacun d'entre nous nous, le fabricant serait bien obligé d'obtempérer. Cependant, les revendications isolées n'avaient guère de chance d'aboutir et de faire plier le fabricant, car il ne faut pas oublier que, pour faire marcher les machines à tisser, le fabricant n'avait pas besoin d'ouvriers qualifiés et pouvait donc recruter ceux qui, démunis de tout, étaient prêts à accepter un travail à n'importe quel prix. Mais, disait Marx, le succès pouvait être remporté si tous les ouvriers unissaient leurs forces. Le mot d'ordre était : « Ouvriers, unissez-vous ! » Et ce mot d'ordre ne devait pas s'adresser uniquement aux travailleurs d'une région donnée ou même aux travailleurs d'un seul pays, mais à tous les travailleurs du monde. Cette union leur donnerait suffisamment de poids pour exiger tel ou tel salaire et pour arriver un jour à devenir les propriétaires des usines et des machines. Ils finiraient par donner naissance à un monde nouveau dans lequel il n'y aurait plus ni possédants, ni déshérités, autrement dit ni exploitants, ni exploités.

Car, expliquait Marx, étant donné la situation, il n'y a plus à proprement parler de tisserands, de cordonniers ou de forgerons. L'ouvrier n'a pas besoin de savoir ce que produit la machine dont il actionne le levier deux cents fois par jour. La seule chose qui l'intéresse est de toucher le salaire hebdomadaire qui lui permettra au moins de ne pas mourir de faim comme ses malheureux compagnons privés d'emploi. Le propriétaire n'a pas besoin non plus d'avoir appris l'activité professionnelle dont il vit, puisqu'il n'est plus question de produits « artisanaux », fabriqués à la main, mais de produits « manufacturés », fabriqués par une machine. C'est pourquoi Marx considérait qu'il n'y avait plus véritablement de professions et qu'en fait, la société se divisait en deux catégories : les possédants et les déshérités ou, pour reprendre ses propres mots, les « capitalistes » et les « prolétaires ». Ces deux classes sociales étaient en conflit permanent. Les propriétaires voulaient produire le plus et le meilleur marché possible en payant les ouvriers (autrement dit les prolétaires) le moins possible. Les ouvriers, quant à eux, n'avaient de cesse de contraindre le propriétaire de la machine (le capitaliste) à leur concéder le plus possible de ses bénéfices. Cette lutte des classes ne pouvait que conduire à ce que la masse ouvrière, majoritaire, s'empare des biens de la minorité possédante, non pour devenir à son tour propriétaire, mais pour supprimer totalement la notion de propriété et, par là même, la notion de classe sociale. Tel était l'objectif de Karl Marx, un objectif qui lui semblait proche et facile à atteindre.

En 1847, Marx lança son fameux appel aux travailleurs (intitulé *Manifeste du parti communiste*), mais la situation n'évolua absolument pas dans le sens qu'il avait envisagé et, y compris jusqu'à aujourd'hui, bien d'autres événements sont survenus. À cette époque, à quelques exceptions près, les propriétaires des machines ne détenaient pas le pouvoir, qui était encore le plus souvent entre les mains de ces nobles à la poitrine garnie de médailles, auxquels Metternich avait contribué à redonner une autorité. Or, ces nobles étaient les grands adversaires des riches bourgeois et des propriétaires d'usines. Ils tenaient à rétablir un État reposant sur les mêmes règles et les mêmes structures que par le passé, un État où chacun retrouverait le rôle dans lequel il était cantonné de par ses origines sociales. En Autriche, par exemple, il y avait encore des paysans transmis héréditairement à leurs propriétaires terriens et dont le statut ne différait guère de celui des serfs du Moyen Âge. Les artisans étaient soumis à des règles ancestrales extrêmement strictes et on imposait encore aux nouveaux fabricants un grand nombre de contraintes héritées des anciennes corporations. Or, les bourgeois qui avaient investi dans la construction d'usines et de machines et qui s'étaient enrichis ne voulurent plus se laisser dicter leur conduite par les nobles ou par l'État. Ils voulaient agir comme bon leur semblait, persuadés que c'était aussi la meilleure solution pour tous. Qu'on donne le champ libre aux entrepreneurs, qu'on leur permette de s'imposer sans les brider par des lois et des conventions, et on parviendrait à donner naissance au meilleur des mondes. Ils pensaient que le monde avançait tout seul, à condition de ne pas en perturber le cours. C'est ainsi qu'en 1830, les bourgeois français se soulevèrent et renversèrent les descendants de Louis XVIII

En 1848, Paris connut une nouvelle révolution qui se propagea dans d'autres pays, au cours de laquelle les bourgeois tentèrent d'obtenir les pleins pouvoirs dans la conduite de l'État afin que plus personne ne se mêle de leur dicter ce qu'ils devaient faire avec leurs usines et leurs machines. À Vienne, Metternich fut renvoyé et l'empereur Ferdinand contraint d'abdiquer. L'Ancien Régime avait définitivement cessé d'exister. Les hommes portaient de longs pantalons noirs en tuyau de poêle presque aussi disgracieux que ceux d'aujourd'hui et des cols blancs amidonnés avec une large cravate, ou « lavallière », que l'on nouait en formant deux boucles sous le cou. Partout dans le monde naissait un nombre grandissant d'usines, et les chemins de fer transportaient de plus en plus de marchandises d'un pays à l'autre.

De l'autre côté des mers

Avec le développement du chemin de fer et du bateau à vapeur, le monde sembla devenir plus petit. Partir en bateau en Inde et en Chine ne constituait plus une aventure périlleuse et incertaine. L'Amérique était presque à portée de main. C'est pourquoi, à partir de 1800, il est encore moins possible qu'avant de limiter l'histoire du monde à l'histoire de l'Europe. Il nous faut prendre aussi en compte la situation des pays extérieurs à l'Europe, plus particulièrement la Chine, le Japon et l'Amérique.

Avant 1800, la Chine ressemblait encore plus ou moins à ce qu'elle avait été sous le règne de la famille des Han (qui se situait aux alentours de la naissance du Christ). C'était un pays puissant, très peuplé, où régnaient l'ordre et la paix, avec des paysans laborieux et des bourgeois cultivés, parmi lesquels on trouvait des poètes et des penseurs. Les Chinois ignoraient alors tout des troubles des guerres de religion et des bouleversements qui n'avaient cessé d'agiter l'Europe. Pour eux, il s'agissait de quelque chose de barbare, d'incompréhensible. Ils vivaient pourtant sous le pouvoir d'empereurs étrangers qui les avaient obligés, comme signe de leur subordination, à porter une natte, mais cette famille de souverains venus du cœur de l'Asie, les Mandchous, partageaient les idées et les sentiments des Chinois. Ils avaient appris l'enseignement de Confucius et l'avaient mis en pratique, assurant ainsi la prospérité de l'Empire.

Parfois, des missionnaires jésuites, dont on sait l'érudition, venaient en Chine pour évangéliser la population. Ils étaient généralement bien accueillis, car l'empereur voulait apprendre d'eux les sciences connues en Europe, plus particulièrement l'astronomie. Des marchands européens rapportaient de Chine des porcelaines et, partout en Europe, on essayait d'imiter leur incomparable finesse. En fait, même après des siècles de recherche, les Européens n'y sont jamais parvenus. L'Empire chinois, avec ses millions et ses millions de bourgeois cultivés, avait envers l'Europe un sentiment de supériorité, comme en témoigne une lettre de l'empereur de Chine au roi d'Angleterre, datée de 1793. Ce dernier lui avait demandé de pouvoir envoyer un émissaire à la cour impériale et de faire du commerce avec la Chine. L'empereur Qian Long, érudit célèbre et bon souverain, lui avait répondu : « Vous, Sire, vivez très loin au-delà des mers. Malgré cela, poussé par votre humble désir de goûter aux fruits bénis de notre culture, vous avez envoyé une délégation qui me remit fort respectueusement votre missive. Quand bien même vous m'assurez que votre vénération pour notre famille céleste s'accompagne du vœu d'assimiler notre culture, sachez que nos coutumes et nos lois morales sont tellement différentes des vôtres qu'il vous sera absolument impossible de les transplanter chez vous, quand bien même votre émissaire se montrerait capable de s'imprégner des principes fondamentaux de notre culture. Il aurait beau être un élève doué et appliqué, ce ne serait pas pour autant partie gagnée.

Régnant sur le vaste monde, je n'ai en vue qu'une seule chose : gouverner à la perfection et remplir les devoirs de l'État. Les objets rares et précieux ne m'intéressent pas. Je n'ai que faire des produits de votre pays. Notre Empire céleste possède tout en abondance et il ne lui manque rien à l'intérieur de ses frontières. C'est pourquoi nous ne sommes pas dans la nécessité d'échanger les produits des barbares étrangers contre les nôtres. Mais, étant donné que le thé, la soie et la porcelaine de l'Empire céleste sont d'une absolue nécessité pour les peuples européens et pour vous-même, je permets que les échanges commerciaux limités exclusivement à ma province de Canton soient maintenus. Je n'oublie pas l'éloignement de votre île perdue, coupée du monde par de vastes étendues d'eau, et je veux bien fermer les yeux sur votre méconnaissance pardonnable des coutumes de l'Empire céleste. Que l'on obéisse en tremblant à mes ordres. »

Voilà ce qu'écrivait l'empereur de Chine au roi de la petite île d'Angleterre. Mais il avait sous-estimé la pugnacité et la sauvagerie des habitants de cette île lointaine, qu'ils démontrèrent en arrivant quelques décennies plus tard avec des bateaux à vapeur. Cela faisait un bon moment que la limitation du commerce à la province de Canton ne leur suffisait plus, surtout depuis qu'ils avaient découvert un produit que le peuple chinois affectionnait particulièrement. Ce produit était un poison, une drogue dangereuse, l'opium. Quand on le brûle et que l'on respire sa fumée, pendant un bref instant, on fait de beaux rêves. Mais l'opium rend ensuite terriblement malade. Celui qui s'habitue à fumer de l'opium ne peut plus s'en défaire. C'est comme après avoir bu de l'eau-de-vie, en plus grave encore. Les Anglais voulurent donc vendre de grandes quantités d'opium aux Chinois. Sachant combien cela pouvait être dangereux pour le peuple, l'administration chinoise, en 1839, s'y opposa énergiquement.

Les Anglais revinrent avec leurs bateaux à vapeur, mais, cette fois, ils prirent aussi des canons. Remontant les fleuves chinois, ils mitraillèrent les villes paisibles et réduisirent en cendres de superbes palais. Complètement désarçonnés, comme paralysés, incapables de riposter, les Chinois furent obligés de faire ce que les Blancs leur ordonnaient : leur payer des impôts colossaux et autoriser la vente illimitée de l'opium et d'autres produits. Peu de temps après, un autre soulèvement éclata en Chine, dont l'instigateur était un prince à moitié fou, qui se faisait appeler Dai-Ping, le « Souverain de la Paix ». Les Européens lui apportèrent leur appui, les Français et les Anglais montèrent des expéditions à l'intérieur du pays, tirant sur les villes, humiliant les princes. Finalement, en 1860, ils conquirent de haute lutte la ville de Pékin, la capitale de la Chine où, pour se venger de la contre-offensive des Chinois, ils pillèrent et incendièrent le superbe palais ancestral de l'empereur, le Palais d'été, qui recelait des œuvres d'art extraordinaires datant des époques les plus

anciennes. Ce vaste empire, millénaire et paisible, sombra dans le chaos et la confusion la plus totale et dut désormais se plier aux exigences des marchands européens. Voilà comment les Européens remercièrent les Chinois de leur avoir appris l'usage du compas, la fabrication du papier et, malheureusement aussi, celle de la poudre à canon !

Au cours des mêmes années, la situation de l'empire du Japon, composé d'un ensemble d'îles, aurait pu connaître un même sort. Le Japon ressemblait alors à l'Europe du Moyen Âge. Le vrai pouvoir était entre les mains des nobles et des chevaliers, plus particulièrement de celles d'une famille qui veillait sur le mikado (nom donné à l'empereur du Japon), un peu comme l'avaient fait les ancêtres de Charlemagne avec les rois mérovingiens. Peindre, construire des maisons, composer des poèmes était un savoir que les Japonais avaient appris des Chinois, des siècles auparavant. Ils se montraient capables de réaliser eux-mêmes des choses merveilleuses. Mais le Japon n'était pas un pays aussi placide, grand et suave que la Chine. Les puissants nobles des différentes régions et des différentes îles se battaient entre eux dans des défis chevaleresques. Vers 1850, les nobles les moins fortunés se coalisèrent pour retirer le pouvoir aux puissants seigneurs du royaume. Veux-tu savoir comment ils s'y sont pris ? Ils ne pouvaient y parvenir sans l'aide du mikado, une marionnette sans pouvoir, obligé de rester tous les jours plusieurs heures assis sur le trône. Les nobles désargentés entrèrent donc en lutte contre les puissants propriétaires du pays au nom de l'empereur, auquel ils voulaient redonner le pouvoir qui avait été celui de ses prédécesseurs aux temps anciens.

Cela se passa à l'époque à laquelle les premiers émissaires européens revinrent au Japon, lequel, pendant plus de deux cents ans, avait interdit toute présence étrangère sur son sol. Lorsque les émissaires blancs découvrirent la vie de ces milliers de villes japonaises avec leurs maisons en bambou et en papier, leurs jardins d'ornement, leurs pagodes avec leurs toits de couleur aux pointes retroussées, leurs femmes ravissantes à la chevelure relevée sur la tête comme une pièce montée, leurs chevaliers aux manières affectées et mesurées portant un sabre à la ceinture, ils eurent l'impression d'assister à un spectacle à la fois exquis et étrange. De leurs bottines sales, ils piétinèrent les précieux tapis des palais que les Japonais ne foulaient que pieds nus. Ils ne se crurent pas tenus de se conformer aux coutumes ancestrales de ces gens qu'ils prenaient pour des primitifs, comme la façon de saluer ou de boire le thé. Tant et si bien qu'ils furent vite honnis. Un jour, dans la campagne, un groupe de voyageurs américains ne s'étant pas écarté selon l'usage au passage d'un prince dans sa litière, les hommes de la suite princière en éprouvèrent une telle colère qu'ils leur tombèrent dessus à bras raccourcis, entraînant la mort d'une femme. Naturellement, des navires de guerre anglais arrivèrent aussitôt pour canonner la ville. Les Japonais pensèrent qu'ils allaient subir le même sort que les Chinois. Mais, entre-temps, la révolution contre les grands du pays avait abouti. L'empereur avait recouvré un pouvoir sans limites. Assisté par des conseillers intelligents, qui ne paraissaient jamais en public, il décida d'user de son pouvoir pour protéger à l'avenir son pays de l'orgueil des étrangers. Sans jamais renoncer aux us et coutumes du Japon, il souhaita cependant connaître les dernières inventions des Européens et ouvrit tout grand son pays aux étrangers.

Il fit appel à des officiers allemands pour se constituer une armée moderne, à des Anglais pour lui construire une flotte tout aussi moderne. Il envoya des Japonais en Europe pour qu'ils étudient la nouvelle médecine et toutes les sciences grâce auxquelles la puissance des pays européens s'était accrue au cours des dernières années. Il s'inspira du modèle allemand pour introduire l'enseignement obligatoire, afin de mieux préparer son peuple à la lutte. Les Européens étaient enchantés. Ils se disaient qu'après tout, ce petit peuple de Japonais avait quand même du bon sens pour avoir ouvert tout grand son pays. Ils s'empressèrent de vendre aux Japonais tout ce que ces derniers demandaient et de leur enseigner tout ce qu'ils savaient. En quelques décennies, les Japonais avaient appris à maîtriser les techniques des machines de guerre et de paix des Européens. Quand ils en eurent fini, ils remercièrent poliment ces derniers en leur montrant la porte et en leur disant : « Maintenant, nous en savons autant que vous. Nos bateaux à vapeur vont à leur tour partir sur les mers pour conquérir le monde et conclure des marchés et nos canons tireront sur vos villes paisibles si quelqu'un s'aventure à humilier un Japonais. » Les Européens n'en revinrent pas et n'en sont toujours pas revenus. Car, aujourd'hui, les Japonais sont les meilleurs élèves de toute l'histoire du monde.

Au cours de ces années, pendant lesquelles le Japon commença à se libérer, il se produisit en Amérique des événements de la plus haute importance. Tu te souviens que les colonies anglaises qui avaient donné naissance aux villes portuaires de la côte est de l'Amérique s'étaient détachées de l'Angleterre en 1776 pour fonder une confédération d'États libre et autonome. Or, les colons anglais et espagnols continuaient de repousser toujours plus vers l'ouest les tribus indiennes en les massacrant. Tu as certainement lu des livres sur les Indiens et tu peux imaginer ce qui se passa alors. Des fermiers se construisaient des fermes fortifiées en bois, abattaient d'épaisses forêts et se battaient ; des cow-boys gardaient d'immenses troupeaux, et des aventuriers et des chercheurs d'or venaient peupler les terres sauvages de l'Ouest. Partout, de nouveaux États voyaient le jour dans des régions prises aux tribus indiennes. Tu imagines aisément que l'exploitation de ces régions était peu développée. Mais elles étaient surtout différentes les unes des autres. L'économie des régions tropicales du Sud reposait sur de vastes plantations de canne à sucre et de coton. Les colons possédaient d'immenses domaines. Le travail était fourni par des esclaves que l'on achetait en Afrique. Ces esclaves étaient très mal traités.

Plus au nord, il en était autrement. Le climat n'y est pas aussi chaud et rappelle celui de l'Europe. On y trouvait des paysans et des villes, un peu comme en Angleterre, l'ancienne patrie des émigrés, à la différence que tout y était à une plus grande échelle. Dans ces régions du Nord, on n'avait pas besoin d'esclaves. Il était plus facile de faire le travail soi-même, et cela revenait moins cher. Un jour, les bourgeois des États du Nord, la plupart fervents chrétiens, estimèrent que c'était une honte pour les États-Unis, fondés sur la reconnaissance des Droits de l'homme, que de traiter les esclaves comme au temps de l'Antiquité païenne. Les États du Sud leur répondirent qu'ils avaient besoin de ces esclaves noirs et que, sans eux, ils périraient. Un Blanc, disaient-ils, ne pourrait jamais effectuer le même travail par une telle chaleur et, d'ailleurs, un « nègre » n'était pas né pour être libre, et ainsi de suite. En 1820, on arriva à un compromis : les États se trouvant au sud d'une certaine ligne auront le droit d'avoir des esclaves. Par contre, l'esclavage sera interdit dans les États se trouvant au nord de cette même ligne.

À la longue cependant, la honte liée au commerce des esclaves l'emporta. Évidemment, les chances de pouvoir y mettre fin semblaient minimes car les États du Sud, avec leurs immenses plantations, étaient bien plus puissants et riches que les régions rurales du Nord, et fermement décidés à ne céder à aucun prix. Ils finirent pourtant par trouver plus fort qu'eux en la personne du président Abraham Lincoln. La destinée de cet homme n'est pas banale. Simple paysan, il grandit dans un État du centre du pays. En 1832, il se battit contre un chef indien, Faucon noir, puis devint employé des postes dans une petite ville. Pendant ses temps libres, il se consacra à l'étude des lois du pays et devint avocat et député. À ce titre, il lutta contre l'esclavagisme et se heurta à l'hostilité des propriétaires de plantations sudistes. Il fut néanmoins élu président en 1861, ce qui décida les États du Sud à se couper de ceux du Nord et à créer une nouvelle confédération d'États esclavagistes.

Aussitôt, 75 000 hommes se portèrent volontaires pour se battre aux côtés de Lincoln. La situation dans le Nord n'en demeurait pas moins extrêmement critique, surtout en raison de l'aide apportée aux États esclavagistes par l'Angleterre, qui, pourtant, avait aboli l'esclavage dans ses propres colonies depuis quelques décennies. La guerre civile qui s'ensuivit, appelée guerre de Sécession, fut épouvantable. Finalement, cependant, la vaillance et la ténacité des paysans du Nord l'emporta et, en 1865, Lincoln put entrer dans la capitale des États du Sud sous les ovations et les cris d'allégresse des esclaves affranchis. Onze jours plus tard, il fut assassiné par un citoyen sudiste pendant une représentation théâtrale. Mais son œuvre était accomplie. Les États-Unis d'Amérique, à nouveau réunifiés et libres, devinrent vite un des pays les plus puissants et les plus riches du monde. Et, apparemment, ils se passent très bien d'esclaves.

Deux nouveaux empires en Europe

J'ai connu beaucoup de gens dont l'enfance se déroula alors que ni l'Allemagne, ni l'Italie n'existaient encore. N'est-ce pas étonnant? Ces grands et puissants États qui, aujourd'hui, jouent un rôle si important ne sont pas si vieux que cela. Après les révolutions de 1848, alors que l'Europe s'était équipée de nouveaux réseaux ferroviaires et télégraphiques, alors que les villes, devenues industrielles, se développaient et que de nombreux paysans y affluaient, alors que les hommes portaient des chapeaux haut de forme et de drôles de pince-nez retenus par une cordelette noire, notre Europe n'était encore qu'une mosaïque de très nombreux petits duchés, royaumes, principautés, républiques, liés ou opposés les uns aux autres par des accords extrêmement compliqués.

Parmi les pays européens, trois puissances jouaient un rôle prédominant, si l'on excepte l'Angleterre qui, à cette époque, se souciait davantage de ses colonies en Amérique, en Inde et en Australie que de ses proches voisins. Au centre de l'Europe se trouvait l'empire d'Autriche. Depuis 1848, son souverain, installé à Vienne, était l'empereur François-Joseph. Alors qu'il était déjà un vieil homme, je l'ai vu, dans mon enfance, passer en calèche dans le parc du château impérial de Schönbrunn, et je me souviens très bien de ses funérailles nationales. C'était un empereur au vrai sens du terme. Il régnait sur des peuples et des pays différents. Il était empereur d'Autriche, mais aussi roi de Hongrie, comte élevé au rang de prince du Tyrol, et il avait encore quantité d'autres titres hérités du passé, dont celui de roi de Jérusalem et de protecteur des lieux saints, qui remontait à l'époque des croisades. De nombreuses régions italiennes relevaient aussi de son autorité, tandis que d'autres avaient pour souverains des membres de sa famille. À cela s'ajoutaient des Croates, des Serbes, des Tchèques, des Slovènes, des Slovaques, des Polonais et quantité d'autres peuples. Pour cette raison, d'ailleurs, la valeur en lettres des anciens billets de banque autrichiens était écrite dans toutes ces langues. Même dans les principautés allemandes, l'empereur d'Autriche avait, de par son nom, une certaine autorité, mais la situation y était plus compliquée. L'Empire allemand n'existait plus depuis que Napoléon, en 1806, avait anéanti ce qui restait du Saint Empire romain germanique. Les différents pays de langue allemande s'étaient associés dans ce que l'on appelait alors la Confédération germanique, dont faisaient partie non seulement la Prusse, la Bavière, la Saxe, le Hanovre, Francfort, le Brunswick et bien d'autres pays, mais aussi l'Autriche. Cette Confédération germanique constituait une organisation incroyablement complexe et multiforme. Chaque petit bout de terre avait son prince et chaque principauté se différenciait des autres par sa monnaie, ses timbres, les uniformes de ses fonctionnaires. Ce n'était déjà pas pratique du temps où, par exemple, un voyage en calèche de Berlin à Munich demandait plusieurs jours. Mais, depuis que le chemin de fer faisait le même voyage en moins d'une journée, ce n'était quasiment plus supportable.

La situation était tout autre à droite et à gauche de l'Allemagne, de l'Autriche et de l'Italie. On ne retrouvait pas sur la carte ce même imbroglio.

À l'ouest, il y avait la France. Peu après la révolution de 1848, l'Empire avait été rétabli. Un descendant du grand Napoléon avait habilement su réveiller les souvenirs de la gloire d'antan et, bien que pendant longtemps il ne fût pas un homme compétent, il fut élu d'abord président de la République, puis empereur des Français sous le nom de Napoléon III. Malgré toutes les guerres et les révolutions, la France était à cette époque un pays particulièrement riche et puissant, avec de grandes villes industrielles.

À l'est, il y avait la Russie. Or, le tsar n'était pas aimé dans ce pays où régnait la violence. Il faut savoir que beaucoup de citoyens russes étaient venus étudier dans les universités françaises ou allemandes et qu'ils étaient des hommes modernes, partageant les idées de leur époque. En revanche, l'Empire russe et ses fonctionnaires étaient encore très moyenâgeux. Rends-toi compte. Ce n'est qu'en 1861 que le servage des paysans, ou du moins son principe, fut aboli et qu'une existence humainement digne fut promise à 23 millions de paysans ! Promettre et tenir sa promesse sont deux choses différentes. En fait, pour exercer l'autorité en Russie, on recourait au *knout*, le fouet. Toute personne qui osait exprimer librement une idée, si anodine fût-elle, était déportée en Sibérie, quand ce n'était pas pire encore. Les étudiants et les bourgeois formés aux idées nouvelles haïrent le tsar au point de le faire vivre dans la peur permanente d'être assassiné. C'est d'ailleurs ce qui faillit arriver à plusieurs tsars, en dépit de la haute surveillance dont ils s'entouraient.

En dehors de l'immense Russie et d'une France puissante, habituée à la guerre, il semblait impossible de trouver en Europe d'autres pays ayant leur mot à dire. L'Espagne avait perdu tout pouvoir depuis que ses colonies d'Amérique du Sud avaient commencé à se détacher d'elle, en 1810. La Turquie était communément citée dans la presse sous le nom « d'homme malade », car elle n'arrivait plus à garder ses possessions en Europe. Les différents peuples chrétiens qu'elle avait autrefois dominés s'étaient battus avec le soutien enthousiaste de l'Europe et avaient peu à peu recouvré leur liberté. Les premiers avaient été les Grecs, suivis par les Bulgares, les Roumains et les Albanais. Les Russes, les Français et les Autrichiens se disputaient le reste de la Turquie européenne et Constantinople, ce qui fit le bonheur des Turcs, car aucun des trois États ne voulait céder aux deux autres cette manne extraordinaire. C'est pourquoi le pays resta turc.

Après des siècles et des siècles, la France et l'Autriche se disputaient toujours les souverainetés italiennes. Mais les temps avaient changé. Grâce au chemin de fer, les Italiens étaient moins éloignés les uns des autres et, à l'instar des villes allemandes, ils avaient eux aussi pris conscience de ne plus être seulement des Florentins ou des Génois, des Vénitiens ou des Napolitains, mais d'être avant tout des Italiens. Ils réalisaient qu'ils voulaient décider seuls de leur destinée. À cette époque, un seul petit État, au nord de l'Italie, était libre et indépendant. Il s'étendait au pied des montagnes traversées autrefois par Hannibal. En raison de sa situation géographique, il portait le nom de Piémont (au pied de la montagne). Le Piémont, donc, et l'île de Sardaigne formaient ensemble un royaume, petit mais néanmoins fort, dont le souverain était Victor-Emmanuel. Ce dernier avait pour ministre un dénommé Camillo Cavour, un homme particulièrement intelligent et roué, qui savait exactement ce qu'il voulait. Et il voulait ce à quoi tous les Italiens aspiraient depuis longtemps et ce pour quoi tant d'hommes avaient versé leur sang avant et après la révolution de 1848, dans des combats audacieux mais souvent périlleux et mal organisés : faire de l'Italie un seul et unique État. Cavour lui-même n'était pas un guerrier. Il ne croyait pas à la force des conjurations secrètes et des agressions très risquées auxquelles avaient précédemment recouru le fantasque et courageux Garibaldi avec ses jeunes compagnons de lutte pour conquérir la liberté de leur pays. Cavour chercha une autre voie, plus efficace, et il la trouva.

Il réussit à convaincre le vaniteux empereur des Français, Napoléon III, de s'engager dans la lutte pour la liberté et l'unité italiennes, lui laissant entendre qu'il n'en aurait que des avantages. Si Napoléon III s'impliquait dans cette lutte pour la liberté d'un pays qui ne lui appartenait pas, il ne nuirait tout au plus qu'à l'Autriche, qui avait des possessions en Italie, et cette perspective ne pouvait lui déplaire. Et l'idée d'incarner l'image d'un libérateur, devenant par là même le héros d'un grand peuple européen, ne pouvait que le séduire. Grâce aux habiles tractations de Cavour, grâce aux attaques audacieuses du fougueux combattant pour la liberté qu'était Garibaldi, mais au prix de très nombreuses victimes, l'objectif des Italiens fut atteint. Certes, dans les deux guerres contre l'Autriche, en 1859 et 1866, les armées autrichiennes furent souvent victorieuses, mais, en fin de compte, l'empereur François-Joseph, grâce à la puissance militaire de Napoléon III, fut obligé de renoncer

Carte de l'Europe Centrale avant la naissance de l'Italie et de l'Empire allemand. Quand des petits territoires se regroupèrent pour fonder ces deux puissants États, l'Empire turc se morcela en un grand nombre de pays autonomes.

à ses possessions en Italie – les régions de Milan et de Venise. Dans d'autres régions, on procéda à des votes, qui conclurent tous à la volonté du peuple de faire partie de l'Italie. Les ducs abdiquèrent. En 1866, l'Italie était unifiée. Un seul État n'en faisait pas encore partie, la capitale, Rome, qui appartenait au pape et que Napoléon III, pour ne pas se brouiller avec lui, ne voulait pas céder aux Italiens. Des troupes françaises protégèrent la ville et la défendirent contre les multiples attaques des partisans de Garibaldi.

En 1866, l'Autriche aurait vaincu dans sa lutte acharnée contre les Italiens si Cavour n'avait eu l'intelligence de monter contre elle un adversaire qui avait les mêmes visées que lui. Il s'agissait de la Prusse, dont le ministre était alors Bismarck.

Le baron de Bismarck, un gentilhomme campagnard d'Allemagne du Nord, doté d'une volonté de puissance, d'une lucidité, d'une fermeté et d'une persévérance exceptionnelles, qui ne perdait jamais de vue son objectif et ne craignait pas d'exprimer ouvertement ses idées et ses convictions au roi de Prusse, Guillaume Ier, s'était donné comme tâche prioritaire de faire de la Prusse un pays puissant et, par son entremise, de faire de l'invraisemblable complexité de la Confédération germanique un grand Empire allemand. Le seul moyen pour arriver à ses fins était, pensait-il, de se doter d'une armée forte et puissante. On lui doit cette phrase célèbre où il est dit que les grandes questions de l'Histoire ne se résolvent pas « par des discours », mais « par le fer et le sang ». Est-ce toujours vrai ? Je n'en sais rien. Mais dans son cas, l'Histoire lui donna raison. Lorsqu'en 1862, les députés du peuple prussien ne voulurent pas lui allouer le budget nécessaire à la composition de cette armée, il réussit à convaincre le roi d'asseoir son pouvoir en faisant fi de la constitution et de la volonté des députés. Le roi eut évidemment peur de subir le même sort que Louis XVI et que Charles Ier d'Angleterre, qui n'avait pas tenu ses engagements. Au cours d'un voyage en train, il exprima ses craintes et dit à Bismarck : « J'imagine parfaitement la suite. Vous serez décapité sous mes fenêtres, sur la place de l'Opéra, et après, ce sera mon tour. »

Bismarck se contenta de lui répondre : « Et alors ? » « Eh bien ! nous serons morts ! » répliqua le roi. « Oui, dit Bismarck, nous serons morts, mais n'y a-t-il pas mort plus digne que celle-là ? » C'est ainsi qu'à l'encontre de la volonté des élus du peuple, Bismarck imposa l'équipement d'une puissante armée dotée d'un grand nombre de fusils et de canons, qui se mobilisa peu après pour affronter le Danemark.

Avec cette armée exceptionnelle, et conformément à la volonté de Cavour et à ses propres projets, Bismarck lança une campagne contre l'Autriche, alors qu'elle était attaquée en Italie. Son but était d'exclure l'empereur d'Autriche de la Confédération germanique pour que la Prusse devienne le pays le plus puissant et puisse se placer à la tête de l'Allemagne. À Königgrätz, en Bohême, après une sanglante bataille, Bismarck anéantit les troupes autrichiennes et l'empereur François-Joseph dut céder. L'Autriche sortit de la Confédération germanique. Bismarck ne voulut pas accabler davantage le vaincu et ne lui réclama aucune cession de territoire. Les généraux et les officiers de l'armée prussiennes se montrèrent furieux, mais Bismarck demeura inflexible. Il ne voulait pas rompre complètement avec les Autrichiens. Mais il conclut des accords secrets avec tous les États allemands, stipulant qu'ils s'engageaient à le soutenir militairement en cas de conflit. Bien entendu, personne n'était au courant.

Or, le développement de cette puissance militaire de l'autre côté du Rhin, la Prusse, éveilla l'inquiétude de Napoléon III. L'empereur des Français, qui venait d'essuyer une défaite dans une guerre secondaire au Mexique en 1867, éprouva les plus grandes craintes envers ce voisin armé jusqu'aux dents. Les Français n'avaient jamais vu d'un bon œil la montée en puissance de l'Allemagne. En 1870, Napoléon III envoya un ambassadeur au roi Guillaume de Prusse, qui séjournait dans la ville thermale d'Ems, avec pour mandat d'incroyables exigences. Il demandait au roi et à sa famille de renoncer par écrit à des prétentions territoriales (en l'occurrence, le trône d'Espagne), prétentions qui n'avaient même pas été exprimées. Sans l'accord du roi, Bismarck contraignit Napoléon III à déclarer la guerre. Contre toute attente pour les Français, tous les États allemands prirent part à la guerre et il s'avéra bien vite que les troupes allemandes étaient mieux équipées et mieux commandées que les troupes françaises.

Après avoir fait prisonnière une grande partie de l'armée française à Sedan, où se trouvait aussi Napoléon III, les Allemands s'empressèrent de marcher sur Paris, dont ils firent le siège pendant des mois. La défaite de la France entraîna le retrait des troupes françaises qui avaient protégé le pape à Rome, et le roi d'Italie put y faire son entrée. Le lien entre tous ces événements était alors fort compliqué. Pendant le siège de Paris, Bismarck persuada les différents rois et princes allemands de proposer au roi de Prusse, qui séjournait alors à Versailles, le titre d'empereur allemand. Tu vas voir de quelle curieuse manière cela se passa. Le roi Guillaume préférait le titre d'« empereur d'Allemagne » à celui d'« empereur allemand », et on faillit courir à l'échec. Finalement, c'est dans la grande galerie des glaces de Versailles que fut proclamée solennellement la création de l'Empire allemand. Furieux de ne pas avoir obtenu le titre qu'il souhaitait, le nouvel empereur passa ostensiblement et intentionnellement devant Bismarck en présence de toute l'assistance sans tendre la main au fondateur de l'Empire. Cela n'empêcha pas Bismarck de continuer à le servir fidèlement.

Pendant les mois de siège, une émeute sanglante des ouvriers avait éclaté à Paris (la Commune), entraînant une répression plus sanglante encore, au cours de laquelle plus de gens périrent que lors de la Révolution de 1789. La France en sortit affaiblie pour un moment et dut signer des accords de paix. Elle dut concéder une partie de son pays à l'Allemagne – l'Alsace et la Lorraine – et lui verser une grosse somme d'argent. Mécontents que l'empereur Napoléon III ait si mal dirigé le pays, les Français le renversèrent et fondèrent une république. À partir de ce jour, ils ne voulurent plus jamais entendre parler de rois ni d'empereurs.

Bismarck était maintenant chancelier, c'est-à-dire premier ministre de l'Empire allemand unifié, et il gouvernait avec une grande autorité. Farouchement opposé aux idées socialistes professées par Karl Marx, il savait cependant que les ouvriers vivaient dans des conditions épouvantables. Aussi défendit-il l'idée qu'on ne pouvait combattre la propagation des principes marxistes qu'en atténuant la misère des ouvriers, afin de leur retirer l'envie de se révolter contre l'État. Il créa donc des caisses d'assurance pour les ouvriers malades ou accidentés qui, jusqu'alors, étaient voués à la mort par manque d'assistance. En fait, il s'attacha surtout à combattre la misère sous toutes ses formes. Mais les ouvriers étaient encore tenus de travailler douze heures par jour, y compris le dimanche.

Avec ses sourcils broussailleux et son regard ferme et décidé, Bismarck devint très vite un des hommes les plus illustres d'Europe, et même ses ennemis voyaient en lui un grand homme d'État. Quand les peuples d'Europe voulurent commencer à se partager le monde, un monde devenu petit grâce aux nouvelles technologies, ils se réunirent à Berlin, en 1878, et c'est Bismarck qui dirigea les pourparlers. Mais une mésentente s'installa entre le nouvel empereur allemand, Guillaume II, et Bismarck. Ne supportant plus leurs divergences de vue, l'empereur congédia son chancelier. Bismarck, devenu vieux, se retira sur les terres de ses ancêtres, où il vécut encore quelques années, continuant de loin à mettre en garde les nouveaux dirigeants allemands contre tout acte irréfléchi.

La lutte pour un nouveau partage du monde

Maintenant, nous arrivons à l'époque où mes parents étaient jeunes, époque sur laquelle, grâce à leurs témoignages, j'ai davantage de précisions. En ce temps-là, racontaient-ils, de plus en plus de foyers s'équipèrent au gaz, puis à la lumière électrique, et adoptèrent le téléphone. Les premiers tramways électriques puis les automobiles firent leur apparition dans les villes. Les banlieues ouvrières se multiplièrent, ainsi que des usines équipées de puissantes machines qui occupaient des milliers de travailleurs et exécutaient des tâches qui, autrefois, auraient nécessité peut-être des centaines de milliers d'ouvriers.

Je devine ta question. Que pouvait-on bien faire de ces quantités d'étoffes, de chaussures, de conserves ou de batteries de cuisine produites chaque jour par wagons entiers dans ces énormes usines ? On pouvait naturellement en vendre une partie dans le pays lui-même. Les gens qui avaient un emploi parvenaient à s'offrir bien plus de costumes ou de chaussures qu'un ouvrier des temps passés. Tout était incomparablement moins cher. Mais la qualité était moindre et les produits duraient moins longtemps. Les gens étaient souvent obligés de les renouveler et, donc, d'acheter à nouveau. Malgré cela, leur salaire n'était évidemment pas suffisant pour pouvoir acheter tout ce que les nouvelles machines, atteintes de gigantisme, produisaient. Alors, que faire ? Si des wagons entiers d'étoffes ou de tout autre produit restaient immobilisés parce qu'ils ne trouvaient pas d'acheteurs, il ne servait à rien de continuer à produire quotidiennement et en grande quantité. Mais l'interruption de la production condamnait l'usine à la fermeture, laquelle condamnait les ouvriers au chômage, et le chômage retirait aux ouvriers leur pouvoir d'achat. On aboutissait à une situation de plus en plus bloquée. Quand on en arrive à ce stade, on parle de « crise économique ». Pour éviter cette crise, il importait que les pays puissent vendre la plus grande quantité possible de produits fabriqués dans leurs nombreuses usines. Si on n'y parvenait pas dans son propre pays, il fallait tenter sa chance à l'étranger. Non pas en Europe, où la multiplication des usines était déjà quasi générale, mais dans des pays qui n'en avaient pas et où les gens vivaient encore sans vêtements ni chaussures.

C'est ce qui se passa, par exemple en Afrique. Subitement, on assista à une véritable course de tous les pays industrialisés vers les contrées considérées comme primitives. D'un seul coup, même les populations les plus frustes revêtirent à leurs yeux un intérêt nouveau. On avait besoin d'elles non seulement pour pouvoir leur vendre nos produits, mais aussi parce que leurs pays possédaient des denrées qui n'existaient pas chez nous, comme le coton pour la fabrication du textile ou le pétrole pour celle de l'essence. Plus on pouvait importer en Europe de « matières premières » des colonies, plus les usines fonctionnaient à plein rendement et plus leur frénésie était grande de trouver des pays où l'on voulait bien acheter leurs surproductions. Autre intérêt, celui qui ne trouvait pas de travail dans son propre pays pouvait émigrer dans ces contrées lointaines. Un en mot, posséder des colonies devenait de la plus haute importance pour les pays européens. On ne se préoccupa absolument pas de demander l'avis des populations autochtones. Tu comprendras sans doute qu'il leur arrivait d'être fort maltraitées quand il leur prenait l'envie de tirer sur les colonnes de soldats avec leurs arcs et leurs flèches.

Dans ce partage du monde, les Anglais furent naturellement les meilleurs. Depuis quelques centaines d'années déjà, ils détenaient des possessions en Inde, en Australie et en Amérique du Nord et des colonies en Afrique, dont la plus importante était l'Égypte. Les Français avaient eux aussi recherché des territoires à l'étranger. Ils possédaient une grande partie de l'Indochine et quelques territoires en Afrique, parmi lesquels le désert du Sahara, vaste mais peu convoité. Les Russes n'avaient pas de colonies au-delà des mers, mais leur Empire était immense et ils n'avaient que peu d'usines. Ils souhaitaient étendre leur influence sur toute l'Asie jusqu'à la mer et, de là, faire du commerce. Mais ils se heurtèrent aux bons élèves des Européens, les Japonais, qui leur dirent : « Stop ! » Dans une guerre opposant la Russie et le Japon, qui éclata en 1905, le puissant empire du tsar perdit contre le petit Japon converti aux idées nouvelles et fut contraint de faire marche arrière. Mais les Japonais avaient eux aussi construit de plus en plus d'usines et voulaient à leur tour des territoires étrangers pour y vendre leurs produits et permettre à leurs îles surpeuplées de trouver de nouvelles terres où s'implanter.

Les derniers à vouloir prendre part au partage du monde furent naturellement les tout nouveaux États, l'Italie et l'Allemagne. Tant qu'ils avaient été morcelés, ils n'avaient pu s'y intéresser. Maintenant, ils voulaient rattraper ce qu'ils n'avaient pas fait pendant des siècles. Après de nombreux combats, l'Italie obtint quelques bandes de terre en Afrique. L'Allemagne était plus puissante et avait davantage d'usines. Pour le compte de l'Allemagne, Bismarck réussit à acquérir quelques territoires non négligeables, principalement en Afrique, et des îles dans l'océan Pacifique.

On arriva à la situation où plus un pays ne put acquérir autant de colonies qu'il le souhaitait. Plus il y avait de colonies, plus les pays construisaient d'usines. Plus ils en construisaient, plus elles se perfectionnaient et plus elles produisaient. Il fallait donc sans cesse faire la course à de nouvelles colonies. Cette quête n'était plus uniquement une question de volonté de puissance ou de domination, mais une réelle nécessité économique. Or, le monde était déjà partagé. Pour se procurer de nouvelles colonies, ou simplement ne pas se faire ravir par de plus puissants voisins celles que l'on possédait déjà, il fallut se battre ou, du moins, brandir la menace que l'on était prêt à se battre. Chaque État leva alors de puissantes armées et équipa des flottes de combat, répétant inlassablement : « N'essayez pas de m'attaquer ! » Les pays qui avaient assis leur pouvoir depuis des siècles estimaient être dans leur bon droit. Mais que le nouvel Empire allemand, avec ses usines performantes, veuille prendre part au jeu du partage, en construisant une grande flotte de guerre et en essayant de s'imposer en Asie et en Afrique, fut très mal pris. Cela faisait longtemps que l'on s'attendait à un terrible conflit. Pour le prévenir, les États se dotèrent d'armées toujours plus puissantes et construisirent des cuirassiers de plus en plus imposants.

Finalement, la guerre n'éclata pas là où, depuis des années, on l'attendait. Une dispute aurait pu, à tout moment, mettre le feu aux poudres en Afrique ou en Asie. La cause fut tout autre. Elle vint du seul État d'Europe à ne posséder aucune colonie, l'Autriche. Ce très vieil Empire, composé d'une mosaïque de peuples, n'avait pas pour ambition de conquérir des pays dans des contrées lointaines. En revanche, il avait besoin de gens qui puissent acheter les produits de ses usines. Aussi essaya-t-il, comme au temps des guerres contre les Turcs, d'annexer toujours plus de pays à l'est, ces pays qui s'étaient libérés depuis peu de la tutelle turque et ne possédaient pas encore leurs propres usines. Les petites populations nouvellement libérées, comme les Serbes, eurent peur de ce grand Empire et n'acceptèrent pas de le voir s'étendre davantage. Au printemps 1914, alors que l'héritier de la couronne impériale d'Autriche, l'archiduc François-Ferdinand, était en voyage dans une de ces régions nouvellement conquises, la Bosnie-Herzégovine, il fut assassiné par un Serbe dans la capitale, Sarajevo.

Les généraux et les politiciens autrichiens pensèrent alors que la guerre contre la Serbie était, à plus ou moins brève échéance, inévitable et que l'on devait sans tarder l'humilier pour lui faire payer ce meurtre odieux. La Russie s'en mêla, craignant que l'Autriche ne s'approche trop de ses frontières. L'Allemagne se rangea aux côtés de l'Autriche, unie à elle par un pacte d'alliance. Et, comme l'Allemagne entrait en guerre, toutes les vieilles hostilités se rallumèrent. Les Allemands voulurent commencer par anéantir leur plus dangereux ennemi, la France, et, passant par la Belgique restée neutre, ils marchèrent sur Paris. L'Angleterre redouta une victoire de l'Allemagne, qui aurait fait d'elle le pays le plus puissant, et s'engagea à son tour dans le conflit. Bientôt, le monde entier fut en guerre contre l'Allemagne et l'Autriche (ce fut la « grande guerre », ou « Première Guerre mondiale »). Ces deux pays se trouvèrent désormais encerclés par les armées de « l'Entente », nom donné aux armées ennemies unies par un pacte d'alliance, d'où celui de « puissances de l'Europe centrale » donné à l'Allemagne et à l'Autriche.

Les importantes troupes russes firent une première avancée, mais, au bout de quelques mois, elles furent immobilisées. Jamais encore le monde n'avait connu pareille guerre. Des millions et des millions d'hommes s'affrontaient. Même des Africains et des Indiens avaient été mobilisés. Les armées allemandes furent arrêtées non loin de Paris, au bord de la Marne. Cet épisode marqua un tournant dans la guerre. Par la suite, il n'y eut que rarement de vraies batailles au sens ancien du terme. Les armées creusèrent des tranchées, elles s'enterrèrent et restèrent face à face sur des kilomètres et des kilomètres de front. Des journées entières, des milliers de canons tiraient sur les tranchées ennemies, et les soldats, se glissant à travers les réseaux de fil de fer barbelé et les tranchées éventrées, montaient à l'assaut de terres incendiées et dévastées, jonchées de milliers de morts. En 1915, l'Italie déclara à son tour la guerre à l'Autriche, bien qu'elle eût conclu avec elle un pacte d'alliance auparavant, si bien qu'on se battit aussi dans les montagnes glacées du Tyrol, et les célèbres exploits guerriers d'Hannibal lors de sa traversée des Alpes semblèrent des jeux d'enfants à côté de ceux de simples soldats, courageux et résolus.

On combattit dans les airs avec des avions, on jeta des bombes sur des villes tranquilles et pacifiques, on coula des navires civils et on combattit sur l'eau et sous l'eau, exactement comme Léonard de Vinci, en son temps, l'avait imaginé. On inventa des armes qui tuaient chaque jour des milliers de gens ou les estropiaient à vie, dont la plus redoutable était un gaz qui empoisonnait l'air. Ceux qui le respiraient étaient condamnés à mourir dans d'horribles souffrances. On laissait le vent pousser ces gaz

toxiques en direction de l'ennemi, ou on envoyait des obus à gaz qui répandaient leur poison en explosant. On construisit des chars blindés, des tanks, qui avançaient lentement et sûrement sur n'importe quel obstacle, fossé ou mur, démolissant et écrasant tout sur leur passage.

Une misère épouvantable s'abattit sur l'Allemagne et l'Autriche. On ne trouva plus suffisamment de nourriture, de vêtements et de charbon, et on manqua d'éclairage. Les femmes devaient patienter pendant des heures dans le froid pour acheter un simple morceau de pain et quelques pommes de terre à moitié pourries. Une fois pourtant, l'espoir revint. En 1917, une révolution éclata en Russie. Le tsar abdiqua, mais le gouvernement bourgeois qui arriva au pouvoir voulut poursuivre la guerre. Or, le peuple y était opposé. Il s'ensuivit un nouveau soulèvement, au cours duquel les travailleurs des villes industrielles, sous la conduite de leur meneur Lénine, prirent le pouvoir. Ils distribuèrent les terres agricoles aux paysans, confisquèrent les biens des riches et des nobles et tentèrent de gouverner l'ancien Empire selon les principes de Karl Marx. L'étranger s'en mêla. Et, au cours des combats qui s'ensuivirent, des millions d'hommes, de nouveau, périrent. Les successeurs de Lénine régnèrent encore longtemps en Russie.

La possibilité qu'eurent alors les Allemands de retirer quelques troupes du front est ne servit pas à grand-chose, car, dans le même temps, des troupes fraîches entrèrent en guerre contre eux. Il s'agissait des Américains. Eux aussi prenaient le parti de s'en mêler. Malgré la suprématie américaine, les Allemands et les Autrichiens tinrent encore plus d'une année et, dans un dernier sursaut d'énergie, ils faillirent même remporter la victoire sur le front ouest. Finalement, l'épuisement l'emporta. Quand, en 1918, le président américain Wilson déclara qu'il voulait une paix équitable donnant à chaque peuple le droit de décider de son sort, certaines troupes des puissances de l'Europe centrale abandonnèrent le combat. L'Allemagne et l'Autriche n'eurent plus d'autre choix que de signer un armistice. Les survivants rentrèrent chez eux, accueillis par des familles affamées.

C'est alors que, dans ces pays exsangues, la révolution éclata. L'empereur d'Allemagne et l'empereur d'Autriche abdiquèrent, les différents peuples de l'empire d'Autriche, les Tchèques, les Slovaques, les Hongrois, les Polonais, les Slaves du Sud, devinrent autonomes et fondèrent des États. La fin de la guerre devait être conclue par un traité de paix d'après les modalités énoncées par Wilson, et la négociation se déroula dans les anciens châteaux royaux de Versailles et Saint-Germain, et au Trianon. Quand les ambassadeurs d'Allemagne, d'Autriche et de Hongrie arrivèrent à Paris, ils apprirent qu'ils ne pouvaient prendre part à la négociation, sous prétexte que l'Allemagne était responsable de la guerre et qu'elle devait en payer le prix. On lui retira toutes ses colonies et les territoires qu'elle avait pris à la France en 1870 et on l'obligea à payer annuellement des sommes exorbitantes aux vainqueurs. Elle dut même déclarer solennellement et par écrit qu'elle portait l'entière responsabilité de la guerre. Le sort réservé aux Autrichiens et aux Hongrois ne fut pas meilleur. Voilà comment les promesses de Wilson avaient été tenues (reporte-toi à mon explication dans le chapitre précédent, page 327).

Pendant la guerre, onze millions d'hommes et de femmes avaient péri et des régions entières avaient été dévastées d'une manière inconnue jusqu'alors. Désormais, une terrible misère et un profond désespoir régnaient sur le monde.

Les hommes étaient allés très loin dans leur maîtrise de la nature. Regarde. Aujourd'hui, tu peux installer un téléphone dans ta chambre et parler de tout et de rien avec un Australien à l'autre bout de la terre. Tu peux écouter à la radio un concert donné à Londres ou une conférence sur le gavage des oies prononcée au Portugal.

On érige des immeubles géants, plus hauts que les pyramides ou que la basilique Saint-Pierre de Rome ; on construit d'énormes avions, chacun pouvant anéantir plus de gens que toute l'Armada de Philippe II d'Espagne. On a trouvé des remèdes pour lutter contre les maladies graves et on sait quantité d'autres choses extraordinaires. On a trouvé des formules pour toutes sortes de manifestations naturelles, si étranges et surprenantes que peu de gens les comprennent. Pourtant, ces formules sont exactes. Les étoiles ont précisément la trajectoire calculée par ces formules. Chaque jour, on en sait un peu plus sur la nature et sur les hommes. Mais la misère, une misère épouvantable, est toujours là. Plusieurs millions de gens ne peuvent trouver de travail sur notre terre et, tous les ans, des millions d'entre eux meurent de faim. Nous espérons tous en un avenir meilleur. Il faut qu'il vienne absolument !

Imagine-toi maintenant que nous remontions le « fleuve du Temps » en le survolant de très haut en avion. Très loin, dans la brume, tu devines peut-être les cavernes des chasseurs de mammouths et les steppes où poussèrent les premières céréales, et ces points, là-bas, dans le lointain, ce sont les pyramides et la Tour de Babel. Dans cette plaine, autrefois, les Juifs faisaient paître leurs troupeaux et, sur cette mer, les Phéniciens naviguaient. Ce que tu vois briller comme un astre blanc avec la mer de part et d'autre, c'est l'Acropole, le symbole de l'art grec. Et là-bas, beaucoup plus loin, ce sont de grandes étendues de forêts où viennent méditer des ascètes indiens et où Bouddha connut la Révélation. Toujours plus loin, c'est la Grande Muraille de Chine et, bien au-delà, les ruines encore fumantes de Carthage. Dans ces gigantesques entonnoirs en pierres, les Romains faisaient dévorer les chrétiens par des fauves. Ces gros nuages à l'horizon, c'est l'orage des invasions barbares. Dans ces forêts au bord du fleuve, les premiers moines convertirent les Germains et leur donnèrent une instruction. Partis du désert, là-bas, les Arabes conquirent le monde, ici régna Charlemagne. Sur cette colline se dresse encore le château fort où le pape et l'empereur se disputèrent la maîtrise du monde. Nous voyons des châteaux du temps de la chevalerie et, plus près de nous, des villes avec de merveilleuses cathédrales. Tiens ! voici Florence et là, la nouvelle basilique Saint-Pierre, qui fut à l'origine de la querelle entre l'Église et Luther. La ville de Mexico s'évanouit dans les flammes, l'invincible Armada essuie une cruelle défaite au large de l'Angleterre. La fumée irrespirable que tu aperçois provient des villages incendiés et des bûchers au temps de la guerre de Trente Ans. Ce somptueux château au milieu d'un grand parc, c'est le château de Louis XIV, à Versailles. Ici se trouve le camp des Turcs devant Vienne et, un peu plus près, les châteaux de Frédéric le Grand et de Marie-Thérèse. De très loin, nous parviennent des rues de Paris les cris de « Liberté, égalité, fraternité » et, déjà, nous apercevons, de l'autre côté, les rougeoiements de l'incendie de Moscou et la campagne enneigée où la Grande Armée du dernier conquérant, Napoléon Ier, fut réduite à néant. Très proches de nous, des fumées montent des cheminées d'usine et on entend le sifflement des trains. Le Palais d'été de Pékin est en ruines et des navires de guerre quittent les ports japonais, avec, sur leurs fanions, l'emblème du Soleil levant. Ici tonnent encore les coups de canons de la première guerre mondiale. Des gaz toxiques se répandent au-dessus du pays. Et là, de la coupole ouverte d'un observatoire, un télescope géant guide le regard d'un chercheur vers des mondes d'étoiles situées à des distances inimaginables. Mais, au-dessous de nous et devant nous, il y a encore du brouillard, un brouillard impénétrable. Nous ne savons qu'une chose, c'est que le « fleuve du Temps » continue indéfiniment de s'écouler en direction d'une mer inconnue.

Mais hâtons-nous de piquer avec notre avion vers le fleuve. Quand nous en sommes très près, nous réalisons qu'il s'agit bien d'un vrai fleuve, et ses vagues bruissent comme les vagues de la mer. Le vent est fort, la crête des vagues est couverte d'écume. Regarde-les bien, ces millions de bulles blanches et scintillantes qui naissent à chaque vague et meurent aussitôt après. Au même rythme que celui des vagues, de nouvelles bulles montent à la surface puis disparaissent. La crête de la vague les porte un bref instant, puis elles retombent, comme avalées, et s'évanouissent. Vois-tu, chacun de nous n'est rien de plus que cette goutte scintillante, minuscule, sur les vagues du Temps qui courent au-dessous de nous pour s'enfoncer dans les brumes indéfinissables de l'avenir. Nous émergeons de l'eau, nous regardons autour de nous et, avant même de nous en rendre compte, nous avons disparu. Impossible de nous voir dans le grand fleuve du Temps. Sans cesse, de nouvelles gouttes font surface. Et ce que nous appelons notre destinée n'est rien d'autre que notre combat au milieu de cette multitude de gouttes, le temps d'une simple montée et descente de la vague. Cet instant est bref, mais nous voulons en profiter. Cela en vaut la peine.

Le petit bout d'histoire du monde que j'ai moi-même vécu – Un coup d'œil en arrière

Apprendre l'Histoire dans des livres ou l'avoir soi-même vécue sont deux choses très différentes. C'est ce que je voulais te rappeler dans les pages précédentes lorsque je comparais le regard porté dans le passé de l'humanité à la vue que l'on peut avoir d'un avion volant à haute altitude. Sur les rives du fleuve du Temps, on ne voit que quelques détails. Mais, comme tu as pu le lire, on a du fleuve une vue différente quand on s'en approche et que l'on en distingue les vagues. Il y en a que l'on voit très nettement, il y en a d'autres que l'on ne voit plus du tout. Il m'est arrivé la même chose. Le chapitre précédent se terminait sur la terrible guerre mondiale de 1914-1918. Je peux dire que je l'ai vécue, mais je n'avais que neuf ans lorsqu'elle s'est terminée. C'est pourquoi je me suis aussi référé à des livres pour en parler.

Mais, dans ce dernier chapitre, j'aimerais te parler de ce que j'ai moi-même réellement vécu. Et plus j'y réfléchis, plus ça me semble étrange. Il y a eu tant de changements dans le monde depuis 1918. Mais certains de ces changements sont survenus si imperceptiblement qu'ils nous paraissent aujourd'hui comme aller de soi.

Dans mon enfance, il n'y avait, par exemple, ni télévision, ni ordinateurs, ni voyages dans l'espace, ni énergie atomique. Mais on oublie vite le changement le plus important. En effet, la population mondiale est aujourd'hui bien supérieure en nombre à celle du temps de ma jeunesse. Vers la fin de la Première Guerre mondiale, notre planète comptait plus de deux milliards d'habitants. Aujourd'hui, on en compte plus du triple. Avec de tels chiffres, on a du mal à réaliser, car on n'arrive même pas à se les représenter. Essayons cependant. On sait qu'en passant par l'équateur, la circonférence de la terre est d'environ 40 millions de mètres. Admettons que des gens fassent la queue, peu importe où, devant un guichet. Ils sont à peu près deux par mètre. Ce qui veut dire qu'une file d'attente de 80 millions de personnes attendant patiemment ferait déjà le tour de la terre. Dans mon enfance, la file d'attente aurait donc fait environ vingt-deux fois le tour de la terre ; aujourd'hui, les six milliards et demi formeraient une file qui en ferait plus de cinquante fois le tour !

Tandis que la population ne cessait d'augmenter dans des proportions considérables, dans le même temps la terre que nous occupons rapetissait imperceptiblement chaque jour davantage. Évidemment, il ne s'agit pas de prendre le mot « rapetissait » à la lettre. Disons que les technologies, plus particulièrement l'aéronautique, réduisaient de plus en plus le temps nécessaire pour parcourir les distances entre les diverses parties du globe. Cela aussi, je l'ai vécu. Quand, dans un aéroport, j'entends un haut-parleur annoncer successivement un vol pour New Dehli, puis pour New York, Hongkong ou Sydney, et quand je vois les foules grouillantes qui se préparent à partir, je ne peux m'empêcher de repenser à ma jeunesse. En ce temps-là, on montrait quelqu'un du doigt en disant : « Lui, il est allé en Amérique » ou « Lui, il est allé aux Indes ! »

Aujourd'hui, il y a peu d'endroits au monde que l'on ne peut atteindre en quelques heures. Même si nous n'allons pas nous-mêmes dans des contrées lointaines, elles nous apparaissent aujourd'hui plus proches que dans mon enfance. Quand quelque chose d'important survient en n'importe quel point du globe, nous le savons dès le lendemain en lisant le journal, en écoutant la radio ou en regardant les informations à la télévision. Les habitants de Mexico ignoraient totalement que Jérusalem avait été détruite et, en Chine, on n'avait vraisemblablement jamais entendu parler des conséquences de la guerre de Trente Ans. Déjà, pendant la Première Guerre mondiale, la situation n'était plus la même. D'ailleurs, le nom de guerre « mondiale » vient de ce que tant d'États et de peuples prirent part aux combats.

Évidemment, cela ne veut pas dire que toutes les nouvelles que nous recevons de tous les coins du monde soient exactes. J'ai moi-même appris à mes dépens qu'il ne fallait pas croire tout ce qui était écrit dans le journal. Je voudrais t'en donner un exemple. Ayant été témoin, pendant mon enfance, de la première guerre mondiale, j'étais persuadé que je pouvais croire ce que l'on me racontait alors. C'est pourquoi le chapitre précédent, « La lutte pour un nouveau partage du monde », n'est pas aussi impartial que je l'aurais souhaité. Ma conclusion sur le rôle joué par le président américain Wilson, tel que je l'imaginais alors, n'est pas tout à fait conforme à la réalité. Je présentais une situation dans laquelle Wilson aurait fait des promesses aux Allemands et aux Autrichiens, promesses qui n'auraient pas été tenues. J'étais persuadé de l'exactitude de mes souvenirs, puisqu'ils remontaient à une période que j'avais connue, et quand, des années plus tard, je pris la plume, je ne fis que répéter ce que tout le monde croyait alors. Évidemment, j'aurais dû vérifier mes dires, ce qu'en réalité tout écrivain devrait faire. S'il est exact que le président Wilson fit une proposition de paix au début de l'année 1918, le vrai problème est que l'Allemagne, l'Autriche et ses alliés espéraient alors pouvoir encore gagner la guerre et, de ce fait, ils firent la sourde oreille. Ce n'est que dix mois plus tard, ayant perdu la guerre au prix de lourdes pertes, qu'ils voulurent en appeler à la proposition de paix du président américain – mais c'était trop tard.

C'est évidemment une erreur grave et regrettable de ma part. Cela prouve néanmoins que mon ignorance d'alors était communément répandue dans l'esprit des peuples vaincus, persuadés d'avoir été acculés à la misère par une supercherie, et cet état d'esprit facilita la tâche d'agitateurs ambitieux et fanatiques qui surent exploiter cette déception et la transformer en une soif de vengeance incommensurable. Je n'aime pas désigner ces agitateurs par leur nom, mais tout le monde sait que je fais plus particulièrement allusion à Adolf Hitler. Hitler avait été simple soldat pendant la Première Guerre mondiale, et lui aussi était persuadé que l'armée allemande n'aurait jamais été vaincue sans cette supposée supercherie.

Mais Wilson n'était pas à ses yeux le seul responsable. Il accusait aussi le rôle joué par la propagande ennemie, qui avait conduit les Allemands et les Autrichiens à laisser tomber leurs soldats au front. Hitler considérait donc que le meilleur moyen de lutter contre l'adversaire était de le surpasser dans son art de la propagande. Orateur exceptionnel lorsqu'il s'agissait d'haranguer les foules, il avait su attirer à lui des milliers de gens. Il savait surtout que la meilleure façon de mobiliser un peuple et de le pousser à la révolte était de lui désigner un bouc émissaire, responsable de leur misère. Et ce bouc émissaire, ce furent les Juifs.

La destinée de ce peuple, qui remonte à la nuit des temps, a été plusieurs fois évoquée dans ce livre. Il y eut l'épisode où les Juifs, d'eux-mêmes, s'isolèrent des autres peuples et celui de la perte de leur patrie après la destruction de Jérusalem (page 46) puis celui de leur persécution au Moyen Âge (page 207). Bien que descendant moi-même d'une famille juive, il ne m'était jamais venu à l'esprit que ces épisodes tragiques pourraient se renouveler à mon époque.

Je dois ici confesser une autre erreur glissée dans cette Histoire et qui n'est peut-être pas à mon déshonneur. Dans le chapitre « Des temps véritablement nouveaux », j'écrivais que ces temps ne commencèrent que lorsque la pensée des hommes se détourna de la brutalité des temps anciens, car les idées et les idéaux de la philosophie des Lumières au XVIIIe siècle s'étaient si généralement répandus qu'à partir de ce moment-là, on les avait considérés comme des évidences. Au moment où j'écrivais cela, il me semblait impensable que l'on puisse encore s'abaisser à persécuter des gens ayant une religion différente, à extorquer des aveux sous la torture ou à bafouer les Droits de l'homme. Or, ce qui me semblait en ce temps-là inconcevable est pourtant arrivé. Un aussi affligeant retour en arrière semble dépasser l'entendement. Néanmoins, des jeunes sont autant à même de le comprendre que des adultes. Qu'ils ouvrent tout simplement les yeux sur ce qui se passe à l'école. Ils verront le nombre de fois où de jeunes écoliers se montrent intolérants. Combien, par exemple, se moquent de leurs professeurs si, par hasard, les vêtements de ces derniers leur semblent démodés, et, à partir du moment où ces jeunes perdent la notion de respect, la porte est ouverte à tous les débordements. Un jeune peut, lui aussi, devenir la tête de Turc de ses camarades de classe sous prétexte qu'il est un tant soit peu différent des autres, par sa couleur de cheveu ou de peau, par sa manière de parler ou de se nourrir. Il devient l'objet de toutes les tortures morales ou physiques, sans même pouvoir se défendre. Tous les jeunes n'ont évidemment pas cette cruauté et cette absence de compassion envers leur prochain, mais comme personne ne veut être un trouble-fête, tous, à des degrés différents, deviennent complices et hurlent parce que les autres hurlent (selon le proverbe « hurler avec les loups ») au point de ne presque plus se reconnaître eux-mêmes.

Malheureusement, les adultes ne se comportent pas mieux. Surtout quand ils vont mal (ou quand ils croient qu'ils vont mal !) et qu'ils n'ont rien d'autre à faire, ils se regroupent entre vrais ou supposés compagnons d'infortune, défilent dans les rues au même pas cadencé et répètent en chœur les slogans les plus délirants, dont ils tirent d'ailleurs un sentiment d'importance. J'ai été témoin d'attaques d'étudiants juifs à l'université de Vienne par les partisans d'Hitler (appelés les « chemises noires »), et, au moment où j'écrivais ce livre, Hitler avait déjà pris le pouvoir en Allemagne. Nous avions tous le sentiment que la chute du gouvernement autrichien n'était plus qu'une question de temps. Ma chance fut d'avoir été invité en Angleterre juste avant l'entrée des troupes d'Hitler en Autriche, en mars 1938, car aussitôt après, tout Autrichien qui saluait d'un simple « bonjour » et non plus, comme en Allemagne, d'un « Heil Hitler ! » encourait un grand danger.

Très vite en effet, ce manquement fut taxé d'acte criminel par les adeptes du nazisme. Il ne pouvait traduire qu'une infidélité envers celui qu'ils appelaient le « Führer » et à qui on devait totale obéissance. Obligation était faite d'obéir à tous les ordres qui pouvaient conduire à la victoire, quand bien même ils défiaient les lois de l'humanité. L'Histoire avait connu, il est vrai, des situations semblables, dont certaines ont été évoquées dans mon livre, comme celle ayant trait aux premiers adeptes de Mahomet (page 155). On reprocha aussi aux jésuites d'avoir placé l'obéissance au-dessus de tout. J'ai également évoqué brièvement la victoire du communisme sous Lénine en Russie, montrant des partisans convaincus s'interdisant toute indulgence envers leurs adversaires. Leur froideur dans la poursuite de leurs objectifs était sans limites et des millions de victimes en payèrent le prix.

Dans les années qui suivirent la Première Guerre mondiale, on vit la tolérance disparaître à vue d'œil, que ce fût en Allemagne, en Italie ou au Japon. Les politiciens expliquaient à leurs concitoyens qu'ils n'avaient pas eu leur part dans le « partage du monde », alors qu'ils avaient autant le droit que d'autres de régner sur d'autres peuples. Ils rappelèrent aux Italiens qu'ils étaient des descendants des anciens Romains, aux Japonais leurs guerres contre la noblesse et aux Allemands les anciens Germains, Charlemagne, Frédéric le Grand... Ils invoquèrent l'idée que tous les hommes n'avaient pas la même valeur. De même qu'il y a des races de chiens meilleurs à la chasse que d'autres, ils prétendaient appartenir à la meilleure des races humaines faites pour régner.

Je connais un vieux sage bouddhiste, un moine, qui dit un jour à ses compatriotes : j'aimerais bien savoir pourquoi tous les gens trouvent ridicule, voire attristant, celui qui dit de lui-même : « Je suis l'homme le plus intelligent, le plus fort, le plus courageux et le plus doué du monde. » Si, en revanche, cette même personne remplace « je » par « nous » et déclare : « Nous sommes les hommes les plus intelligents, les plus forts, les plus courageux et les plus doués du monde », sa patrie l'acclame avec enthousiasme et dit de lui qu'il est un « patriote ». Or, cela n'a rien à voir avec le patriotisme. On peut être attaché à sa patrie sans devoir affirmer que le reste de la planète est habité par des moins que rien. Mais plus les gens prêtant une oreille complaisante à ce genre d'inepties étaient nombreux, plus la paix était menacée.

Le jour où une grave crise économique s'ajouta à cela, condamnant en Allemagne un nombre impressionnant de gens au chômage, la guerre apparut comme le meilleur moyen de s'en sortir. Les chômeurs deviendraient des soldats ou des ouvriers dans les usines d'armement. Et, grâce à la guerre, les traités de Versailles et de Saint-Germain, qui avaient suscité tant de haine, seraient abolis. On s'imaginait aussi que les pays démocratiques occidentaux – la France, l'Angleterre et les États-Unis – avaient pris goût à la paix et relâché toute vigilance (en d'autres termes, ils s'étaient « amollis ») et qu'ils n'auraient donc pas envie de se défendre. Il est vrai qu'à cette époque personne ne voulait la guerre et l'on fit tout pour ne pas donner à Hitler un prétexte lui permettant de précipiter le monde dans la tragédie. Malheureusement, il n'est pas difficile de trouver un prétexte et de monter en épingle ce que l'on pourrait appeler un « incident » qui, en d'autres temps, aurait facilement trouvé un arrangement. C'est ce que fit Hitler et, le 1er septembre 1939, l'armée allemande entra en Pologne. J'étais déjà en Angleterre et je me souviens de la profonde tristesse, mais aussi de la détermination de ceux qui durent repartir à la guerre. Cette fois, personne n'avait envie d'entonner des chants guerriers, personne ne rêvait de gloire guerrière. Ceux qui partaient se battre ne remplissaient que leur devoir, car il fallait en finir avec la folie.

Ma tâche était alors d'écouter la radio allemande et de traduire ses émissions en anglais afin de savoir ce que l'on racontait, et ce que l'on taisait, aux auditeurs allemands. Les circonstances voulurent donc que je vive les six années de cette guerre effroyable, de 1939 à 1945, des deux côtés à la fois, pourrait-on dire, bien que, il est vrai, d'une manière différente. Chez moi, je voyais la détermination, mais aussi la détresse, l'angoisse à la pensée des hommes qui étaient au front, les conséquences des attaques aériennes et les soucis liés aux vicissitudes de la guerre. À la radio allemande, j'entendais les cris de triomphe et les déchaînements d'injures. Hitler croyait au pouvoir de la propagande, et cette confiance sembla justifiée aussi longtemps que les succès des deux premières années de guerre dépassèrent ses plus folles espérances. Il avait envahi la Pologne, le Danemark, la Norvège, la Hollande, la Belgique, la France, une grande partie de la Russie et des Balkans et seule l'Angleterre, cette petite île en bordure de l'Europe, résistait encore.

Mais cette situation ne pouvait pas durer éternellement, car la radio allemande annonçait régulièrement, au son des trompettes, le nombre de bateaux devant apporter des vivres et des armes aux Anglais coulés par les sous-marins.

Mais quand, sans déclaration de guerre, les Japonais attaquèrent, en décembre 1941, la flotte américaine ancrée dans la rade de Pearl Harbor, l'anéantissant presque en totalité alors qu'Hitler déclarait la guerre aux États-Unis, quand les troupes allemandes furent chassées d'Afrique du Nord à l'automne 1942 et défaites par les Soviétiques devant Stalingrad en janvier 1943, quand, enfin, l'armée de l'air, la Luftwaffe, se montra impuissante à éviter les terribles bombardements alliés sur les villes allemandes, il fallut se rendre à l'évidence : une victoire ne se remportait pas seulement avec de belles paroles et au son des trompettes. Quand Winston Churchill avait accédé au pouvoir en Angleterre, à un moment où la situation semblait désespérée, il avait déclaré : « Je ne promets rien d'autre que du sang, de la sueur et des larmes. » Nous l'avons cru, parce qu'il nous laissait miroiter une lueur d'espoir. Par contre, j'ignore combien d'auditeurs allemands prêtèrent ensuite attention aux discours et aux promesses que j'entendais à la radio allemande à longueur de journée.

Je sais seulement que ni les auditeurs allemands, ni nous-mêmes n'avions eu vent du plus épouvantable des crimes perpétré par les Allemands pendant cette guerre. Je m'autorise ici une triste comparaison avec un épisode précédemment évoqué (page 232). À propos des *conquistadores* espagnols du Mexique, je disais qu'ils se mirent, « là et dans d'autres contrées d'Amérique, [à exterminer] d'horrible façon les peuples indiens dont la civilisation avait atteint un si grand degré de raffinement », et j'ajoutais : « Ce chapitre de l'histoire de l'humanité est tellement épouvantable et infamant pour nous, Européens, que je préfère ne pas en dire davantage. »

J'aurais préféré aussi passer sous silence ces atrocités commises au cours de notre siècle, car cet ouvrage s'adresse à de jeunes lecteurs, à qui l'on souhaite généralement épargner le pire. Mais un jour, ces enfants deviendront des adultes. Il faut donc qu'ils apprennent, à travers l'histoire, que le fanatisme et l'intolérance peuvent transformer des hommes en barbares. C'est ainsi qu'au cours des dernières années de la Seconde Guerre mondiale, des millions d'hommes, de femmes et d'enfants juifs de tous les pays d'Europe occupés par l'armée allemande furent chassés de leur patrie. La plupart furent déportés à l'Est et assassinés.

La radio allemande se garda évidemment de parler de tout cela à ses auditeurs, et, au début, comme bien d'autres, je ne pus me résoudre à y croire quand, à la fin de la guerre (en 1945), nous apprîmes ces faits inimaginables. Malheureusement, les preuves de ce génocide monstrueux abondent et, bien qu'il fût perpétré il y a déjà bien des années, il est extrêmement important de ne pas l'oublier et de ne pas faire comme s'il n'avait jamais existé.

Dans le brassage des peuples de notre petite planète, il est de plus en plus nécessaire d'apprendre le respect de l'autre et la tolérance, d'autant plus que nos conquêtes technologiques nous amènent chaque jour davantage à nous rapprocher les uns des autres.

L'importance du phénomène technologique, c'est aussi ce que nous démontra la Seconde Guerre mondiale. Les réserves quasiment inépuisables de l'industrie d'armement américaine, dont disposaient également l'Angleterre et l'Union soviétique, rendirent en effet l'issue inévitable. Les soldats allemands eurent beau se défendre avec la force du désespoir, les Anglais et les Américains réussirent à débarquer, au cours de l'été 1944, sur les côtes normandes et à refouler les troupes allemandes. Simultanément, les Soviétiques poussèrent à la retraite une autre armée allemande, qui n'était plus en état de se défendre, et finirent par entrer dans Berlin en avril 1945, au moment où Hitler s'y donnait la mort. Cette fois, il ne fut plus question de traité de paix. Les vainqueurs décidèrent d'occuper militairement l'Allemagne et, pendant plusieurs dizaines d'années, une frontière hautement surveillée la divisa en deux parties, l'une soumise à l'autorité de l'Union soviétique, l'autre à celle des démocraties de l'Ouest.

Certes, la défaite de l'Allemagne ne mit pas un terme à la guerre mondiale, car les Japonais qui, entre-temps, avaient conquis des régions en Asie, étaient encore loin d'être battus. Et, alors qu'on n'en voyait pas la fin, les Américains recoururent à une arme tout à fait nouvelle, la bombe atomique.

Peu avant l'éclatement de la guerre, le hasard me fit rencontrer un jeune physicien qui parlait d'un article publié par le grand scientifique danois Niels Bohr. Il y était question de la possibilité théorique de construire une « bombe à l'uranium », dont le pouvoir de destruction dépasserait de loin tout ce que l'on avait pu utiliser jusqu'alors. Lors de notre rencontre, nous étions tombés d'accord pour dire qu'il fallait espérer qu'une telle arme puisse tout au plus être lancée sur une île déserte, à seule fin de démontrer aux amis comme aux ennemis que les concepts anciens de la guerre et du combat n'avaient plus cours. Bien que de nombreux scientifiques, alors qu'ils travaillaient avec acharnement, au cours de cette guerre, à la réalisation de cette arme, nourrissaient certainement le même espoir que nous, cet espoir fut vain. En août 1945, les villes japonaises d'Hiroshima et de Nagasaki furent les premières victimes de cette arme aux retombées nocives inimaginables, et le Japon dut s'avouer vaincu.

Nous étions tous conscients que cette invention inaugurait dans l'histoire du monde une ère nouvelle, l'importance de la découverte de l'énergie atomique étant plus ou moins comparable à celle du feu. Mais si le feu permet de chauffer comme de détruire, ses destructions ne sont rien à côté de celles que pourrait provoquer la multiplication des armes atomiques. Il faut espérer que cette multiplication rendra impossible une nouvelle utilisation de cette arme contre des hommes. Nous savons tous que les deux plus grandes puissances, les Américains à l'Ouest et les Russes à l'Est, sont en possession d'un nombre impressionnant de ce type d'armes, mais ils sont conscients qu'eux-mêmes ne survivraient pas s'ils venaient à les utiliser. Bien sûr, le monde a évolué depuis la dernière guerre. La plupart des populations ayant appartenu à l'Empire britannique sont, entre-temps, devenus autonomes. Malheureusement, elles ne s'entendent pas mieux pour autant. Cependant, malgré les combats sans merci et les menaces de crises depuis 1945 en différentes parties du globe, on a évité une troisième guerre mondiale, car nous savons tous pertinemment que cela pourrait signifier la fin de l'histoire du monde. Ce n'est qu'une faible consolation, mais c'est mieux que rien.

Évidemment, cette situation tout à fait nouvelle a conduit beaucoup d'hommes à condamner violemment les réalisations de la science qui nous avaient menés au bord du gouffre. Ces hommes, cependant, ne devraient pas oublier que, sans la science et la technologie, ils n'auraient pu réparer pour partie les dommages et les destructions de la guerre mondiale et que, grâce à elles, ils purent retrouver une vie normale bien plus tôt qu'ils ne l'avaient imaginé.

Je veux, ici encore, faire une petite correction et réparer un oubli qui me tient à cœur. Mon chapitre sur « L'homme et la machine » (pages 304-313) n'est peut-être pas inexact, mais il ne montre qu'un aspect des choses. S'il est indéniable que le remplacement du travail manuel par l'emploi de machines a entraîné beaucoup de misère, j'aurais néanmoins dû ajouter que, sans les nouvelles techniques de production de masse, il aurait été absolument impossible de nourrir, de vêtir et de loger une population en constante augmentation. L'accroissement de la natalité et l'abaissement de la mortalité infantile tiennent pour une grande part au progrès de la science qui, par exemple, favorisa l'hygiène en développant les installations d'eau courante. Il est incontestable que l'industrialisation croissante de l'Europe, de l'Amérique et du Japon nous a fait perdre beaucoup de belles choses, mais n'oublions pas combien de bénédictions – je dis bien, de bénédictions – elle a opéré en contrepartie.

Je me souviens encore parfaitement de ce que l'on laissait entendre quand, dans ma jeunesse, on parlait des « pauvres gens ». Ceux que l'on différenciait des « bourgeois » des grandes villes n'étaient pas uniquement les plus démunis, les mendiants et les sans-logis. On incluait aussi les ouvriers et ouvrières, que l'on reconnaissait de loin à leur habillement. Les femmes avaient un foulard sur la tête pour se protéger du froid et pas un ouvrier n'aurait porté une chemise blanche parce que la saleté se serait vue immédiatement. Eh oui ! on parlait alors d'une « odeur des gens pauvres », car la majorité des citadins vivaient dans des appartements mal aérés avec tout au plus une arrivée d'eau courante sur le palier. Un foyer bourgeois (et pas uniquement chez les gens riches) avait généralement une cuisinière, une bonne à tout faire et souvent une bonne d'enfants. Ces femmes vivaient certes mieux que si elles étaient restées chez elles, mais ce mieux-être était très relatif. Elles n'avaient droit, par exemple, qu'à un « jour de sortie » par semaine et étaient qualifiées de « domestiques ». Déjà, dans mon enfance, on commençait à faire preuve de davantage de considération et, après la Seconde Guerre mondiale, on s'appliqua à parler « d'aides ménagères ». Toutefois, quand je suis arrivé à Berlin pour mes études universitaires, on trouvait encore souvent à l'entrée des maisons un panneau sur lequel on pouvait lire : « Réservé exclusivement aux maîtres », ce qui, alors, me chagrinait beaucoup. Les domestiques et les livreurs devaient emprunter un escalier à l'arrière et n'avaient même pas le droit de prendre l'ascenseur lorsqu'ils étaient lourdement chargés.

Maintenant, tout cela n'est plus qu'un mauvais rêve. Certes, il y a malheureusement encore de la misère et des quartiers déshérités dans les villes d'Europe et d'Amérique, mais la plupart des ouvriers d'usine, et même les chômeurs, vivent mieux aujourd'hui que maints chevaliers du Moyen Âge dans leur château fort. Ils mangent mieux, ils sont surtout en meilleure santé et vivent, en règle générale, plus longtemps, ce qui n'était pas le cas il y a peu. De tout temps, les hommes ont rêvé d'un « âge d'or ». Mais, alors que pour beaucoup, cet âge d'or s'est presque réalisé, personne ne veut s'en apercevoir.

Dans les pays de l'Est, auxquels les armées soviétiques avaient imposé le système communiste, la situation de l'après-guerre fut tout autre. La réaction vint surtout de la population de l'Allemagne de l'Est. Après avoir assisté pendant des années à l'amélioration du niveau de vie des pays voisins, elle refusa un jour de payer les lourds sacrifices que le système économique communiste exigeait d'elle. Et, en 1989, l'impensable se produisit, de manière tout à fait inattendue. Les Allemands de l'Est réussirent à forcer l'ouverture de la frontière qui séparait les deux Allemagne, et le pays fut réunifié. Le mouvement se propagea jusqu'en Union soviétique, où le système politique s'effondra, ainsi que dans les autres pays d'Europe de l'Est.

Dans la première version de ce livre, je concluais le chapitre consacré à la Première Guerre mondiale par cette phrase : « Nous espérons tous en un avenir meilleur. Il faut qu'il vienne absolument ! » Ce temps est-il réellement arrivé ? Pour beaucoup de gens qui peuplent notre terre, il est encore loin. En raison du fort accroissement de la population en Asie, en Afrique et en Amérique du Sud, la misère y règne encore, une misère qui, il n'y a pas si longtemps, semblait normale dans nos pays. Or, l'assistance que nous pourrions apporter n'est pas chose aisée, car, là aussi, comme toujours, l'intolérance marche main dans la main avec la misère. Mais les progrès dans la diffusion de l'information ont touché la conscience des nations les plus riches et les ont rendues un peu plus attentives. Quand, dans un pays lointain, un tremblement de terre, une inondation ou une forte sécheresse font d'innombrables victimes, des milliers de gens appartenant aux pays nantis déploient toute leur énergie et tous leurs moyens pour apporter leur aide. Cela aussi n'existait pas autrefois. C'est donc bien la preuve que nous avons le droit d'espérer en un avenir meilleur.

BIOGRAPHIE ET PUBLICATIONS

Ernst H. Gombrich

Ernst Hans Josef Gombrich est né à Vienne le 30 mars 1909. Il fait des études secondaires au lycée classique de la Theresianischen Akademie de Vienne, puis étudie l'histoire de l'art et de l'archéologie, de 1928 à 1933, à l'université de Vienne, où il a pour professeurs Julius von Schlosser, Emanuel Lœwy et Hans Tietze. Sa première publication porte sur une patène en ivoire du haut Moyen Âge. Il soutient sa thèse de doctorat sur « Giulio Romano, architecte », qui est publiée aussitôt après. À l'issue de ses études, il collabore avec le conservateur Ernst Kris à la collection des arts décoratifs du Kunsthistorisches Museum de Vienne. Ernst Kris, membre du Cercle des amis de Freud, l'initie aux problèmes de la psychologie de l'art en réalisant avec lui une étude sur l'histoire et la théorie de la caricature.

N'entrevoyant aucune perspective d'emploi en Autriche, Ernst Gombrich part en Angleterre en 1936. Fritz Saxl, le directeur de la Bibliothèque Warburg, lui confie la tâche de poursuivre les travaux de son fondateur, Aby Warburg.

Quand la guerre éclate, Ernst Gombrich travaille au service d'écoutes (le « Monitoring Service ») de la British Broadcasting Corporation, où il suit pendant six ans les émissions de la radio allemande, qu'il traduit en anglais. Après la guerre, il revient au Warburg Institute où il travaille jusqu'à sa retraite, à l'automne 1976. Parallèlement, il accumule plusieurs titres de « professeur universitaire étranger », dont celui de « Slade Professorship » à Oxford (1950-1953) et à Cambridge (1961-1963). Il enseigne également à la Slade School of Art de l'université de Londres et, durant un semestre, à Harvard (1959).

Après ses études, alors qu'il était encore à Vienne, il avait écrit cette « Histoire du monde » pour les enfants, qui sera traduite en cinq langues. On lui demanda alors d'écrire une « Histoire de l'art », qui a été rééditée seize fois, tirée à près de deux millions d'exemplaires et traduite en dix-huit langues.

Ses travaux scientifiques, initialement en corrélation avec la tradition de la Bibliothèque Warburg, s'appliquent aux problèmes de l'iconographie de la Renaissance (*Botticelli's Mythologies*). L'invitation à tenir, à Washington, les « Mellon Lectures » (1956) le ramène aux questions liées à la psychologie de l'art (*Art and Illusion*, 1960). Ses articles et ses conférences sur l'art de la Renaissance sont regroupés en trois volumes (*Norm and Form*, 1966 ; *Symbolic Images*, 1972 ; *The Heritage of Apelles*, 1976). Un ouvrage sur des réflexions à propos de l'histoire de l'art a pour titre *Meditations on a Hobby Horse* (1963). D'autres publications ont paru en langue allemande : *Wahrnehmung und Wirklichkeit* (1977), *Kunst und Fortschritt* (1978), *Aby Warburg, eine intellektuelle Biographie* (1981), *Ornament und Kunst* (1982), *Die Krise der Kulturgeschichte* (1983), *Bild und Auge* (1984), *Norm und Form* (1985), *Kunst und Kritik* (1993), *Das forschende Auge, Kunstbetrachtung und Naturwahrnehmung* (1994), *Schatten, Ihre Darstellungen in der westlichen Kunst* (1994).

Les ouvrages d'Ernst Gombrich traduits en français sont *Réflexions sur l'histoire de l'art, Ce que l'image nous dit, Histoire de l'art, L'Art et l'illusion, Ombres portées, Méditations sur un cheval de bois, Les Moyens et les fins, L'Écologie des images*.

coordination éditoriale
Céline Guichard

conception graphique et réalisation
Tauros / Ibach

illustrations
Carla * Sonia

fabrication
Claire Hostalier et Catherine Dousset

photogravure
Couleurs d'image, Boulogne-Billancourt
Créateen, Fontenay-sous-Bois

www.editions-hazan.com

titre original de l'ouvrage : *Eine kurze Weltgeschichte für junge Leser*

achevé d'imprimer
sur les presses de
Pollina, Luçon, France-L54878
en septembre 2010

ISBN 978 2 7541 04500
dépôt légal
septembre 2010